Das Fundrecht des BGB

Europäische Hochschulschriften
Publications Universitaires Européennes
European University Studies

Reihe II
Rechtswissenschaft
Série II Series II
Droit
Law

Bd./Vol. 1594

PETER LANG
Frankfurt am Main · Berlin · Bern · New York · Paris · Wien

Susanna Lins

Das Fundrecht des BGB

PETER LANG
Europäischer Verlag der Wissenschaften

Die Deutsche Bibliothek - CIP-Einheitsaufnahme

Lins, Susanna:

Das Fundrecht des BGB / Susanna Lins. - Frankfurt am Main ; Berlin ; Bern ; New York ; Paris ; Wien : Lang, 1994
(Europäische Hochschulschriften : Reihe 2, Rechtswissenschaft ; Bd. 1594)
Zugl.: Gießen, Univ., Diss., 1994
ISBN 3-631-47696-5

NE: Europäische Hochschulschriften / 02

D 26
ISSN 0531-7312
ISBN 3-631-47696-5

Printed in Germany 1 2 3 4 6 7

Meinen Eltern

Vorwort

Die vorliegende Arbeit ist im März 1993 vom Fachbereich Rechtswissenschaften der Justus-Liebig-Universität Gießen als Dissertation angenommen worden. Entscheidungen und Literatur sind bis zu diesem Zeitpunkt berücksichtigt.

Ich möchte an dieser Stelle all denen danken, die mir beim Zustandekommen der Arbeit mit Rat und Tat zur Seite gestanden haben. Mein herzlicher Dank gilt vor allem Herrn Prof. Dr. Klippel. Seine Anregungen zum Thema und zum Aufbau der Arbeit waren ebenso wertvoll wie die stets vorhandene Bereitschaft zur kritischen Diskussion. Gleichzeitig gewährte er mir die nötige Freiheit zur eigenen Gestaltung der Arbeit.

Herrn Prof. Dr. Wieser danke ich für sein Engagement bei der Erstellung des Zweitgutachtens.

Schließlich richtet sich mein besonderer Dank an Rüdiger Möller, der mich bei der gesamten Entstehung begleitet und immer wieder unterstützt und so den notwendigen Rückhalt für die Fertigstellung der Arbeit gegeben hat.

Susanna Lins

Einleitung

Das Fundrecht wird von der rechtswissenschaftlichen Literatur nicht immer als ernstzunehmendes Rechtsgebiet akzeptiert. So bemerkt Karsten Schmidt, daß das Fundrecht nur selten Anlaß zu ernsthafter juristischer Beschäftigung gebe.[1] Michael Martinek reduziert das Fundrecht auf die "berühmte Perle in der Auster", die mit einer gewissen Wahrscheinlichkeit jedem Student der Rechte begegne. Immerhin weißt Martinek aber auch darauf hin, daß die "Perle in der Auster" kaum als klassischer Fall bekannt geworden sei, wenn die Lösung so einfach wäre.[2]

Bei Entstehung des BGB wurde neben dem Umfang der Regelungen des Fundrechts vor allem deren inhaltliche Ausgestaltung kritisiert: Ein Kritiker des Fundrechts meinte, daß das Fundrecht gemessen an der Bedeutung des Stoffes unverhältnismäßig lang und breit geregelt sei.[3] Damit stimmt auch die Kritik G. Pfizers überein, nach der das Fundrecht von einem Juristen, der über den Zaun das Allgemeinen Preußischen Landrechtes hinwegsehen könne, in nur drei Vorschriften hätte bewältigt werden können.[4]

Inhaltlich wird kritisiert, daß die rechtliche Position eines Finders schlecht sei, da den umfangreichen Verpflichtungen nur geringe Rechte gegenüber stünden.[5] Der Finder werde dergestalt beschwert und gefährdet, daß ein vorsichtiger Mann sich zehnmal besinnen werde, bevor er eine nicht zweifelsfrei geringwertige Sache aufnehme.[6] Von Ferdinand Reatz wurde darauf hingewiesen, daß das Finden "so mancherlei Unannehmlichkeiten und Verantwortlichkeit" im Gefolge habe.[7] In diesem Sinne empfahl auch Rudolf von Jhering jedem, es sich reiflich zu überlegen, ob er gut daran tue, eine verlorene Sache aufzuheben. Er selbst jedenfalls würde es in irgendwie bedenklichen Fällen nicht tun.[8]

---

1 Schmidt, JuS 1992, 966 (967).

2 Martinek, JuS 1991, 710 (710) mit der Besprechung des Falls, 710-714; vgl. schon Gareis, DJZ 1905, 348 (348); Hedemann, BayZ 1905, 238 (238).

3 Bekker, Zusammenstellung der gutachtlichen Äußerungen zum E I, 1890, 184.

4 Pfizer, Zusammenstellung der gutachtlichen Äußerungen zum E I, 1890, 183.

5 Vgl. auch Denkschrift zum Entwurf eines Bürgerlichen Gesetzbuches, 1896, 133.

6 Von Gierke, Zusammenstellung der gutachtlichen Äußerungen zum E I, 1890, 184.

7 Reatz, 1897, vor § 965.

8 Jhering, 1889, 422, 423 mit Anm. 2.

Später widmete ein anderer Kritiker des Fundrechts, Franz Bernhöft, in seiner Abhandlung über das Finden einen der Unterabschnitte dem Thema: "Finde nie!".[9] Er empfahl, diese von einem "hervorragendem Rechtsgelehrten aufgestellte goldene Lebensregel"[10] einzuhalten, da sie, von Ausnahmenfällen abgesehen, zutreffend sein dürfte.[11] Martin Wolff nämlich soll sein Kolleg über das Fundrecht regelmäßig mit den Worten eingeleitet haben: "Dieses Kapitel des Bürgerlichen Gesetzbuches müssen Sie sich mit der Warnung überschrieben denken: Finde nie!".[12] Ein anderer Autor meinte in seinem Aufsatz "Finden - keine wahre Freude", daß mit den erheblichen Pflichten des Finders nur "recht zweifelhafte Freuden" verbunden seien.[13] Selbst "Der neue Hausjurist" weist darauf hin, daß es nicht immer eine gute Sache sei, etwas gefunden zu haben.[14]

Diese zum Teil heftige Kritik am Fundrecht ist überwiegend unberechtigt. Zwar ist das Fundrecht mit zwanzig Vorschriften umfangreich geregelt; aber die Redaktoren des BGB haben darauf geachtet, dem Finder zwar bestimmte Pflichten aufzuerlegen, ihn damit jedoch nicht über Gebühr zu belasten. Sicherlich ist es zunächst belastend, wenn der Fund einer verlorenen Sache, beispielsweise einer Geldbörse, angezeigt und die Sache selbst verwahrt werden muß, §§ 965, 966 BGB. Deutlicher wird die Belastung des Finders, wenn nicht eine Geldbörse, sondern ein Pferd gefunden wurde. Dann treffen den Finder auch die Pflichten, das Pferd zu füttern, zu tränken und für eine gegebenenfalls erforderliche tierärztliche Behandlung zu sorgen. Entsprechend anders gestalteten sich die Pflichten des Finders, der einen Autobus fand.[15]

Die dem Finder aufgrund der Verwahrungspflicht entstehende Belastung relativiert sich aber, weil der Finder erstens darüber entscheiden kann, ob er überhaupt Finder wird, da kein Zwang zum Finden besteht. Und zweitens hat der Finder die Möglichkeit, sich aller Verpflichtungen eines Finders zu entledigen, indem er die gefundene Sache bei einer Behörde abliefert. Seine Recht auf Aufwendungsersatz und Finderlohn werden davon nicht beeinträchtigt. Einem vorsichtigen Finder ist daher zu raten, eine verlorene Sache an sich zu nehmen und sie umgehend bei der nächsten Behörde abzugeben.

---

9 Bernhöft, 1908, 41-46.

10 Bernhöft, 1908, 43.

11 Bernhöft, 1908, 43.

12 So behauptet von Stieger, Anwalts-Lehrling 1953, 1 (2).

13 Stieger, Anwalts-Lehrling 1953, 1 (2).

14 Rutkowsky/Repschläger, 1991, 92.

15 Vgl. Gottwald, JuS 1979, 247 (249); Schneider, JurBüro 1979, 1129 (1130).

I. Gang der Arbeit

Die Arbeit gliedert sich in vier Kapitel. Im ersten Kapitel wird die Entwicklung der Begriffe der verlorenen Sache, im zweiten Kapitel der Begriff des Findens untersucht. Beide Begriffe sind für das Fundrecht von zentraler Bedeutung, da nach § 965 BGB nur demjenigen bestimmte Pflichten entstehen, der eine verlorene Sache findet und an sich nimmt. Diese auf den ersten Blick so einleuchtende Vorschrift wirft bei näherem Hinsehen eine Reihe von Fragen auf. Zunächst fragt es sich, unter welchen Voraussetzungen eine Sache überhaupt als verloren anzusehen ist. Kommt es dabei auf einen sachenrechtlichen Besitzverlust an oder ist der Begriff rein wirtschaftlich zu verstehen? Denkbar ist auch eine Abgrenzung nach subjektiven Kriterien: Danach wäre eine Sache beispielsweise dann verloren, wenn der Verlierer sie für verloren hält.

Nach der Analyse des Begriffs der verlorenen Sache wird im zweiten Kapitel die Frage untersucht, wann eine verlorene Sache gefunden ist. Zu ermitteln ist, ob es dabei auf das Finden, das Ansichnehmen oder auf beides ankommt. Die Problematik zeigt sich deutlich an folgendem Beispiel[16]:

Ein Lahmer und ein Blinder gehen die gleiche Straße entlang. Der Lahme sieht am Straßenrand eine Goldkette liegen. Er möchte sie aufheben, kann sich aber nicht so tief bücken. Der Blinde wird kurze Zeit später von seinem Hund zu der Goldkette geführt und hebt die Kette auf.

Gefunden wurde die Goldkette zunächst von dem Lahmen. An sich genommen hat sie aber der Blinde. Es stellt sich damit die Frage, wer von ihnen Finder ist, bei wem also die Pflichten und Rechte des Finders entstehen (§§ 965 ff. BGB), wer unter Umständen das Eigentum an der Goldkette erwerben kann (§§ 973, 974 BGB).[17]

Das dritte Kapitel hat die Untersuchung des gesetzlichen Schuldverhältnisses aus Fund zum Inhalt. Dabei geht es zunächst um die Untersuchung der Frage, ob der Fund überhaupt als

16 Beispiel bei Janikowsky, 1961, 131.

17 Finder im Sinne des § 965 BGB ist der Blinde, da es für den Fund entscheidend auf das Merkmal des Ansichnehmens im Sinne der Besitzbegründung ankommt; vgl. näher unten 2. Kapitel, II., 2.

ein gesetzliches Schuldverhältnis zu qualifizieren ist. Das wird bejaht.[18] Danach wird der Inhalt des gesetzlichen Schuldverhältnisses im einzelnen erörtert.[19] Den Schwerpunkt des dritten Kapitels bildet die Frage nach dem Verhältnis des gesetzlichen Schuldverhältnisses aus Fund zu dem der Geschäftsführung ohne Auftrag.[20] Anlaß dazu gibt die in der Literatur häufig - zu unrecht - vorgeschlagene Ergänzung fundrechtlicher Regelungen um den § 682 BGB.[21] So soll die Haftung nicht voll geschäftsfähiger Finder begrenzt werden können. Dieser Vorschlag, den Literatur und Rechtsprechung seit Inkrafttreten des BGB ganz überwiegend vertreten, wird eingehend untersucht und abgelehnt; einer entsprechenden Ergänzung des Fundrechts bedarf es nicht.

Im vierten und letzten Kapitel werden die schuldrechtlichen Regelungen des Fundrechts verlassen. Nunmehr geht es zunächst um sachenrechtliche Fragen, die sich im Zusammenhang mit dem Eigentumserwerb an der Fundsache stellen. Dabei fragt es sich, ob dem Finder vor dem endgültigen Eigentumserwerb ein Anwartschaftsrecht entsteht.[22] Danach stellt sich die Frage, unter welchen Voraussetzungen das Eigentum erworben wird.[23] Von besonderem Interesse ist der Zeitpunkt des Erwerbs. Dieser ist vor allem auch im Hinblick auf die sich anschließenden bereicherungsrechtlichen Fragen zu bestimmen.[24] Dabei werden auch die verschiedenen in der Literatur vertretenen Versuche geprüft, den fundrechtlichen Eigentumserwerb in bestehende Eigentumserwerbsarten einzuordnen. Der Inhalt des bereicherungsrechtlichen Ausgleichs sowie die Geltendmachung der Ansprüche sind Gegenstand der abschließenden Ausführungen.

---

18 3. Kapitel, I., 2.

19 3. Kapitel, II.

20 3. Kapitel, III.

21 Zu den verschiedenen Vorschlägen einer Ergänzung: 3. Kapitel, III.

22 4. Kapitel, I., 3., a).

23 4. Kapitel, I., 2.

24 4. Kapitel, I., 3., b); III.

II. Methode

Methodisch wird bei der Untersuchung der fundrechtlichen Fragen im Sinne einer "juristischen Zeitgeschichte" vorgegangen werden.[25] Die "juristische Zeitgeschichte" in diesem Verständnis befaßt sich mit der Entwicklung gesetzlicher Bestimmungen in Literatur und Rechtsprechung seit Inkrafttreten des jeweiligen Gesetzes.[26] Sie leistet damit einen Beitrag zur Lösung und Behandlung auch aktueller juristischer Probleme, vor allem Probleme, die insbesondere aus der Tatsache entstehen, daß die Gesetze altern.[27] Besonderes Augenmerk gilt zudem den nunmehr wohl vollständig vorliegenden Gesetzesmaterialien: Dazu gehören nicht nur die Motive zum Ersten Entwurf[28] und die Protokolle der Redaktionskommission[29], sondern auch die Vorlagen der Redaktoren der Teilentwürfe, hier also zum Teilentwurf Sachenrecht[30], die Beratungen der Redaktoren des BGB anhand einer systematischen Zusammenstellung der unveröffentlichten Quellen[31], die gutachtlichen Äußerungen der zeitgenössischen Kritiker zum Ersten Entwurf[32] sowie die amtliche Denkschrift zum Entwurf des BGB[33].

Die Arbeit stützt sich notwendigerweise auf die Entwicklung fundrechtlicher Fragen in der Literatur, da fundrechtliche Fragen die Gerichte nur wenig beschäftigten. Die wenigen einschlägigen Urteile wurden an geeigneter Stelle berücksichtigt.

Hinsichtlich der fundrechtlichen Literatur ist festzustellen, daß zu Beginn des Jahrhunderts, überwiegend in den ersten beiden Jahrzehnten nach Inkrafttreten des BGB, zahlreiche Dissertationen zum Fundrecht erschienen.[34] In den darauffolgenden Jahren sind nur noch ver-

---

25 Vgl. dazu insgesamt Klippel, 1985, insbesondere 40 ff.

26 Klippel, 1985, 40.

27 Klippel, 1985, 41.

28 Motive, Band 3, 374-390.

29 Protokolle, Band 3, 254-274.

30 Nach Jakobs/Schubert, Vorentwürfe der Redaktoren zum BGB, Sachenrecht 1.

31 Zusammengestellt von Jakobs/Schubert, Beratungen des BGB, Sachenrecht 1, 704 ff.

32 Zusammenstellung der gutachtlichen Äußerungen zum E I, 1890.

33 Denkschrift zum Entwurf eines Bürgerlichen Gesetzbuches, 1896.

34 Vgl. Zusammenstellung unten, 1. Kapitel, II.

einzelt Dissertationen zum Fundrecht geschrieben worden[35], Aufsätze und Abhandlungen über einzelne fundrechtliche Fragen erschienen ebenfalls wenige.[36] Insgesamt wird dem Fundrecht, wie bereits angeführt, in der Literatur nur untergeordnete Bedeutung zugemessen.[37]

Auch in Lehrbüchern finden sich neuerdings überwiegend nur kurze Abhandlungen zu gängigen fundrechtlichen Fragen.[38] Manche moderne Lehrbücher verzichten ganz auf die Behandlung des Fundrechts.[39] Dennoch findet sich in der modernen Literatur kaum eine Stellungnahme, in der nicht immer wieder zwar einerseits auf das "Schattendasein" des Fundrechts hingewiesen, andererseits jedoch auch bemerkt wird, wie schwierig sich die Beantwortung fundrechtlicher Fragen im Einzelfall gestalten kann.[40]

Insgesamt ist es das Ziel der vorliegenden Arbeit, aktuelle fundrechtliche Fragestellungen aufzuzeigen und diese zum einen unter besonderer Berücksichtigung der Entstehungsgeschichte des BGB zu beantworten, zum anderen die Entwicklung dieser Streitfragen in der Literatur seit Entstehung des BGB zu verfolgen. An den aufgeworfenen Fragen wird deutlich, daß die oft gefundene Feststellung, eine bestimmte Meinung sei herrschend und damit zutreffend, einen Beweis für deren Richtigkeit nicht ersetzen kann. Die Methode der "juristischen Zeitgeschichte" macht es möglich, einzelne auch heute immer noch als herrschende Ansicht vertretene Auffassungen zurückzuverfolgen und einerseits deren Entstehung aufzuzeigen, andererseits deren Berechtigung anhand der Gesetzesmaterialien zu überprüfen und so einen Beitrag zu heutiger fundrechtlicher Dogmatik zu leisten.

35 Mit einer Ausnahme: Derday, jur. Diss. 1978.

36 Zu nennen sind aber Mittenzwei, MDR 1987, 883 ff.; Deneke-Stoll, Festschrift für Schwab, 1990, 43 ff.; Schreiber, Jura 1990, 446 ff.; Martinek, JuS 1991, 710 ff.; Schmidt, JuS 1992, 666 f.

37 S. oben auch Schmidt, JuS 1992, 966 (967).

38 So beispielsweise Lange, 1967, 203-205; Baur, 1989, 523-526; Müller, K., 1990, 833-852; Schwab, K. H., 1989, 194-198; Wolf, E., 1979, 187-190; demgegenüber ausführlich Wieling, 1990, 484-506.

39 Schapp, 1989; Gursky, 1991; Wolf, M., 1991.

40 Mittenzwei, MDR 1987, 883 (883); Martinek, JuS 1991, 710 (710); so auch schon Lassally, JR 1927, 347 (347).

1. Kapitel:
Der Begriff der "verlorenen Sache"

Finder ist gemäß § 965 Abs. 1 BGB derjenige, der eine *verlorene Sache* findet und an sich nimmt. Einer der zentralen Begriffe des Fundrechts ist damit neben dem Begriff des Findens derjenige der verlorenen Sache. Von der weiten oder engen Auslegung dieses Begriffs ist die Anwendbarkeit von Vorschriften des Fundrechts abhängig. Daher kommt es entscheidend auf den Inhalt der Begriffe des Verlierens und des Findens an.

Betrachtet man den Schutzzweck des Fundrechts, so besteht dieser grundsätzlich im Schutz des Eigentums[1]: Zunächst soll das Eigentum des Verlierers geschützt werden. Um diesem das Eigentum an der Sache zu erhalten, sieht das Gesetz eine Reihe von Regelungen vor, die dem Finder vorschreiben, wie er mit der gefundenen Sache zu verfahren hat.[2] Nur im Falle der Unerreichbarkeit des primären Ziels, dem Eigentümer der verlorenen Sache wieder sein Eigentum zukommen zu lassen, verfügt das Gesetz über das Eigentum an der Fundsache und weist dies dem Finder zu.[3] Auch hierbei ist der Schutzzweck des Fundrechts der Schutz des Eigentums - jetzt des Finders. Die Position des Finders wandelt sich von einer tatsächlichen Position in eine rechtliche. Die Sache als solche soll als Vermögenswert dem Eigentümer erhalten werden und nicht schutzlos ihrer Verschlechterung oder ihrem Untergang ausgesetzt sein.[4] Dieser Schutz der Sache und des Eigentums kann und soll mit dem Fundrecht verfolgt werden. Dieser Schutzzweck kann mit den §§ 965 ff. BGB jedoch nur dann erreicht werden, wenn es sich bei der gefundenen Sache um eine verlorene Sache im Sinne des Fundrechts handelte. Daher entscheidet die weite oder enge Auslegung des Begriffs "verloren" über die Anwendbarkeit des Fundrechts.[5]

Danach ist die Auslegung des Begriffs "verloren" von entscheidender Bedeutung. Die Anlehnung des Verlustbegriffs an den Besitzbegriff etwa könnte zu einer Objektivierung des Begriffs und damit zu Rechtsklarheit führen. Demgegenüber können subjektive Kriterien leicht zu Abgrenzungsschwierigkeiten und damit zu Rechtsunsicherheit führen. Insbeson-

---

1 Vgl. Jakobs/Schubert, Beratungen des BGB, Sachenrecht 1, 708; Motive, Band 3, 775, 776.

2 Insbesondere §§ 965, 966 BGB.

3 §§ 973, 974 BGB; im Falle des § 976 BGB wird die Gemeinde Eigentümerin der Fundsache. Vgl. insgesamt 4. Kapitel I., II.

4 Jakobs/Schubert, Beratungen des BGB, Sachenrecht 1, 708; Motive, Band 3, 376, 376; Denkschrift zum Entwurf eines Bürgerlichen Gesetzbuchs, 1896, 134, 135.

5 Vgl. auch Motive, Band 3, 375.

dere anhand des zuvor aufgezeigten Schutzzwecks und der Interessen der beteiligten Personen soll versucht werden, den Begriff der verlorenen Sache auszulegen. Hieran wird sich zeigen, ob durch Anlehnung an den Besitzbegriff oder durch die Aufnahme subjektiver Kriterien sinnvollere und eindeutige, insbesondere aber dem Interesse des Verlierers und des Finders entsprechende Ergebnisse erzielt werden können.

Das BGB definiert die genannten Begriffe nicht. Vielmehr ist der Begriff sowohl des Finders als auch der Fundsache "vom BGB in tiefes Dunkel gehüllt".[6] Diese Kritik Konrad Cosacks ist in der nachfolgenden Literatur häufig zitiert und bestätigt worden.[7]

Während die heute ganz herrschende Meinung eine Sache dann für verloren hält, wenn sie besitzlos, aber nicht herrenlos ist[8], war diese Definition insbesondere in den ersten Jahren nach Inkrafttreten des BGB umstritten.[9] Zahlreiche Dissertationen erschienen zu Beginn des Jahrhunderts zum Fundrecht, teilweise ausschließlich zum Begriff der verlorenen Sache.[10] Man stritt darüber, ob ein Besitzverlust im Sinne des § 856 Abs. 2 BGB erforderlich sei, um eine Sache zu einer "verlorenen" im Sinne des Fundrechts werden zu lassen.[11] Umstritten war auch die Frage, ob subjektive Elemente auf der Seite des Verlierers mit in die Definition der "verlorenen Sache" aufzunehmen seien[12] oder ob der Begriff rein subjektiv - vom Besitzbegriff ganz gelöst - verstanden werden müsse.[13]

---

6 Cosack, 1900, 140.

7 Eller, jur. Diss. 1900, 5; Mohr, jur. Diss. 1901, 11; Springmann, jur. Diss. 1906, 1; Francke, jur. Diss. 1909, 1.

8 Wolff/Raiser, 1957, 305; Janikowski, 1961, 131; Westermann, H., 1966, 285; Köbl, 1971, 197; Weimar, JR 1977, 498 (499); Staudinger-Gursky, 1979, § 965 Rdnr. 1; Mittenzwei, MDR 1987, 883 (883); Baur, 1989, 524; Erman-Hefermehl, 1989, § 965 Rdnr. 1; Palandt-Bassenge, 1989, vor § 965 Anm. 1; Schwab, K. H., 1989, 194; Soergel-Mühl, 1989, § 965 Rdnr. 1; Jauernig, 1990, vor § 965 Anm. 1; Müller, K., 1990, 834; Palandt-Bassenge, 1990, vor § 965; Baur/Stürner, 1992, 576; VGH Bremen, Urteil vom 13.12.1955, DVBl. 1956, 628 (629); OLG Hamm, Urteil vom 5.10.1978, NJW 79, 725 (725, 726); Hans OLG Hamburg, Beschluß vom 16.11.1981, MDR 1981, 409 (409); OLG Hamburg, Urteil vom 10.5.1906, OLGE 14, 81 (84).

9 Mit der heute herrschenden Meinung übereinstimmende Auffassungen in der älteren Literatur: Staudinger-Kober, 1898, § 965 Anm. 1; Planck, 1902, § 965 Anm. 1 a; Schäfer, SeuffBl. 68 (1903), 1 (2); Silberschmidt, SeuffBl. 69 (1904), 337 (343); Crome, 1905, 383; Troitzsch, BayZ 1906, 155 (155); Strauß, jur. Diss. 1908, 11; Biermann, 1914, § 965 Anm. 1; Conring, jur. Diss. 1917, 15 f.; von Gierke, 1928, 72.

10 So zum Beispiel Behrend, jur. Diss. 1903; Francke, jur. Diss. 1909; vgl. im übrigen Fußnote 37.

11 Dagegen Fischer-Henle, 1904, § 965 Anm. 1; Schlieter, jur. Diss. 1905, 6, 7.

12 Dernburg, 1901, 334.

13 Brückmann, ArchBürgR 23 (1904), 322 (327).

Von den Autoren wurde immer wieder der Versuch unternommen, den Begriff der "verlorenen Sache" neu zu definieren.[14] Damit entsprach die rechtswissenschaftliche Literatur dem in den Motiven geäußerten Willen der Verfasser des BGB. Danach sollte der Begriff des Findens verlorener Sachen durch "Doktrin und Praxis" näher festgestellt werden.[15]

I. Der Begriff der "verlorenen Sache" bei Entstehung des BGB

Bereits der von Reinhold Johow vorgelegte Teilentwurf (TE) Sachenrecht sah eine ausführliche Regelung des Fundrechts vor. Nach § 165 TE Sachenrecht war derjenige nach Maßgabe der Bestimmungen über die Geschäftsführung ohne Auftrag haftbar[16], der eine *verlorene oder sonst abhanden gekommene fremde Sache* in seinen Gewahrsam nimmt.[17] In § 165 TE Sachenrecht war demnach vorgesehen, neben den Begriff der "verlorenen" auch den der "abhanden gekommenen" Sache in den Gesetzestext aufzunehmen.

Hiergegen beantragte Karl Kurlbaum in der 333. Sitzung der Redaktoren der Ersten Kommission vom 11.6.1884, anstelle der §§ 165, 166 TE Sachenrecht eine Formulierung zu beschließen, nach der - neben anderen wesentlichen Änderungen - derjenige mit bestimmten Pflichten belegt werde, der "eine fremde verlorene Sache in seine Inhabung genommen hat (Finder) ...". Die Kommission beschloß, diesen Antrag mit Änderungen anzunehmen.[18] Eine dieser Änderungen des Antrags Kurlbaums war, den Begriff der "verlorenen" Sache, um die Worte "oder sonst abhanden gekommene" zu ergänzen. Die Kommission hielt es für erforderlich, die "abhanden gekommene Sache" besonders zu erwähnen, da dieser Begriff geeignet sei, den der "verlorenen Sache" zu verdeutlichen.[19] Dies wurde für ratsam gehalten, da "von 'Verlieren' nicht selten in einem Sinne gesprochen werde, welcher für die Anwendbarkeit der in Frage stehenden Bestimmung zu eng sei".[20] Die Regelungen des

---

14 Vgl. Strauß, jur. Diss. 1908, 8.

15 Motive, Band 3, 375.

16 Dazu unten 3. Kapitel, III.

17 Jakobs/Schubert, Beratungen des BGB, Sachenrecht 1, 706.

18 Jakobs/Schubert, Beratungen des BGB, Sachenrecht 1, 706.

19 Jakobs/Schubert, Beratungen des BGB, Sachenrecht 1, 708.

20 Jakobs/Schubert, Beratungen des BGB, Sachenrecht 1, 708; Motive, Band 3, 375.

Fundrechts bezweckten den Schutz des Eigentums, und um diesen Zweck zu erreichen, müßten die Vorschriften für alle die Fälle gelten, in denen gefundene Sachen, ohne sich in der Innehabung irgendeiner Person zu befinden, nicht von dem Eigentümer aufgegeben seien.[21] Mit der Ergänzung "oder sonst abhanden gekommen" könne dieser Gedanke zum Ausdruck gebracht werden.[22]

In der vorläufigen Zusammenstellung zu einzelnen Materien des Sachenrechts, die neben der Redaktionsvorlage für den Redaktionsausschuß der ersten Kommission als weitere Redaktionsvorlage für den Redaktionsausschuß der ersten Kommission diente, wurden die Beschlüsse der Kommission in § 1 folgendermaßen festgehalten: "Wer eine verlorene oder sonst abhanden gekommene Sache findet und in seine Inhabung nimmt, hat unverzüglich den Verlierer oder Eigenthümer (der Sache) von dem Funde zu benachrichtigen".[23] Diese Formulierung ist hinsichtlich der Begriffe "verloren oder sonst abhanden gekommene Sache" bis zu ihrer Veröffentlichung im Ersten Entwurf als § 910 nicht mehr verändert worden. Sowohl in der Zusammenstellung der sachlich beschlossenen Bestimmungen des Sachenrechts nach den Beschlüssen des Redaktionsausschusses der ersten Kommission (1884-1885)[24] als auch in dem Entwurf eines Bürgerlichen Gesetzbuches in der Fassung der ersten Beratung der ersten Kommission war die Formulierung "verlorene oder sonst abhanden gekommene Sache" in § 891 KE[25] und dann in § 910 E I KE[26] enthalten.[27]

Mit dem E I gemeinsam wurden die Motive zu dem Entwurfe eines Bürgerlichen Gesetzbuches für das Deutsche Reich veröffentlicht. Auch hierin wird als Grund der Redaktoren ausdrücklich darauf hingewiesen, daß durch die Miterwähnung der "sonst abhanden gekommenen Sache" zum einen verhindert werden sollte, das Gebiet der Anwendbarkeit von Fundvorschriften zu eng zu begrenzen, da von verlorenen Sachen häufig in einem Sinn gesprochen werde, der für die Regelungen des Fundrechts zu eng sei. Zum anderen sollten so

21 Die Vorschriften über den Fund bezwecken außerdem, "die Sache in die Hand desjenigen zurückzubringen, welcher zur Inhabung derselben berechtigt ist", Motive, Band 3, 376.

22 Jakobs/Schubert, Beratungen des BGB, Sachenrecht 1, 708.

23 Jakobs/Schubert, Beratungen des BGB, Sachenrecht 1, 710.

24 Jakobs/Schubert, Beratungen des BGB, Sachenrecht 1, 711.

25 Kommissionsentwurf, 1884-1887, nach Jakobs/Schubert, Beratungen des BGB, Sachenrecht 1, 711.

26 Erste Lesung 1888.

27 Jakobs/Schubert, Beratungen des BGB, Sachenrecht 1, 711, 712.

die "Doktrin und Praxis" befähigt werden, den Begriff des Findens im einzelnen näher festzustellen.[28]

Von der zweiten Kommission wurde der § 910 Abs. 1 des E I sachlich angenommen.[29] Dennoch wurde die Formulierung "oder sonst abhanden gekommene" nicht weiter übernommen. Sowohl der § 880 (E II[30]) als auch der § 449 (3. Lesung[31]), die dem heutigen § 965 BGB entsprechen, enthalten lediglich die Formulierung "verlorene Sache". Die "oder sonst abhanden gekommene" Sache wird in § 965 BGB nicht mehr miterwähnt.

Weshalb die ursprünglich vorgesehene, sachlich von der zweiten Kommission angenommene Ergänzung nicht weitergeführt wurde und somit auch im BGB nicht enthalten ist, ist den Gesetzesmaterialien nicht zu entnehmen.[32] Es sind keine Protokolle ersichtlich, in denen eine derartige Umformulierung vorgeschlagen, beantragt oder beschlossen wurde.[33]

Zusammenfassend lassen sich zum Verständnis des Begriffs der "verlorenen Sache" in der Entstehung des Gesetzes die Hinweise entnehmen, daß der Gesetzgeber bewußt auf eine Definition verzichtet hat. Der "Rechtswissenschaft und Praxis" wurde die Auslegung des Begriffs der "verlorenen Sache" überlassen. Gleichzeitig werden "Rechtswissenschaft und Praxis" angewiesen, den Begriff vor einer engen Auslegung zu bewahren, um nicht die Anwendbarkeit des Fundrechts zu stark zu begrenzen.[34] Damit ist auch gesagt, daß die Anwendung von Regeln des Fundrechts von der Auslegung des Begriffs der "verlorenen Sache" abhängt und dieser somit einen der zentralen Begriffe des Fundrechts bildet. Ferner wird in den Gesetzesmaterialien auf den Zweck des Fundrechts hingewiesen, der danach darin besteht, das Eigentum zu schützen.[35] Um diesen zu erreichen, müßten die Bestim-

28 Motive, Band 3, 375.

29 Jakobs/Schubert, Beratungen des BGB, Sachenrecht 1, 712; Protokolle, Band 3, 256.

30 Zweite Lesung nach dem Bericht der Redaktionskommission, 1895.

31 1896.

32 Siehe hierzu auch unten II., 2., d).

33 Keine Nachweise bei Jakobs/Schubert, Vorentwürfe der Redaktoren zum BGB, Sachenrecht 1; Jakobs/Schubert, Beratungen des BGB, Sachenrecht 1; Motive, Band 3; Protokolle, Band 3; Zusammenstellung der gutachtlichen Äußerungen zum E I, 1890; Denkschrift zum Entwurf eines Bürgerlichen Gesetzbuchs, 1896; vgl. auch unten II., 2., d).

34 Jakobs/Schubert, Beratungen des BGB, Sachenrecht 1, 708; Motive, Band 3, 376.

35 Jakobs/Schubert, Beratungen des BGB, Sachenrecht 1, 708, Motive, Band 3, 376.

mungen für alle Fälle gelten, "in welchen gefundene Sachen sich nicht in der Inhabung Jemandes befinden, (und) von ihrem Eigenthümer nicht aufgegeben seien".[36]

II. Die Entwicklung des Begriffs der "verlorenen Sache" in Rechtswissenschaft und Rechtsprechung

Angesichts der Entstehungsgeschichte ist es nicht überraschend, das es alsbald nach Inkrafttreten des BGB in der Literatur streitig war, was unter dem Begriff der verlorenen Sache zu verstehen ist. Einige der zahlreichen insbesondere zu Beginn des Jahrhunderts erschienenen Dissertationen beschäftigen sich sogar ausschließlich mit dem Versuch einer Definition dieses Begriffs.[37] Aber auch wenn "die Anzahl der Autoren kaum größer ist als die Zahl der verschiedenen, für den Begriff der 'verlorenen Sache' aufgestellten Definitionen"[38], sind dennoch deutliche Parallelen zueinander zu erkennen.[39]

Einigkeit besteht zumindest insoweit, als überwiegend nur fremde und bewegliche Sachen unter den "verlorenen Sachen" im Sinne der §§ 965 ff. BGB verstanden werden. Danach können unbewegliche[40] und eigene oder herrenlose Sachen nicht gefunden werden. Überwiegend wird als weiteres Merkmal der "verlorenen Sache" deren Besitzlosigkeit im Zeitpunkt des Fundes genannt. Diese Voraussetzung ist jedoch insbesondere in der älteren Literatur nicht unbestritten. Teilweise wird ein Besitzverlust nach § 856 BGB für nicht erfor-

---

36 Jakobs/Schubert, Beratungen des BGB, Sachenrecht 1, 708.

37 In chronologischer Reihenfolge sind dies: Hass, jur. Diss. 1890; Weiß, jur. Diss. 1891; Buchholtz, jur. Diss. 1893/94; Gerber, jur. Diss. 1896; Freitag, jur. Diss. 1896; Sieveking, jur. Diss. 1896; Igen, jur. Diss. 1898; Blänkner, jur. Diss. 1901; Dolezych, jur. Diss. 1901; Eller, jur. Diss. 1901; Mohr, jur. Diss. 1901; Riemer, jur. Diss. 1901; Wedell, jur. Diss. 1902/3; Behrend, jur. Diss. 1903 (nur zum Begriff der verlorenen Sache); Chaffak, jur. Diss. 1903; Liebrecht, jur. Diss. 1903; Stein, jur. Diss. 1903; Müller, E., jur. Diss. 1904; Sprinz, jur. Diss. 1904; Hopmann, jur. Diss. 1905; Schlieter, jur. Diss. 1905; Wittus, jur. Diss. 1905; Bittkow, jur. Diss. 1906; Springmann, jur. Diss. 1906; Strauß, jur. Diss. 1908; Francke, jur. Diss. 1909 (der Begriff der verlorenen und der gefundenen Sache); Vobach, jur. Diss. 1910; Carlstaedt, jur. Diss. 1911; Grotz, jur. Diss. 1913; Wimmer, jur. Diss. 1914; Durst, jur. Diss. 1915; Conring, jur. Diss. 1917; Feldberg, jur. Diss. 1918; Haase, jur. Diss. 1919; Kohler, jur. Diss. 1919; Miethsam, jur. Diss. Erlangen 1925; zur Lippe, jur. Diss. 1931; Mann, jur. Diss. 1933. Die näheren bibliographischen Angaben siehe Literaturverzeichnis.

38 Strauß, jur. Diss. 1908, 8.

39 Strauß, jur. Diss. 1908, 8.

40 Abweichende Ansichten bei Gimmerthal, AcP 52 (1869), 521, 522; Sieveking, jur. Diss. 1896, 47.

derlich gehalten.[41] Von Arthur Brückmann wird sogar versucht, den Verlustbegriff ganz vom Besitzbegriff zu lösen.[42] Nicht objektiv nach einem eingetretenen Besitzverlust, sondern subjektiv nach der Vorstellung des Verlierers sei der Begriff der "verlorenen Sache" zu bestimmen.[43] Auch wenn diese Auffassung so ausdrücklich nur Brückmann vertritt, wird auch von den Autoren, die einen "Besitzverlust" für erforderlich halten, immer wieder versucht, in die Definition der "verlorenen Sache" auch subjektive Elemente aufzunehmen.[44] Danach ist eine Sache "verloren" im Sinne des Fundrechts, die ohne oder gegen den Willen des Verlierers oder unbemerkt verloren werde.[45]

Als herrschende Meinung hat sich schon früh die Auffassung gebildet, daß der Verlustbegriff zum einen vom Besitzbegriff abhängig, zum anderen von subjektiven Elementen beim Verlierer unabhängig ist. Von der heute herrschende Meinung wird dementsprechend eine Sache dann als "verlorene Sache" im Sinne des Fundrechts angesehen, wenn diese besitzlos und nicht herrenlos ist.[46]

---

41 Staudinger-Kober, 1898, § 965 Anm. 1; Buhl, 1901, 53; Fischer/Henle, 1904, § 965 Anm. 1; Schlieter, jur. Diss. 1905, 6; Wittus, jur. Diss. 1905, 9, 10.

42 Brückmann, ArchBürgR 23 (1904), 322 ff.; ohne Begründung so auch schon Fischer/Henle, 1904, § 965 Anm. 1.

43 Brückmann, ArchBürgR 23 (1904), 321 (327).

44 Rein subjektiv ist auch die Definition Dernburgs, wonach die Sache verloren ist, die der tatsächlichen Gewalt des Inhabers so entkommen ist, daß dieser nicht mehr weiß, wo sich die Sache befindet, Dernburg, 1901, 334.

45 Delbrück, JherJb. 3 (1859), 1 (25), Besitzlosigkeit, ohne eine hierauf gerichtete menschliche Tätigkeit; Freitag, jur. Diss. 1896, 14 in Anlehnung an Schütze, ApraktRwiss 2 (1865), 155 (161); Sieveking, jur. Diss. 1896, 10; Igen, jur. Diss. 1898, 7; Blänkner, jur. Diss. 1901, 12, 13; Behrend, jur. Diss. 1903, 18; Chaffak, jur. Diss. 1903, 6; Schäfer, SeuffBl. 68 (1903), 1 (2); Stein, jur. Diss. 1903, 3; Müller, E., jur. Diss. 1904, 19; Crome, 1905, 384; Springmann, jur. Diss. 1906, 10 ff. (18); Troitzsch, BayZ 1906, 155 (155); Heilfron/Pick, 1907, 426; Biermann, 1914, § 965 Anm. 1; Fülster, 1927, 164 wonach der Besitzverlust "unwillkürlich" sein muß; Staudinger-Seufert, 1956, § 965, Rdnr. 1, 4; Eichler, 1957, 55; Palandt-Hoche, 1964, vor § 965 Anm. 1a; Drischler, SchsZtg. 1976, 148 (149); Rother, BB 1965, 247 (247); RGRK-Pikart, 1979, § 965 Rdnr. 2; MünchKomm-Quack, 1986, § 965 Rdnr. 3, 4; Deneke-Stoll, Festschrift für Schwab 1990, 43 (45).

46 So schon Biermann, 1898, § 965 Anm. 1; Delius, PrVerwBl. 1899, 337 (337); Eller, jur. Diss. 1900, 17; Johnson, FischersZ 22 (1901), 321 (322) "verloren" sind alle "irgendwie abhanden gekommenen" Sachen; Mohr, jur. Diss. 1901, 14, 15; Strauß, jur. Diss. 1908, 16; Matthiaß, 1910, 469; Conring, jur. Diss. 1917, 47; Haase, jur. Diss. 1919, 3, 4; Soergel, 1923, vor § 965 Anm. 1; Wolff, 1923, 250; von Gierke, 1928, 72; Krusch, AcP 148 (1943), 282 (288); Wolff/Raiser, 1957, 305; Janikowski, 1961, 131; Westermann, H., 1966, 285; Köbl, 1971, 197; Weimar, JR 1977, 498 (499); Staudinger-Gursky, 1979, § 965 Rdnr. 1; Mittenzwei, MDR 1987, 883 (883); Baur, 1989, 524; Erman-Hefermehl, 1989, § 965 Rdnr. 1; Palandt-Bassenge, 1989, vor § 965 Anm. 1; Schwab, K. H., 1989, 194; Soergel-Mühl, 1989, § 965 Rdnr. 1; Jauernig, 1990, vor § 965 Anm. 1; Müller, K., 1990, 834; Palandt-Bassenge, 1990, vor § 965 Anm. 1; Schreiber, Jura 1990, 446 (446); VGH Bremen, Urteil vom 13.12.1955, DVBl. 1956, 628 (629); OLG Hamm, Urteil vom 5.10.1978, NJW 1979, 725 (726).

1. Fremdheit und Beweglichkeit als Merkmale der "verlorenen Sache"

Insbesondere in der älteren Literatur findet sich immer wieder der Hinweis, daß die Vorschriften des Fundrechts nur auf *bewegliche Sachen* anzuwenden seien. Daß es sich um eine *Sache*, also um einen körperlichen Gegenstand handeln müsse, ergebe sich aus § 965 BGB in Verbindung mit § 90 BGB. Daher könnten Rechte nicht gefunden werden und damit auch nicht Gegenstand des Fundrechts sein.[47] Diese Feststellung wird in der heutigen Literatur für so selbstverständlich erachtet, daß sie nicht mehr erwähnt wird.

Ebensowenig findet sich die weitere Voraussetzung der Beweglichkeit der "verlorenen Sache" in der neueren Literatur. Demgegenüber wird in der älteren Literatur immer wieder bemerkt, daß Immobilien beispielsweise nicht als verlorene Sachen im Sinne des Fundrechts angesehen werden können.[48] Zwar seien unter dem Begriff Sache auch unbewegliche Sachen zu verstehen, doch lasse sich aus der Stellung des Fundrechts innerhalb des BGB und aus der Formulierung der einzelnen Fundrechtsvorschriften eindeutig entnehmen, daß mit "verlorenen Sachen" vom Gesetzgeber nur bewegliche gemeint seien.[49]

Auch auf das Merkmal der Fremdheit der "verlorenen Sache" wird in der älteren Literatur wesentlich ausführlicher eingegangen als in neueren Lehrbüchern und Kommentaren.[50] Diese weisen lediglich darauf hin, daß verlorene Sachen nicht herrenlos sein dürfen, mithin im Eigentum irgend jemandes stehen müssen, da sie ansonsten dem Aneignungsrecht gemäß

---

47 Freitag, jur. Diss. 1896, 10; Igen, jur. Diss. 1898, 9; Eller, jur. Diss. 1900, 14 gegen Sieveking, jur. Diss. 1896, 5, 47; Mohr, jur. Diss. 1901, 12; Blänkner, jur. Diss. 1901, 7; Chaffak, jur. Diss. 1903, 9; Müller, E., jur. Diss. 1904, 18; Wittus, jur. Diss. 1905, 2; Maenner, 1906, 214; Springmann, jur. Diss. 1906, 2; Kretzschmar, 1910, 139; Conring, jur. Diss. 1917, 10; Haase, jur. Diss. 1919, 1.

48 Anderer Ansicht: Gimmerthal, AcP 52 (1869), 521 (522), wonach auch "Inseln im Meer und derelinquierte Grundstücke" gefunden werden können; so auch Sieveking, jur. Diss. 1896, 5, 47, der den Fund unbeweglicher Sachen, wie "einen mit Mauern umgebenen Hof" oder ebenfalls eine Insel zwar für "im praktischen Leben selten" gleichfalls aber für denkbar hält; vgl. auch Conring, jur. Diss. 1917, 10.

49 Freitag, jur. Diss. 1896, 10; Igen, jur. Diss. 1898, 9, 10; Eller, jur. Diss. 1900, 14, 15; Mohr, jur. Diss. 1901, 12; Chaffak, jur. Diss. 1903, 9; Blänkner, jur. Diss. 1901, 7; Müller, E., jur. Diss. 1904, 18; Wittus, jur. Diss 1905, 3; Springmann, jur. Diss. 1906, 2; Strauß, jur. Diss. 1908, 14; Francke, jur. Diss. 1909, 2; Conring, jur. Diss. 1917, 9; Haase, jur. Diss. 1919, 1.

50 Freitag, jur. Diss. 1896, 8, 10, 11; Igen, jur. Diss. 1898, 10 ff.; Eller, jur. Diss. 1900, 12; Blänkner, jur. Diss. 1901, 7, 8; Mohr, jur. Diss. 1901, 13, 14; Chaffak, jur. Diss. 1903, 10, 11; Springmann, jur. Diss. 1906, 2, 3; Strauß, jur. Diss. 1908, 14 ff.; Conring, jur. Diss. 1917, 39 ff.; Haase, jur. Diss. 1919, 2.

§§ 958 ff. BGB und nicht dem Fundrecht unterliegen.[51] Demgegenüber unterscheidet die ältere Literatur häufig zwischen den Sachen, an denen nie Eigentum bestanden hat, und denjenigen, an denen das Eigentum aufgegeben wurde.[52] Erstere bereiteten keine Schwierigkeiten bei der Abgrenzung zu verlorenen Sachen, da es sich dabei überwiegend um die von der Natur immer neu hervorgebrachten Objekte wie wilde Tiere, Blumen, Steine und Muscheln handele. Wichtiger, praktisch häufiger und schwieriger in der Abgrenzung seien die derelinquierten Sachen, also Sachen, an denen das Eigentum aufgegeben wurde. Zweifel, ob es sich dabei um "verlorene Sachen" handele, könnten sich insbesondere deshalb ergeben, weil nicht mit jeder Besitzaufgabe auch gleichzeitig eine Eigentumsaufgabe verbunden sei. Nur in den wenigsten Fällen lasse sich aber mit Sicherheit bestimmen, ob eine Sache derelinquiert oder verloren sei.[53] Damit wäre die Schwierigkeit verbunden zu unterscheiden, ob die angetroffene Sache nur besitzlos sei und damit gefunden werden könnte.

Trotz dieser Abgrenzungsschwierigkeiten wird aber am Merkmal der Fremdheit für den Begriff der "verlorenen Sache" auch in der älteren Literatur richtigerweise nicht gezweifelt. Denn stünde die verlorene Sache nicht im Eigentum irgendeiner Person, wäre sie herrenlos. Wer aber eine herrenlose Sache in Eigenbesitz nimmt, erwirbt daran gemäß § 958 Abs. 1 BGB das Eigentum. Die Anwendung von Fundrecht kommt nicht in Betracht.[54] Selbst wenn der vermeintliche Finder der Ansicht wäre, es handele sich um eine verlorene Sache, kommen die Regelungen des Fundrechts nicht zur Anwendung.[55] Denn die Anwendbarkeit der §§ 965 ff. BGB bzw. §§ 958 ff. BGB richtet sich nach dem objektiven Tatbestand, nicht nach den subjektiven Vorstellungen desjenigen, der die Sache in seinen Besitz nimmt: Es wäre sinnlos, Fundvorschriften auch auf objektiv herrenlose, subjektiv aber für verloren gehaltene Sachen anzuwenden, da durch das Fundrecht das Eigentum desjenigen, dem die

---

51 Freitag, jur. Diss. 1896, 8, 10, 11; Igen, jur. Diss. 1898, 10 ff.; Eller, jur. Diss. 1900, 12; Blänkner, jur. Diss. 1901, 7, 8; Mohr, jur. Diss. 1901, 13; Chaffak, jur. Diss. 1903, 10, 11; Wittus, jur. Diss. 1905, 4 ff.; Springmann, jur. Diss. 1906, 2, 3; Strauß, jur. Diss. 1908, 14 ff.; Conring, jur. Diss. 1917, 39 ff.; Haase, jur. Diss. 1919, 2, 3. Heute: MünchKomm-Quack, 1986, § 965 Rdnr. 3; Mittenzwei, MDR 1987, 883 (883); Baur, 1989, 523; Schwab, K. H., 1989, 194; Deneke-Stoll, Festschrift für Schwab 1990, 43 (45); Jauernig, 1990, § 965 Anm. 1; Müller, K., 1990, 798; Palandt-Bassenge, 1990, vor § 965 Anm. 1; Schreiber, Jura 1990, 446 (446).

52 Strauß, jur. Diss. 1908, 14 ff.

53 Freitag, jur. Diss. 1896, 8, 10, 11; Igen, jur. Diss. 1898, 10 ff.; Eller, jur. Diss. 1900, 12; Blänkner, jur. Diss. 1901, 7, 8; Mohr, jur. Diss. 1901, 13, 14; Chaffak, jur. Diss. 1903, 10, 11; Wittus, jur. Diss. 1905, 4 ff.; Springmann, jur. Diss. 1906, 2, 3; Strauß, jur. Diss. 1908, 14 ff.; Conring, jur. Diss. 1917, 39 ff.; Haase, jur. Diss. 1919, 2, 3.

54 Vgl. unten 2. Kapitel, II, 1. und 4. Kapitel, I., 3., b).

55 Hält der Finder eine verlorene Sache irrtümlich für herrenlos und will er hieran Eigentum begründen, so begeht er verbotene Eigenmacht, § 858 Abs. 1 BGB; vgl. unten 2. Kapitel, II., 1.

verlorene Sache gehört, geschützt werden soll.[56] Insbesondere gegenüber dem Eigentümer der verlorenen Sache ist der Finder zu einem bestimmten Verhalten verpflichtet und eventuell auch schadensersatzpflichtig.[57] Diese Regelungen sind aber dann sinnlos, wenn an der verlorenen Sache kein Eigentum bestünde, diese also herrenlos wäre. Deshalb ist das Merkmal der Fremdheit für den Begriff der "verlorenen Sache" unverzichtbar.

2. Besitzverlust als Merkmal der "verlorenen Sache"

Schon bei Inkrafttreten des BGB ist die Ansicht vertreten worden, daß begrifflich nur dann von einer "verlorenen Sache" im Sinne des Fundrechts gesprochen werden könne, wenn kein Besitz mehr an der Sache besteht.[58] Häufig sind aber als weitere Voraussetzungen subjektive Kriterien, wie beispielsweise Unbemerktheit und Unfreiwilligkeit des Besitzverlustes, aufgestellt worden. Hier soll zunächst untersucht werden, ob das Merkmal des Besitzverlustes für den Begriff der "verlorenen Sache" erforderlich ist. Erst in einem zweiten Schritt werden mögliche weitere Voraussetzungen - wie zum Beispiel subjektive Vorstellungen beim Finder - behandelt.

In der Literatur lassen sich drei verschiedene Auffassungen zum Erfordernis des Besitzverlustes für die Definition des Begriffs der "verlorenen Sache" unterscheiden. Bemerkenswert ist die Ansicht Arthur Brückmanns, der nicht nur den Begriff der verlorenen Sache unabhängig vom Besitzbegriff zu erklären versucht, sondern darüber hinaus jegliche Beziehung von Besitz und Verlustbegriff bestreitet.[59] Diese Auffassung Brückmanns befindet sich im völligen Gegensatz zur damals herrschenden Meinung, wonach eine "verlorene Sache" be-

56 Vgl. Jakobs/Schubert, Beratungen des BGB, Sachenrecht 1, 708.

57 Unter den Voraussetzungen des § 968 BGB.

58 Eller, jur. Diss. 1900, 17; Blänkner, jur. Diss. 1901, 12, 13; Johnson, FischersZ 22 (1901), 321 (322); Mohr, jur. Diss. 1901, 14, 15; Behrend, jur. Diss. 1903, 18; Chaffak, jur. Diss. 1903, 6; Stein, jur. Diss. 1903, 3; Müller, E., jur. Diss. 1904, 53; Crome, 1905, 384; Springmann, jur. Diss. 1906, 10 ff.; Troitzsch, BayZ 1906, 155 (155); Heilfron/Pick, 1907, 426; Strauß, jur. Diss. 1908, 16.

59 Brückmann, ArchBürgR 23 (1904), 322 ff.; siehe auch Behrend, jur. Diss. 1903, 12.

sitzlos sein muß.[60] Die dritte der vertretenen Ansichten hält einen Besitzverlust zwar für "in aller Regel gegeben", jedoch für den Begriff der verlorenen Sache nicht zwingend erforderlich.[61] Innerhalb dieser letztgenannten und der herrschenden Meinung verwandelt sich somit die Frage des "Verlorenseins" einer Sache zumindest teilweise in die Frage nach dem Besitzverlust.[62]

Besonders energisch wendet sich hiergegen Brückmann.[63] Bei der Auslegung des Begriffs der "verlorenen Sache" befinde man sich auf einem "aprioristischen Holzwege".[64] Brückmann wendet sich in seiner Abhandlung über den Begriff der "verlorenen Sache" ausführlich gegen die "sklavische Abhängigkeit ..., in die man den Verlustbegriff des Gesetzes zum Besitzbegriff ..." gebracht habe.[65] Eine Sache könne durchaus als "verloren" im Sinne des Fundrechts anzusehen sein, auch wenn an ihr noch Besitz bestünde. Ein ähnlicher Ansatz findet sich auch schon bei Roland Behrend.[66] Er hält "das objektive Moment des Verlorenseins" auch dann für gegeben, "wenn trotz Fortdauer des Besitzes die Möglichkeit wirtschaftlicher Sachbenutzung nicht mehr vorhanden ist und diese Möglichkeit durch das Fundrecht wieder hergestellt werden kann".[67] Ohne sich auf Behrend zu beziehen, nimmt auch Brückmann als sehr wichtiges Kriterium für das "Verlorensein" einer Sache die Vor-

---

60 Delbrück, JherJb. 3 (1859), 1 (25); Freitag, jur. Diss. 1896, 14; Sieveking, jur. Diss. 1896, 10; Igen, jur. Diss. 1898, 7; Delius, PrVerwBl. 1899, 337 (337); Eller, jur. Diss. 1900, 17; Blänkner, jur. Diss. 1901, 12, 13; Johnson, FischersZ 22 (1901), 321 (322); Mohr, jur. Diss. 1901, 14, 15; Behrend, jur. Diss. 1903, 18; Chaffak, jur. Diss. 1903, 6; Stein, jur. Diss. 1903, 3; Müller, E., jur. Diss. 1904, 53; Crome, 1905, 384; Springmann, jur. Diss. 1906, 10 ff., 18; Troitzsch, BayZ 1906, 155 (155); Heilfron/Pick, 1907, 426; Strauß, jur. Diss. 1908, 16; Biermann, 1914, § 965 Anm. 1; Conring, jur. Diss. 1917, 47; Haase, jur. Diss. 1919, 3, 4; Soergel, 1923, vor § 965 Anm. 1; Wolff, 1923, 250; Fülster, 1927, 164; von Gierke, 1928, 72; Krusch, AcP 148 (1943), 282 (288); Staudinger-Seufert, 1956, § 965, Rdnr. 1, 4; Eichler, 1957, 55; Wolff/Raiser, 1957, 305; Janikowski, 1961, 131; Palandt-Hoche, 1964, vor § 965 Anm. 1 a; Rother, BB 1965, 247 (247); Westermann, H., 1966, 285; Köbl, 1971, 197; Weimar, JR 1977, 498 (499); Drischler, SchsZtg. 1976, 148 (149); RGRK-Pikart, 1979, § 965 Rdnr. 2; Staudinger-Gursky, 1979, § 965 Rdnr. 1; MünchKomm-Quack, 1986, § 965 Rdnr. 3, 4; Mittenzwei, MDR 1987, 883 (883); Baur, 1989, 524; Erman-Hefermehl, 1989, § 965 Rdnr. 1; Palandt-Bassenge, 1989, vor § 965 Anm. 1; Schwab, K. H., 1989, 194; Soergel-Mühl, 1989, § 965 Rdnr. 1; Deneke-Stoll, Festschrift für Schwab 1990, 43 (45); Jauernig, 1990, vor § 965 Anm. 1; Müller, K., 1990, 798; Palandt-Bassenge, 1990, vor § 965 Anm. 1; Schreiber, Jura 1990.

61 Staudinger-Kober, 1898, § 965 Anm. 1; Buhl, 1901, 53; Fischer/Henle, 1904, § 965 Anm. 1; Schlieter, jur. Diss. 1905, 5; Wittus, jur. Diss. 1905, 9, 10.

62 So auch der Vorwurf Brückmanns, ArchBürgR 23 (1904), 322 (322).

63 Brückmann, ArchBürgR 23 (1904), 322 ff.

64 Brückmann, ArchBürgR 23 (1904), 322 (322).

65 Brückmann, ArchBürgR 23 (1904), 322 (322).

66 Behrend, jur. Diss. 1903, 11, 12.

67 Behrend, jur. Diss. 1903, 12.

aussetzung auf, daß die Sache *wirtschaftlich* nicht mehr genutzt werden könne.[68] Rein "wirtschaftlich", so Brückmann, und "zugleich rein subjektiv" sei der Begriff der verlorenen Sache.[69] Insbesondere dieser subjektiven Begriffsbestimmung Brückmanns stimmt Heinrich Dernburg zu.[70] Doch geht Dernburgs Definition noch weiter, indem er formuliert, daß jede Sache verloren sei, von der man nicht mehr wisse, wo sie sich befinde.[71]

Diese Definition ist aber rechtlich unbrauchbar, weil sie zu unbestimmt ist. Nicht nur die vom Dieb behaltene Sache wäre danach verloren[72], sondern auch verlegte Sachen wie beispielsweise die Brille, die das Haus "verschluckt" hat.[73]

Ausführlicher in der Begründung ist die Abhandlung Brückmanns zum Begriff der verlorenen Sache.[74] Diese ist vor allem deshalb interessant, weil Brückmann versucht, seine Meinung anhand des Gesetzes ausführlich zu belegen. Insgesamt wendet er sich gegen die Verbindung von Besitzbegriff und Verlustbegriff. Zu der "unbedingten Abhängigkeit, in der nach der herrschenden Lehre der Verlustbegriff von dem Besitzbegriff stehen soll, (nötigten) weder terminologische noch dogmatische, weder äußere noch legislatorische Gründe ...".[75] Der Verlustbegriff sei "rein wirtschaftlich und zugleich rein subjektiv".[76] Daher formuliert Brückmann: "Eine Sache, die meinem Machtbereich gegen bzw. ohne meinen Willen derart entfremdet ist, daß ich sie vernünftiger Weise nicht mehr wirtschaftlich in Betracht ziehen, daß ich sie nach aller Wahrscheinlichkeit nicht mehr als zu meinem Vermögen gehörig rechnen, daß ich nicht mehr auf sie als ein an seinem Teile für meine Bedürfnisse mitarbeitendes Vermögensstück bauen kann, muß ich als eine verlorene betrachten, - sie ist eine verlorene Sache im Sinne des täglichen Lebens - und des Gesetzes,

---

68 Brückmann, ArchBürgR 23 (1904), 322 (327).

69 Brückmann, ArchBürgR 23 (1904), 322 (327).

70 Dernburg, 1908, 401 mit Anm. 6.

71 Dernburg, 1908, 401 mit Anm. 6; dagegen ausdrücklich Baur, 1989, 524.

72 Vgl. RGRK-Pikart, 1979, § 965 Rdnr. 5; Krusch, AcP 148 (1943), 282 (288).

73 Beispiel bei Baur, 1989, 523.

74 Brückmann, ArchBürgR 23 (1904), 322 ff.; ausdrücklich gegen Brückmann: Silberschmidt, SeuffBl. 69 (1904), 337 ff.; Windscheid-Kipp, 1906, 949; Francke, jur. Diss. 1909, 29-32; Biermann, 1914, § 965 Anm. 1; Conring, jur. Diss. 1917, 18 ff.; Haase, jur. Diss. 1919, 4; Soergel, 1923, § 965 Anm. 1; Wolff, 1923, 250 mit Anm. 1; Staudinger-Seufert, 1956, § 965, Rdnr. 1; Derday, jur. Diss. 1978, 25 f.; Staudinger-Gursky, 1979, § 965 Rdnr. 1; MünchKomm-Quack, 1986, § 965 Rdnr. 6.

75 Brückmann, ArchBürgR 23 (1904), 322 (323).

76 Brückmann, ArchBürgR 23 (1904), 322 (327); so schon Behrend, jur. Diss. 1903, 12; Fischer/Henle, 1904, § 965 Anm. 1.

das sich mit ihm decken soll."[77] Besitzverlust im Sinne des § 856 BGB ist danach also nicht erforderlich. Diese Auffassung sieht Brückmann zunächst durch einen Vergleich mit dem "Verlustbegriff" der §§ 935, 1006, 1007 BGB bestätigt[78]; eine "sehr deutliche Bestätigung und Unterstützung ... (seiner) Gedankengänge" sei aber auch in § 794 BGB zu finden.[79] Die "wertvollste Belegstelle" für die Richtigkeit seiner Auffassung bilde möglicherweise jedoch § 701 BGB.[80] Danach ist zu untersuchen, ob die genannten Vorschriften geeignet sind, die Auffassung Brückmanns zu bestätigen.

a) Unterschiedliche "Verlustbegriffe" in § 701 BGB und §§ 965 ff. BGB

Betrachtet man zunächst § 701 BGB, so hat nach dieser Vorschrift ein Gastwirt den Schaden zu ersetzen, der durch *Verlust*, Zerstörung oder Beschädigung von Sachen, die ein Gast eingebracht hat, entsteht. Auch der Verlustbegriff des § 701 BGB ist nach Ansicht Brückmanns wie der des § 965 BGB rein wirtschaftlich und rein individuell aufzufassen. Dies ergebe sich aus *inneren Gründen* der Vorschrift des § 701 BGB[81]: Brückmann geht davon aus, daß dem BGB ein einheitlicher Verlustbegriff zu Grunde liege, der sich nur dadurch jeweils differenziere, "daß er sich biegsam den einzelnen Verhältnissen" anschmiege.[82] "Das Wirtschaftliche" des Verlustbegriffs jedoch mache dessen "Einheit und Vielheit" aus.[83] Diesen Behauptungen entnimmt Brückmann, daß der "Verlustbegriff" rein wirtschaftlich sei.

Die für seine Ansicht wichtigste Folgerung aus § 701 BGB besteht aber darin, daß § 701 BGB bestätige, daß auch in einem Haus, also in "befestigten Besitzständen"[84] eine Sache verloren gehen könne. Völlig unabhängig vom Besitzbegriff werde im Falle des § 701 BGB das "Verlorensein" der Sache festgestellt. Nach dem Besitz im juristischen Sinn dürfe in § 701 BGB nicht gefragt werden. Dies mache den § 701 BGB so "besonders wertvoll und belangreich" für die Auffassung Brückmanns.[85]

77 Brückmann, ArchBürgR 23 (1904), 322 (327).

78 Brückmann, ArchBürgR 23 (1904), 322 (334).

79 Brückmann, ArchBürgR 23 (1904), 322 (336).

80 Brückmann, ArchBürgR 23 (1904), 322 (337).

81 Brückmann, ArchBürgR 23 (1904), 322 (339).

82 Brückmann, ArchBürgR 23 (1904), 322 (340).

83 Brückmann, ArchBürgR 23 (1904), 322 (340).

84 Brückmann, ArchBürgR 23 (1904), 322 (342).

85 Brückmann, ArchBürgR 23 (1904), 322 (342).

Dem entgegnet Silberschmidt, daß § 701 BGB zur Auslegung des Begriffs der "verlorenen Sache" in § 965 BGB terminologisch schon deshalb nicht verwendet werden könne, da der Begriff "Verlust" in § 701 BGB als Gegensatz des Findens überhaupt nicht in Betracht komme.[86] In § 701 BGB stünde der "Verlust" einer Sache im Gegensatz zu deren "Zerstörung oder Beschädigung", gemeint also sei die "gänzliche Vernichtung der Sache für den Eigentümer im Gegensatz zur teilweisen Vernichtung".[87] Diese Argumentation findet sich auch bei Hermann Johannes Conring, der grundsätzlich Silberschmidt zustimmt. Conring ergänzt die Argumentation Silberschmidts um die Feststellung, daß schließlich auch schon der allgemeine Sprachgebrauch unter "verloren" und "Verlust" etwas wesentlich Verschiedenes verstehe. Daher sei es völlig unzutreffend, wenn Brückmann den § 701 BGB zur Begriffsbestimmung heranziehen wolle.[88]

Die Argumente Silberschmidts und Conrings sind deshalb nicht sehr überzeugend, weil es sich dabei lediglich um ein "Spiel mit Begriffen" handelt. Dennoch ist ihre Auffassung zutreffend, daß der Begriff des Verlustes ein anderer ist als der der "verlorenen Sache" in § 965 BGB[89]: Die Ansicht Brückmanns beruht darauf, daß er die in dem § 701 BGB und § 965 BGB enthaltenen Begriffe gleichstellt. § 701 BGB entnimmt Brückmann, daß es auf den "Besitzbegriff" deshalb nicht ankomme, da trotz Besitzes des Gastwirtes in dessen Betrieb Sachen des Gastes verloren werden könnten. Es stellt sich damit zunächst die Frage, ob dem BGB ein einheitlicher "Verlustbegriff" zugrunde liegt, ob also eine Sache, die nach den §§ 965 ff. BGB eine "verlorene Sache" im Fundrecht ist, in ihren Voraussetzungen identisch ist mit der Sache, deren Verlust nach § 701 BGB zu ersetzen ist.

Betrachtet man zunächst § 701 Abs. 1 BGB, so werden darin dem "Verlustbegriff" die Begriffe "Zerstörung oder Beschädigung" gegenübergestellt. Inhaltlich weist dies auf einen endgültigen Verlust der Sache hin, für den Schadenersatz zu leisten ist.[90] In § 701 BGB geht es daher nicht mehr um die Wiederbeschaffung der Sache für den Eigentümer, sondern um Ersatz des Schadens, der darin besteht, daß die vom Gast eingebrachte Sache nicht mehr zurückgegeben werden kann.[91] Dies ist dem Gastwirt nicht mehr möglich, da die Sache verloren ist, also vom Gastwirt nicht mehr in absehbarer Zeit herbeigebracht werden

---

86 Silberschmidt, SeuffBl. 69 (1904), 337 ff.

87 Silberschmidt, SeuffBl. 69 (1904), 337 (342).

88 Conring, jur. Diss. 1917, 20.

89 So im Ergebnis Conring, jur. Diss. 1917, 20; Silberschmidt, SeuffBl. 69 (1904), 337 (342).

90 Erman-Schopp, 1989, § 701 Rdnr. 8; MünchKomm-Hüffer, 1986, § 701 Rdnr. 26.

91 Erman-Schopp, 1989, § 701 Rdnr. 8.

kann[92], beschädigt oder zerstört worden ist. Verloren im Sinne von § 701 Abs. 1 BGB ist daher auch die im Betrieb des Gastwirts dem Gast gestohlene Sache. Auch hierfür ist vom Gastwirt unter den weiteren Voraussetzungen des § 701 Abs. 1 BGB Schadenersatz zu leisten.[93] Demgegenüber kann eine gestohlene, vom Dieb behaltene Sache nicht gefunden werden. Die Sache, die sich im Besitz des Diebes befindet, kann kein "Finder" gemäß § 965 Abs. 1 BGB finden und an sich nehmen.[94] Nach der hier vertretenen Ansicht, daß es für den "Verlustbegriff" des § 965 BGB unverzichtbar auf einen Besitzverlust ankommt, liegt somit den §§ 701 und 965 BGB ein verschiedener "Verlustbegriff" zugrunde. Sachen, deren Verlust nach § 701 BGB vom Gastwirt zu ersetzen sind, unterliegen nicht zwingend auch dem Fundrecht.

Silberschmidt und Conring ist daher im Ergebnis in ihrer Auffassung zuzustimmen, daß der Verlustbegriff des § 701 BGB mit dem Begriff der "verlorenen Sache" in § 965 nicht identisch ist. Insofern ist bereits die von Brückmann aufgestellte Prämisse unzutreffend.

Dennoch ist die Argumentation Brückmanns insoweit beachtlich, als sich der zuvor getroffenen Feststellung, daß es sich in den §§ 965 und 701 BGB um verschiedene Verlustbegriffe handelt, folgende Frage anschließt: Wenn der Verlustbegriff des § 965 Abs. 1 BGB enger als der des § 701 BGB ist - da nicht jeder ersatzfähige Verlust gemäß § 701 BGB dem Fundrecht unterliegt -, so fragt es sich, ob denn (wenigstens) umgekehrt jede verlorene Sache im Sinne des Fundrechts einen ersatzfähigen Verlust nach § 701 BGB darstellen kann, sofern die Sache im Betrieb des Gastwirts verloren wurde. Diese Fragestellung macht die Verschiedenartigkeit der dem § 701 BGB und dem § 965 BGB zugrundeliegenden Sachverhalte deutlich: Während bei § 701 BGB die Sache nicht mehr vorhanden ist, wird im Falle des § 965 Abs. 1 BGB eine verlorene Sache durch den Finder in Besitz genommen. Das weitere Schicksal dieser *vorhandenen* Sache regelt das Fundrecht. Damit ist die zuvor gestellte Frage zu verneinen. Die im Sinne des Fundrechts verlorene Sache bildet keinen ersatzfähigen Verlust gemäß § 701 BGB, da hier Schadensersatz dafür zu leisten ist, daß die Sache *nicht* mehr zurückgegeben werden kann. Unterliegt die Sache aber dem Fundrecht, war sie also verloren und ist sie gefunden worden, so kann und muß der Finder die Sache an den Berechtigten herausgeben.

---

92 Staudinger-Werner, 1980, § 701 Rdnr. 55; MünchKomm-Hüffer, 1986, § 701 Rdnr. 26; Erman-Schopp, 1989, § 701 Rdnr. 8.

93 Beispiel bei Conring, jur. Diss. 1917, 20.

94 RGRK-Pikart, 1979, § 965 Rdnr. 5; vgl. hierzu auch Krusch, AcP 148 (1943), 282 (288); siehe auch Hans OLG Hamburg, Beschluß vom 16.11.1981, MDR 82, 409 (409) = SeuffA 59, Nr. 35.

Aber die Argumentation Brückmanns wirft noch eine weitere Frage auf. Kann denn überhaupt eine Sache in den Räumlichkeiten des Gastwirtes verloren werden, oder ist dort ein Besitzverlust ausgeschlossen?[95] Brückmann bejaht die Möglichkeit eines Verlustes in Privaträumen aufgrund des Wortlautes von § 701 BGB.[96] Da die Vorschrift des § 701 BGB vom Verlust einer Sache im Betrieb des Gastwirtes handele, könnten Sachen dort auch im Sinne des Fundrechts verloren werden. Da aber der Gastwirt den Besitz an allen in seinem Besitz befindlichen Sachen erlange, könne es auf das Merkmal des Besitzes beim Verlustbegriff nicht ankommen.[97]

Diese Argumentation ist insofern unzutreffend, als sie von der falschen Voraussetzung eines einheitlichen "Verlustbegriffs" in den §§ 701 und 965 BGB ausgeht. Jedoch schließt sich an die Überlegung Brückmanns die Frage an, ob eine Sache in Privaträumen überhaupt verloren werden kann. Dann müßte nach der hier vertretenen Ansicht eine Sache besitzlos sein, obwohl sie sich in den Privaträumen eines anderen, in dessen "gefestigten Besitzständen", wie Brückmann formuliert[98], befindet.

b) Verlieren in Privaträumen: "Das Haus verliert nichts"

Eine Sache ist im Sinne des Fundrechts nur dann verloren, wenn sie besitzlos ist. An dieser Besitzlosigkeit könnte es bei in Häusern oder Privatwohnungen zurückgelassenen Sachen fehlen, weil angenommen werden könnte, daß sie dort im Besitz des Wohnungs- oder Hausinhabers verbleiben. Dann wäre ein Finden in Privaträumen ausgeschlossen. Dies wird so uneingeschränkt nur in der älteren Literatur angenommen.[99]

Jedoch wird dieser Ansicht, die dem Sprichwort "Das Haus verliert nichts" volle Gültigkeit zuerkennt, schon bald widersprochen. Dies äußert sich zunächst darin, daß Beispiele gebil-

---

95 Vgl. dazu unten II., 2., b).

96 Brückmann, ArchBürgR 23 (1904), 322 (342).

97 Brückmann, ArchBürgR 23 (1904), 322 (342).

98 Brückmann, ArchBürgR 23 (1904), 322 (342).

99 Delius, PrVerwBl. 1899, 337 (337); Planck, 1902, § 965 Anm. 1 a; Schäfer, SeuffBl. 68 (1903), 1 (2); Silberschmidt, SeuffBl. 68 (1903), 109 (109) und SeuffBl. 69 (1904), 337 ff.; Crome, 1905, 384 mit Anm. 13; Heilfron/Pick, 1907 mit Anm. 1 c; Strauß, jur. Diss. 1908, 18; RGRK-Hoffmann, 1910, § 965 Anm. 1; Biermann, 1914, § 965 Anm. 1; Kohler, 1919, 191.

det werden, in denen die Richtigkeit des Sprichworts in Zweifel gezogen wird.[100] Kriterien oder Fallgruppen werden dabei noch nicht gebildet.[101]

Das OLG Hamburg entscheidet 1906 einen Fall, in dem es um eine in den Geschäftsräumen der Deutschen Bank gefundene Banknote ging.[102] In diesem Urteil nimmt das Gericht Stellung zu dem Begriff der "dem öffentlichen Verkehr dienenden Anstalt" und beantwortet darin die Frage, wann dort Sachen "verloren" sind. Den "Ort des Verlierens" betrachtet die nun folgende Literatur aufmerksamer. Insbesondere wird in der Literatur nunmehr versucht, Kriterien festzulegen, bei deren Vorliegen der Satz, daß das Haus nichts verliere, einzuschränken sei. So könne Besitzverlust trotz Verlustes in Privaträumen angenommen werden, wenn die Sache etwa wegen ihrer besonderen Lage so der Einflußmöglichkeit des Raumbesitzers entzogen sei, daß mit ihrer Wiederentdeckung nicht mehr zu rechnen sei.[103] Zu denken ist dabei an einen Ring, der in ein Mauseloch gerollt ist.[104] Teilweise wird die Dauer der Besitzentziehung als Kriterium der Besitzlosigkeit in Privaträumen genannt[105], teilweise wird auch von der Kenntnis des Rauminhabers über die darin befindlichen Sachen das Merkmal der Besitzlosigkeit abhängig gemacht[106]. Neben Zeitablauf und der Möglichkeit die Sache wiederzufinden, nennt Martin Wolff die Wahrscheinlichkeit des Wiederfindens als Kriterium, nach dem sich die Besitzlosigkeit einer Sache in Privaträumen bestimme.[107]

Die Entscheidung dieser Frage ist wieder von erheblicher Bedeutung, da von ihr die Anwendbarkeit der Fundrechtsvorschriften abhängt. Wird die Möglichkeit eines Besitzverlustes auch in Privaträumen bejaht, mit der Folge, daß eine verlorene Sache in Privaträumen gefunden werden kann[108], so ist Fundrecht mit allen Konsequenzen dort anwendbar. Dann ist nicht nur denkbar, daß für die im eigenen Haus von einem anderen wiedergefundene Sache Finderlohn gezahlt werden müßte. Auch die Möglichkeit des

---

100 Francke, AnnDR 1903, 310 ff.

101 So aber später Wolff, 1923, 250 mit Anm. 2; Soergel, 1923, § 965 Anm. 1; Staudinger-Seufert, 1956, § 965 Rdnr. 10; Wolf, E., 1979, 188.

102 OLG Hamburg, Urteil vom 15.5.1906, OLGE 14, 81-84.

103 Wolff, 1923, 250 mit Anm. 2.

104 Beispiele bei Bernhöft, 1908, 13.

105 Staudinger-Seufert, 1956, § 965 Rdnr. 10.

106 Wolf, E., 1979, 188; ähnlich schon Altmann, BayZ 1907, 453 (453).

107 Wolff, 1923, 250 mit Anm. 2; vgl. ähnlich auch Mittenzwei, MDR 1987, 883 (883).

108 Dem Finder entsteht die Anzeige- und Verwahrungspflicht, vgl. zu den weiteren Verpflichtungen im einzelnen unten 3. Kapitel, II.

Finders, das Eigentum an der Fundsache zu erwerben, ist dann nicht mehr ausgeschlossen.[109]

In den Gesetzesmaterialien wird die Frage, ob eine Sache auch in Privaträumen verloren werden kann, nicht ausdrücklich diskutiert.[110] Auf den Ort, an dem die Sache verloren wurde, wird nur bei den Beratungen zum heutigen § 978 BGB eingegangen.[111] Danach unterliegt eine Sache, die in den Geschäftsräumen oder den Beförderungsmitteln einer öffentlichen Behörde oder einer dem öffentlichen Verkehre dienenden Verkehrsanstalt gefunden wird, nicht den Vorschriften der §§ 965 bis 967 BGB und §§ 969 bis 977 BGB.

Lediglich in den Motiven zum E I wird der Fund in Privaträumen, allerdings auch dort im Zusammenhang mit den Regelungen der §§ 924-926 E I[112], erwähnt.[113] Der dem Verkehr geöffnete Fundort müsse einer besonders organisierten Aufsicht unterstehen, die die dort befindlichen Personen und Sachen unter ihren Schutz nehme. So grenze sich der besondere Fundort einerseits "gegen das keiner speziellen Aufsicht unterstellte Gebiet des gewöhnlichen Findens" ab und unterscheide sich andererseits "von Privatgebieten und Privaträumen, wo die dort befindlichen Sachen bereits einer gewissen Detention unterstehen und nicht im eigentlichen Sinne gefunden werden können"[114]. Eine weitere Abgeschlossenheit des Fundorts, dessen Begriff nur schwer festzustellen sein werde, sei nicht zu fordern.[115] Diese Ansicht in den Motiven wird aber weder weiter begründet, noch wird sie speziell zum Fund in Privaträumen geäußert. Wollte man hieraus die Ansicht des Gesetzgebers entnehmen, so ist dabei zu beachten, daß es eigentlich um die - spätere - Regelung des heutigen § 978 BGB geht.

Eine auf das genannte Zitat aus den Motiven gestützte Argumentation ist insbesondere deshalb um so bedenklicher, weil in der Denkschrift[116] - wiederum im Rahmen der Stellungnahme zu § 978 BGB - eine gegenteilige Äußerung enthalten ist. Darin wird nämlich das

109 §§ 971, 973 BGB; vgl. unten 4. Kapitel, I., 3.

110 Der Ort des Verlierens ist entscheidend bei den Beratungen zum heutigen § 978.

111 Jakobs/Schubert, Beratungen des BGB, Sachenrecht 1, 745 ff.; Motive, Band 3, 376 ff.; Protokolle, Band 3, 273; Denkschrift zum Entwurf eines Bürgerlichen Gesetzbuchs, 1896, 136.

112 Entspricht heute § 978 BGB.

113 Motive, Band 3, 387.

114 Motive, Band 3, 387.

115 Motive, Band 3, 387.

116 Denkschrift zum Entwurf eines Bürgerlichen Gesetzbuchs, 1896, 136.

gesamte Fundrecht auch für diejenigen Fundorte als grundsätzlich anwendbar erklärt, die durch § 978 BGB vom Fundrecht ausgeschlossen werden: "Die allgemeinen Vorschriften des Fundrechts würden an sich auch anwendbar sein, wenn Jemand eine Sache in den Geschäftsräumen oder den Beförderungsmitteln einer öffentlichen Behörde oder einer dem öffentlichen Verkehr dienenden Verkehrsanstalt findet und an sich nimmt."[117] Eine abweichende Behandlung dieses Falles sei aber gerechtfertigt, da die bezeichneten Örtlichkeiten einer besonderen Aufsicht und die sich darin befindlichen Sachen einer besonderen Fürsorge unterstellt sind.[118] Danach, so könnte man folgern, wären die Regelungen des Fundrechts auch in Privaträumen anwendbar, da hierfür keine abweichenden Regelungen vorgesehen sind. Somit wäre der Denkschrift die gegenteilige Ansicht der in den Motiven geäußerten Auffassung des Gesetzgebers zu entnehmen. Hierbei darf aber nicht übersehen werden, daß sich der Gesetzgeber weder an der aus den Motiven zitierten Stelle, noch in der Denkschrift ausdrücklich zum Fund in Privaträumen geäußert hat. In beiden Fällen handelt es sich um die Beratungen des § 978 BGB, die nicht ohne diesen Zusammenhang interpretiert werden dürfen. Darüber hinaus enthalten die Gesetzesmaterialien keine Diskussionen, Anträge oder Vorschläge zu Regelungen des Fundes in Privaträumen. Damit ist den Gesetzesmaterialien zu dieser Fragestellung keine eindeutige Stellungnahme zu entnehmen.

Die hier wiedergegebene Stelle aus den Motiven wird in der Literatur häufig genannt, um die Ansicht, daß "das Haus nichts verliere", zu unterstützen.[119] Die Denkschrift wird demgegenüber selten erwähnt.[120] Insbesondere in der älteren Literatur wird die Möglichkeit eines Besitzverlustes in Privaträumen abgelehnt.[121] "Sachen, welche in Privatgebieten und Privaträumen, z.B. in der Wohnung, dem Kaufladen, dem Gasthause, dem Wagen eines Anderen, verloren oder unabsichtlich zurückgelassen werden, gelangen sofort in den Besitz des letzeren."[122] Die Sachen könnten nicht gefunden werden, da sie unter der "Detention

---

117 Denkschrift zum Entwurf eines Bürgerlichen Gesetzbuchs, 1896, 136.

118 Denkschrift zum Entwurf eines Bürgerlichen Gesetzbuchs, 1896, 136.

119 Planck, 1902, § 965 Anm. 1; Schäfer, SeuffBl. 68 (1903), 1 (2); Francke, AnnDR 1903, 310 (311); Schneickert, AnnDR 1904, 229 (230), vgl. auch Eith, MDR 1981, 189 (189).

120 Francke, AnnDR 1903, 310 (311).

121 Delius, PrVerwBl. 1899, 337 (337); Planck, 1902, § 965 Anm. 1 a; Schäfer, SeuffBl. 68 (1903), 1 (2); Silberschmidt, SeuffBl. 68 (1903), 109 (109) und SeuffBl. 69 (1904), 337 ff.; Crome, 1905, 384 mit Anm. 13; Heilfron/Pick, 1907 mit Anm. 1 c, wonach Besitzverlust in eigenen Räumen ausgeschlossen, in fremden Privaträumen aber möglich sei; Strauß, jur. Diss. 1908, 18; Biermann, 1914, § 965 Anm. 1; zweifelnd Altmann, BayZ 1907, 453 (453).

122 Schäfer, SeuffBl. 68 (1903), 1 (2).

des Besitzers der betreffenden Räumlichkeiten" stünden.[123] Ähnlich argumentiert Delius, der Besitzer könne in seiner Wohnung deshalb nicht verlieren, weil er die tatsächliche Gewalt im Sinne des § 856 Abs. 2 BGB nicht aufgegeben habe.[124] Andere verneinen den Eintritt des Besitzverlustes, da die Sache noch von der tatsächlichen Gewalt des Inhabers umfaßt sei[125], oder meinen, daß es für den Besitz nicht darauf ankomme, daß man wisse, wo sich die Sache befinde.[126] Einigkeit besteht jedenfalls insoweit, als ein Besitzverlust und damit ein Verlieren im Sinne der §§ 965 ff. BGB in Privaträumen ausgeschlossen wird.

Hiergegen wendet sich erstmals W. Ch. Francke[127]: Allein aufgrund seines Besitzes an den Räumlichkeiten habe der Besitzer keineswegs auch den Besitz an allen in diesen Räumlichkeiten befindlichen Sachen. Der Besitzer habe lediglich mehr als andere Menschen die Möglichkeit, diese Gewalt zu erlangen. Diese Möglichkeit könne aber auch sehr entfernt sein, wenn sich beispielsweise ein Löwe in den Räumlichkeiten verirrt habe.[128] Der Verlust einer Sache in einer Räumlichkeit sei mehr als eine nur ihrer Natur nach vorübergehende Verhinderung in der Ausübung der Gewalt im Sinne von § 856 Abs. 2 BGB. Sollte jede abhanden gekommene und wiedergebrachte Sache nicht auch aus dem Besitz desjenigen, dem sie abhanden kam, gelangt sein, so sei das gesamte Fundrecht nur noch von theoretischem Wert.[129] Zur Unterstützung seiner Ansicht bildet Francke Beispiele, in denen Besitzverlust auch in Privaträumen angenommen werden müsse. So sei auch der Brillant, der aus einem Ring in eine Dielenspalte gefallen sei, auch in Privaträumen besitzlos, ebenso wie die auf einer Gesellschaft verlorene Busennadel.[130] Doch findet Francke keine abstrakten Kriterien, wonach er - außerhalb von Beispielen - den Eintritt des Besitzverlustes feststellen könnte.

Dies aber gelingt Wolff, der einen Besitzverlustes von der Wahrscheinlichkeit, die Sache im Haus wiederzufinden, abhängig macht.[131] Auch in einer Wohnung könnten Dinge so

---

123 Schäfer, SeuffBl. 68 (1903), 1 (2) bezugnehmend auf Motive, Band 3, 375 und Planck, 1902, § 965 Anm. 1 a.

124 Delius, PrVerwBl. 1899, 337 (337); ähnlich Heilfron/Pick, 1907, 426 mit Anm. 1 c.

125 Silberschmidt, SeuffBl. 68 (1903), 109 (109).

126 Crome, 1905, 384 mit Anm. 13.

127 Francke, AnnDR 1903, 310 ff.

128 Francke, AnnDR 1903, 310 (310).

129 Francke, AnnDR 1903, 310 (311).

130 Francke, AnnDR 1903, 310 (311).

131 Wolff, 1923, 250 mit Anm. 2.

"verloren" gehen, daß "auf ihre Wiedererlangung nicht zu rechnen sei".[132] Hiermit stimmt auch Hans Theodor Soergel insoweit überein, als es danach bei der Frage, ob auch in Privaträumen Besitzverlust eintreten kann, entscheidend auf die Lage der Sache ankomme.[133] Vom Gewahrsam des Rauminhabers könne dann nicht mehr gesprochen werden, "wenn die Lage der Sache eine solche ist, daß sie nach der Anschauung des Verkehrs trotz ihrer Beziehung zu den beherrschten Räumen dem Herrschaftsbereich des Inhabers der Räume entzogen ist ...".[134] Als weitere Kriterien, nach denen ein Besitzverlust auch im Sinne des § 856 Abs. 1 BGB in Privatwohnungen eintreten könne, nennt Günther Seufert den "entsprechenden Zeitablauf" und "die näheren Umstände".[135] Was darunter zu verstehen ist, wird jedoch nicht weiter ausgeführt. Ernst Wolf schließlich macht die Voraussetzung der Besitzlosigkeit von der Kenntnis des Besitzers der Wohnung abhängig. Eine Sache sei insbesondere dann nicht im Besitz des Rauminhabers, wenn dieser vom Vorhandensein der Sache im Raum nicht wisse.[136]

Gemeinsam ist diesen Autoren, daß sie zunächst davon ausgehen, daß die Sache, die sich in Privaträumlichkeiten befindet, damit auch im Besitz des Rauminhabers steht. Sachen wären danach in Privaträumen nicht besitzlos und demzufolge im fundrechtlichen Sinn nicht verloren. Deshalb ist die Literatur bemüht, Kriterien zu finden, bei deren Vorliegen Besitzlosigkeit und damit Anwendbarkeit von Fundrecht in Privaträumen zulässig ist.[137]

Betrachtet man nun zunächst die gesetzlichen Regelungen, so bestimmt es sich nach §§ 854 ff. BGB, ob Besitz an einer Sache besteht. Gemäß § 854 Abs. 1 BGB wird durch die Erlangung der tatsächlichen Gewalt der Besitz über die Sache erworben. Der Besitz endet gemäß § 856 Abs. 1 BGB, wenn der Besitzer die tatsächliche Gewalt aufgibt oder in anderer Weise verliert. Eine Ausnahme hierzu formuliert § 856 Abs. 2 BGB: Danach ist der Besitz durch eine ihrer Natur nach nur vorübergehende Verhinderung in der Ausübung der Gewalt nicht beendigt. Hieran ist beim "Verlieren" einer Sache in Privaträumen zu denken. Es kann also

---

132 Wolff, 1923, 250 mit Anm. 2; ähnlich Mittenzwei, MDR 1987, 883 (883).

133 Soergel, 1923, § 965 Anm. 1.

134 Soergel, 1923, § 965 Anm. 1.

135 Staudinger-Seufert, 1956, § 965 Rdnr. 10.

136 Wolf, E., 1979, 188.

137 Francke, AnnDR 1903, 310 (311); Soergel, 1923, § 965 Anm. 1; Wolff, 1923, 250 mit Anm. 2; Staudinger-Seufert, 1956, § 965 Rdnr. 10; Wolf, E., 1979, 188. Konsequent demgegenüber die ältere Literatur, die einen Verlust in Privaträumen ausschließt: Delius, PrVerwBl. 1899, 337 (337); Planck, 1902, § 965 Anm. 1 a; Schäfer, SeuffBl. 68 (1903), 1 (2); Silberschmidt, SeuffBl. 68 (1903), 109 (109) und SeuffBl. 69 (1904), 337 ff.; Crome, 1905, 384 mit Anm. 13; Strauß, jur. Diss. 1908, 18; Biermann, 1914, § 965 Anm. 1.

unter Hinweis auf § 856 Abs. 2 BGB einerseits begründet werden, daß der Besitz an einer im Haus zurückgelassenen Sache nicht endet, da es sich dabei nur um eine vorübergehende Behinderung in der Ausübung des Besitzes handelt. Andererseits läßt sich unter Hinweis auf § 854 BGB an der tatsächlichen Herrschaftsmöglichkeit zweifeln. Weder § 854 BGB noch § 856 Abs. 2 BGB enthalten eindeutige Abgrenzungshinweise. Vielmehr entscheidet letztlich im Zusammenhang mit der Funktion des Besitzes die Verkehrsanschauung darüber, ob jeweils Besitz besteht oder beendet ist.[138]

Im Zusammenhang mit der Frage nach der Möglichkeit eines fundrechtlichen Besitzverlustes in Privaträumen können die besitzrechtlichen Fragen nicht isoliert betrachtet werden. Eine sinnvolle Lösung ist nur dann möglich, wenn die fundrechtsspezifischen Interessen ebenfalls Berücksichtigung finden.[139] Es stellt sich damit die Frage, ob es insbesondere im Hinblick auf die - damit verbundene - Anwendbarkeit des Fundrechts sinnvoll ist, die Möglichkeit eines Besitzverlustes auch in Privaträumen anzunehmen. Bejaht man diese Frage mit der überwiegend in der jüngeren Literatur vertretenen Auffassung[140], so kann in Privaträumen eine Sache besitzlos werden, demzufolge "verloren" im Sinne des Fundrechts sein und mit *allen* fundrechtlichen Konsequenzen auch gefunden werden. Der "zerstreute Professor" müßte dann allen seinen Gästen Finderlohn für Brille und Regenschirm und alle übrigen verlegten und wiedergefundenen Sachen bezahlen. Der Finder seinerseits wäre gemäß der §§ 965 ff. BGB zur Fundanzeige, zur Verwahrung und gegebenenfalls auch zur Haftung verpflichtet.[141]

Die Pflichten des Finders dienen dazu, die verlorene Sache, die ohne einen Finder besitzlos und schutzlos ist, möglicherweise vor ihrem Untergang oder ihrer Verschlechterung zu bewahren.[142] Dieser Gefahr sind ganz überwiegend Sachen ausgesetzt, die sich *nicht* in den Privaträumen einer Person befinden. Daß es sich um Privaträume handelt, zeigt ja gerade, daß sich die dort "verlorene" Sache in Räumen befindet, die im Eigentum einer Person stehen. Der Untergang und die Verschlechterung einer Sache sind dort weniger wahrscheinlich als auf offener Straße. Diese Funktion des Fundrechts, das Eigentum als solches zu erhalten, indem der Finder dazu verpflichtet ist, sich des weiteren Schicksals der Sache anzu-

---

138 BGHZ 101, 186 (188); Palandt-Bassenge, 1992, § 854 Rdnr. 2; vgl. auch MünchKomm-Joost, 1986, § 854 Rdnr. 4.

139 Vgl. MünchKomm-Joost, 1986, § 854 Rdnr. 4.

140 Staudinger-Gursky, 1979, § 965 Rdnr. 6; Wolf, E., 1979, 188; Mittenzwei, MDR 1987, 883 (883); RGRK-Pikart, 1979, § 965 Rdnr. 3; vgl. auch Dubischar, JuS 1989, 703 (706).

141 Zu den einzelnen Pflichten des Finders unten 3. Kapitel, II., 1.

142 Vgl. Jakobs/Schubert, Beratungen des BGB, Sachenrecht 1, 708.

nehmen, ist bei in Privaträumen zurückgelassen oder verlegten Sachen weniger naheliegend als bei den auf offener Straße verlorenen Gegenständen.[143] Dies spricht gegen eine Anwendbarkeit des Fundrechts in Privaträumen.

Ein weitere Funktion des Fundrechts besteht darin, die verlorene Sache an ihren Eigentümer zurückgelangen zu lassen.[144] Auch dieses mit dem Fundrecht verfolgte Interesse des Eigentümers ist mehr an der Sache orientiert, die "auf der Straße liegt", als an den Sachen, die in einer Privatwohnung verlegt wurden. In der Privatwohnung bedarf es nicht der Bemühungen eines Finders oder der Behörde, den Eigentümer der Sache ausfindig zu machen. Der Gast, der in der Privatwohnung "zwischen den Dielenbrettern"[145] eine Sache des Gastgebers "wiederfindet", wird hierüber in aller Regel weder Anzeige an die Polizeibehörde erstatten, noch die Zahlung von Finderlohn verlangen. Das ansonsten mit dem Fundrecht verfolgte Ziel, die Sache - möglichst unbeschädigt - an ihren Eigentümer zurückgelangen zu lassen[146], wird in diesem Fall auch ohne die Anwendung fundrechtlicher Vorschriften erreicht.

Unter Berücksichtigung der Funktionen des Fundrechts und der Interessen des Eigentümers ist es somit entbehrlich, das Gebiet der Anwendbarkeit von Fundvorschriften auch auf Privatwohnungen auszuweiten. Der Schutz des Eigentums ist bereits dadurch verstärkt, daß sich die Sache in der Privatwohnung und nicht auf "offener Straße" befindet; das weitere Interesse, die Sache an den Eigentümer zurückgelangen zu lassen, ist bereits dadurch gewährleistet, daß die Sache auf dessen "Boden" wiedergefunden wurde. Es bedarf daher keiner Anwendung des Fundrechts auf Sachen, die in den Privaträumen zurückgelassen wurden.

Außerdem führt eine klare Ausgrenzung der Fundvorschriften bei auf Privatgebieten "wiedergefundenen" Sachen zu mehr Klarheit in der Rechtsanwendung. Während nämlich die oben wiedergegebenen Eingrenzungsversuche - "Wahrscheinlichkeit, die Sache wiederzufinden"[147], "gewisse Umstände"[148], "Zeitablauf"[149] - geeignet sind, Abgrenzungs-

143 Vgl. auch Eith, MDR 1981, 189 (189).

144 Vgl. Jakobs/Schubert, Vorentwürfe der Redaktoren zum BGB, Sachenrecht 1, 851; Staudinger-Gursky, vor §§ 965 ff. Rdnr. 2.

145 Vgl. Beispiel von Bernhöft, 1908, 13, wonach für einen Ring, der in eine Dielenritze gerollt ist, so daß er trotz allen Suchens nicht wiedergefunden wurde, und später beim Aufreißen der Dielen entdeckt worden ist, Finderlohn beansprucht werden könnte.

146 Vgl. Denkschrift zum Entwurf eines Bürgerlichen Gesetzbuchs, 1896, 134.

147 Wolff, 1923, 250; Mittenzwei, MDR 1987, 883 (883).

148 Staudniger-Seufert, 1956, § 965 Rdnr. 10; Soergel, 1923, § 965 Anm. 1.

schwierigkeiten hervorzurufen, vermeidet dies die ältere Literaturansicht[150], wonach Fundrecht in diesen Fällen unanwendbar ist. Diese Abgrenzungsschwierigkeiten sind aber insbesondere deshalb vermeidbar, weil auch die Anwendbarkeit von Fundvorschriften nicht zu mehr Schutz für die Sache oder Schutz für den Eigentümer hinsichtlich des Erhaltes seines Eigentums führt. Die Anwendung des Fundrechts ist angesichts des mit ihm verfolgten Zwecks wegen der auf Privatgebieten verlegten Sachen sinnlos. Insbesondere wird es auch nicht als sinnvoll angesehen werden können, daß der "Verlierer" für die in seinen Privaträumen wiedergefundenen Sachen Finderlohn zu zahlen habe. Dies gilt um so mehr, als der Finderlohn als eine Belohnung des Finders für seine Mühen und die Ermittlung des Eigentümers angesehen wird.[151] Diese Mühen können aber bei der in der Privatwohnung des "Eigentümers" wiedergefundenen Sache als so gering angesehen werden, daß es einer Belohnung hierfür nicht bedarf.[152]

Demzufolge ist es im Hinblick auf das Fundrecht entbehrlich, Besitzlosigkeit bei den in Privaträumen zurückgelassenen oder verlegten Sachen zu konstruieren, um so die Anwendbarkeit des Fundrechts zu erreichen. Die Sache befindet sich in Besitz desjenigen, der auch die Räumlichkeit besitzt. Die Sache wird nicht besitzlos, ist damit nicht im fundrechtlichen Sinn verloren; die §§ 965 ff. BGB sind hierauf nicht anwendbar. Folglich gilt nach wie vor: "Das Haus verliert nichts".

c) Unterschiedliche "Verlustbegriffe" in §§ 935, 1006, 1007 BGB und §§ 965 ff. BGB

Durch eine "schärfere Betrachtung" der §§ 935, 1006 und 1007 BGB, und "der in ihnen gleichförmig verwandten Nebeneinanderstellung der gestohlenen, verlorenen und abhanden gekommenen Gegenstände" versucht Brückmann, an anderer Stelle seiner Abhandlung zu beweisen, daß "dem Gesetzgeber bei der Formulierung, also folglich auch bei der Begriffsbildung, nichts ferner gelegen haben muß, als der Gedanke an die Besitzschranke".[153] Denn jene extreme Richtung, die verlange, daß eine Sache, um verloren zu sein, in keines anderen Besitz gelangt sein dürfe, müsse selbstverständlich mit den §§ 935, 1006 und 1007 BGB

---

149 Staudinger-Seufert, 1956, § 965 Rdnr. 10.

150 Delius, PrVerwBl. 1899, 337 (337); Planck, 1902, § 965 Anm. 1 a; Schäfer, SeuffBl. 68 (1903), 1 (2); Silberschmidt, SeuffBl. 68 (1903), 109 (109) und SeuffBl. 69 (1904), 337 ff.; Crome, 1905, 384 mit Anm. 13; Heilfron/Pick, 1907 mit Anm. 1 c; Strauß, jur. Diss. 1908, 18; Biermann, 1914, § 965 Anm. 1.

151 Z.B. Staudinger-Gursky, 1979, § 971 Rdnr. 1; Motive, Band 3, 380, 381; Jakobs/Schubert, Beratungen des BGB, Sachenrecht 1, 723; vgl. im übrigen unten 3. Kapitel, II., 2., b).

152 Bemerkenswert in diesem Zusammenhang auch Protokolle, Band 3, 262, 263, wonach dem Finder, der keine Mühen hatte, auch kein Finderlohn zustehen soll.

153 Brückmann, ArchBürgR 23 (1904), 322 (334).

in einen "schweren Konflikt" geraten.[154] Der Veräußerer, der die Sache übergebe, habe diese ja gerade in seinem Besitz. Wie also könne es sich dann in § 935 BGB um eine verlorene Sache handeln, wenn es auf das Merkmal der Besitzlosigkeit ankäme? Der gesamte § 935 BGB wäre danach unsinnig.[155] Dann müsse man annehmen, daß nur aufgrund der Übergabe durch den Finder Eigentum nach § 935 BGB erworben werden könnte: "dessen Besitz ist erst begründet worden, - nachdem die Sache bereits als "verloren" sich qualifiziert hatte, während alle anderen dadurch, daß sie Besitz an der Sache vorweisen, ihr die Eigenschaft einer verlorenen nehmen".[156] Eine solche Annahme jedoch sei unsinnig.[157]

Ebenso wie Brückmann hat eine großer Teil der Literatur immer wieder versucht, den Begriff der verlorenen Sache durch einen Vergleich mit den §§ 935 Abs. 2, 1006 Abs. 1 S. 2, 1007 Abs. 2 BGB, die den Begriff ebenfalls enthalten, zu erklären.[158] Dabei wird häufig festgestellt, daß der Begriff der "verlorenen Sache" in §§ 935 Abs. 2, 1006 Abs. 1 S. 2, 1007 Abs. 2 BGB ein anderer sei als in den §§ 965 ff. BGB.[159] Oft zitiert[160] findet sich die Auffassung Gottlieb Plancks, man werde, "obwohl an anderen Stellen des BGB die verlorenen Sachen den gestohlenen oder sonst abhanden gekommenen gegenübergestellt werden (vergleiche z.B. §§ 935, 1006 und 1007 BGB), im § 965 Abs. 1 BGB den Ausdruck *verlorene Sache* in einem weiteren Sinne verstehen müssen, als er bei jener Gegenüberstellung hat".[161] Gegen Brückmann wird eingewendet, daß er den erheblichen Unterschied der "verlorenen Sache" in § 965 Abs. 1 BGB einerseits und in §§ 935 Abs. 2, 1006 Abs. 1 S. 2, 1007 Abs. 2 BGB andererseits nicht beachte. Während nämlich § 965 BGB von verlore-

---

154 Brückmann, ArchBürgR 23 (1904), 322 (334).

155 Brückmann, ArchBürgR 23 (1904), 322 (334, 335).

156 Brückmann, ArchBürgR 23 (1904), 322 (325).

157 Brückmann, ArchBürgR 23 (1904), 322 (325).

158 Cosack, 1900, 140; Blänkner, jur. Diss. 1901, 12; Buhl, 1901, 53; Behrend, jur. Diss. 1903, 15 f.; Stein, jur Diss. 1903, 4 mit Anm. 4, 5; Springmann, jur. Diss. 1906, 4; Strauß, jur. Diss. 1908, 17 ff.; Matthiaß, 1910, 469; Biermann, 1914, § 965 Anm. 1; Conring, jur. Diss. 1917, 21 f.; von Gierke, 1928, 72; Krusch, AcP 148 (1943), 282 (287, 288); Wolff/Raiser, 1957, 306; Westermann, H., 1966, 285; Drischler, SchsZtg. 1976, 148 (149); Derday, jur. Diss. 1978, 23; Staudinger-Gursky, 1979, § 965 Rdnr. 1; Wolf, E., 1979, 187.

159 Behrend, jur. Diss. 1903, 15 f.; Springmann, jur. Diss. 1906, 4; Heilfron/Pick, 1907, 426 mit Anm. 1 b; Strauß, jur. Diss. 1908, 17 ff.; Conring, jur. Diss. 1917, 21; Wolff, 1927, 257; von Gierke, 1928, 72; Krusch, AcP 148 (1943), 282 (288); Wolff/Raiser, 1957, 306; Westermann, H., 1966, 285; Grasmann, 1971, 179; Derday, jur. Diss. 1978, 23; Gottwald, JuS 1979, 247 (248); Staudinger-Gursky, 1979, § 965 Rdnr. 3; Wolf, E., 1979, 187.

160 So bei Silberschmidt, SeuffBl. 69 (1904), 337 (340); Strauß, jur. Diss. 1908, 17; Francke, jur. Diss. 1909, 15; Derday, jur. Diss. 1978, 23; Staudinger-Gursky, 1979, § 965 Rdnr. 1.

161 Planck, 1902, § 965 Anm. 1 a.

nen Sachen handele, rede § 935 BGB von einer Sache, die gestohlen worden, *verloren gegangen* oder sonst abhanden gekommen *war*. Somit handele es sich beim Finden gemäß § 965 BGB um ein gegenwärtiges Verhältnis, während das in § 935 BGB in Frage stehende Geschehen der Vergangenheit angehöre: Die Möglichkeit zum gutgläubigen Eigentumserwerb solle darin nur dann ausgeschlossen sein, wenn die Sache dem Eigentümer früher einmal verloren ging.[162]

Zutreffend stellt Brückmann fest, daß die Sache, die sich im Besitz des Veräußerers befindet, nicht "verloren" im Sinne des Fundrechts ist. Unrichtig ist jedoch die Folgerung Brückmanns hieraus. Es ist keineswegs ausgeschlossen, daß die Sache, bevor der jetzige Veräußerer daran Besitz begründete, verloren im Sinne des Fundrechts *war*. Eine verlorene Sache wird gemäß § 965 Abs. 1 BGB zur gefundenen Sache, indem der Finder die Sache entdeckt und an sich nimmt.[163] Die Sache kann, ohne in Widerspruch zu § 935 Abs. 1 BGB zu geraten, ursprünglich verloren im Sinne von § 965 BGB gewesen sein, gefunden worden sein und sich nunmehr im Besitz des Veräußerers befinden. Diese unterschiedlichen zeitlichen Ebenen übersieht Brückmann. Während nämlich § 965 Abs. 1 BGB von einer verlorenen Sache spricht, die der Finder entdeckt und an sich nimmt, beschreibt § 935 Abs. 1 BGB einen Vorgang, der der Vergangenheit angehört: die Sache *war* dem Eigentümer verlorengegangen. Zeitlich nachfolgend kann an dieser verlorenen Sache durch den Finder neuer Besitz begründet werden. Der die Sache besitzende Veräußerer könnte sie gemäß der §§ 929 ff. BGB an einen gutgläubigen Dritten übereignen. Dem steht nur § 935 Abs. 1 S. 1 BGB entgegen, der in einem solchen Fall den gutgläubigen Eigentumserwerb ausschließt. § 935 Abs. 1 BGB ist damit keineswegs unsinnig: Entsprechend dem Schutzzweck von § 935 Abs. 1 BGB wird der Eigentümer einer im Sinne des Fundrechts verlorenen Sache von einem Eigentumsverlust durch gutgläubigen Erwerb eines Dritten bewahrt.[164] Dies entspricht völlig den mit dem Fundrecht verfolgten Interessen des Eigentümers, wonach das Eigentum an der verlorenen Sache dem Berechtigten erhalten und diesem die verlorene Sache möglichst zurückverschafft werden soll.[165] Aber auch wenn dieses primäre Ziel nicht erreicht werden kann, soll nicht irgendein Dritter gutgläubig das Eigentum an der Fundsache erwerben können. Ein Eigentumserwerb an der Fundsache ist nur für den Finder vorgesehen.[166]

---

162 Silberschmidt, SeuffBl. 69 (1904), 337 (341); Conring, jur. Diss. 1917, 21 f.; Krusch, AcP 148 (1943), 282 (288); Gottwald, JuS 1979, 247 (248); Staudinger-Gursky, 1979, § 965 Rdnr. 1.

163 Vgl. dazu unten, 2. Kapitel, II., 2.

164 Palandt-Bassenge, 1992, § 935 Rdnr. 1; MünchKomm-Quack, 1986, § 935 Rdnr. 1.

165 Staudinger-Gursky, 1979, vor §§ 965 ff. Rdnr. 2; Jakobs/Schubert, Beratungen des BGB, Sachenrecht 1, 708; Motive, Band 3, 375, 376.

166 Im Falle des § 976 BGB erwirbt die Gemeinde das Eigentum.

Die Auffassung Brückmanns ist damit abzulehnen. § 935 Abs. 1 BGB wird in keinem Falle "unsinnig" dadurch, daß der Verlustbegriff in § 965 Abs. 1 BGB von dem Verlust des Besitzes an der Sache abhängig gemacht wird. Der Zweck des Fundrechts wird statt dessen durch eine konsequente Anwendung des § 935 BGB auf im fundrechtlichen Sinn verlorene Sachen unterstützt. Nur wenn ein Eigentumserwerb an gefundenen Sachen nach §§ 929, 935 Abs. 1 BGB ausgeschlossen ist, kann sich der Zweck des Fundrechts, das Eigentum des Berechtigten zu schützen bzw. zugunsten des Finders über die verlorene Sache zu verfügen, entfalten.

d) Unterschiedliche "Verlustbegriffe" in § 794 BGB und §§ 965 ff. BGB

Brückmann sieht "eine weitere, sehr deutliche Bestätigung und Unterstützung ... (seiner) Gedankengänge" in § 794 BGB.[167] Danach wird der Aussteller einer Schuldverschreibung auf den Inhaber auch dann verpflichtet, wenn ihm diese gestohlen worden oder *verlorengegangen* oder wenn sie sonst ohne seinen Willen in den Verkehr gelangt ist. Da auch hier ein Besitzer vorhanden sein müsse, von dem das verlorene Inhaberpapier präsentiert werde, träfen in diesem Falle alle Erwägungen zu, die bereits im Rahmen der §§ 935, 1006 und 1007 BGB angestellt worden seien. Es könne auch hier nicht der Gedanke des Gesetzgebers sein, daß zunächst untersucht werden müsse, ob der Besitz des Ausstellers aufgehört habe oder juristisch noch fortbestehe.[168] Soweit Brückmann auf seine Überlegungen zu §§ 935, 1006 und 1007 BGB verweist und § 794 BGB wie auch § 935 BGB im Falle der Abhängigkeit des Verlustbegriffs vom Besitzbegriff für "unsinnig" hält169, ist dies zwar konsequent, aber aus den oben angeführten Gründen unzutreffend.[170]

3. Die Aufnahme subjektiver Vorstellungen des Verlierers in den Begriff der "verlorenen Sache"

Der Tatsache, daß §§ 935 Abs. 2, 1006 Abs. 1 S. 2, 1007 Abs. 2 BGB und ebenso § 965 Abs. 1 BGB den Begriff der "verlorenen Sache" enthalten, wird neben dem zuvor genannten Aspekt Brückmanns noch ein weiterer, häufig in der Literatur zu findender Hinweis entnommen. Aus der Gegenüberstellung der "verlorenen" mit der "gestohlenen" oder "sonst

---

167 Brückmann, ArchBürgR 23 (1904), 322 (336).

168 Brückmann, ArchBürgR 23 (1904), 322 (337).

169 So Brückmann, ArchBürgR 23 (1904), 322 (335).

170 Vgl. oben II., 2., c).

abhanden gekommenen" Sache wird gefolgert, daß in den §§ 935 Abs. 2, 1006 Abs. 1 S. 2 und 1007 Abs. 2 BGB unter dem Begriff der "verlorenen Sache" nur diejenigen Sachen zu verstehen seien, deren Besitz jemand - der Verlierer - durch Zufall, also gegen seinen Willen und ohne eine hierauf gerichtete Tätigkeit eines anderen verloren hat. Dies müsse auch für § 965 Abs. 1 BGB gelten. Daher sei eine Sache nur verloren im Sinne des Fundrechts, wenn sie ohne oder gegen den Willen des Verlierers, von diesem unbemerkt, aus dessen Besitz gekommen sei.[171]

Die Entscheidung der Frage, ob eine Sache lediglich auf irgendeine Art besitzlos geworden ist oder ob der Besitzverlust ohne oder gegen den Willen des Besitzers - also von dessen subjektiven Vorstellungen - abhängig zu machen ist, ist für die Anwendbarkeit von Fundvorschriften von entscheidender Bedeutung. Werden subjektive Vorstellungen des Verlierers in den Begriff der verlorenen Sache aufgenommen, so kann sich der Schutz des Fundrechts nur auf die Sachen beziehen, von deren Verlust der Verlierer weiß und der ohne oder gegen seinen Willen eingetreten ist. Verloren wäre danach weder die von dem Dieb auf der Flucht zurückgelassene oder weggeworfene Beute noch eine Sache, die der unmittelbare Besitzer ohne Wissen und Wollen des Eigentümers preisgegeben hat. Weder das vom Wind verwehte Wäschestück noch die vom Kleinkind weggeworfenen Münzen wären danach verlorene Sachen.[172] Auch Sachen, an denen das Eigentum zunächst aufgegeben wurde, die Eigentumsaufgabe aber wegen nachträglicher Anfechtung oder Geschäftsunfähigkeit unwirksam ist, könnten dann nicht im Sinne des § 965 Abs. 1 BGB gefunden werden.[173] In allen diesen Fällen wären die Regelungen des Fundrechts unanwendbar, würde man die Unkenntnis etc. des Verlierers vom Besitzverlust als Voraussetzung für den Begriff der verlorenen Sache annehmen.[174]

---

171 Sieveking, jur. Diss. 1896, 10; Igen, jur. Diss. 1898, 7; Blänkner, jur. Diss. 1901, 12, 13; Behrend, jur. Diss. 1903, 18; Chaffak, jur. Diss. 1903, 6; Schäfer, SeuffBl. 68 (1903), 1 (2); Stein, jur. Diss. 1903, 3; Müller, E., jur. Diss. 1904, 19; Crome, 1905, 384; Springmann, jur. Diss 1906, 18; Troitzsch, BayZ 1906, 185 (185); Heilfron/Pick, 1907, 426; Biermann, 1914, § 965 Anm. 1; Fülster, 1927, 164; Staudinger-Seufert, 1956, § 965 Rdnr. 1, 4; Eichler, 1957, 55; Palandt-Hoche, 1964, vor § 965 Anm. 1 a; Rosenthal, 1965, § 965 Rdnr. 330; Drischler, SchsZtg. 1976, 148 (149); Rother, BB 1965, 247 (247); Wiefels, 1977, 71; Thoma/Krause, 1981, 69; Kunz, MDR 1986, 537 (537); Deneke-Stoll, Festschrift für Schwab 1990, 43 (45).

172 Beispiele nach RGRK-Pikart, 1979, § 965 Rdnr. 2.

173 Vgl. auch OLG Hamm, Urteil vom 5.10.1978, NJW 1979, 725, 726, wonach die gestohlene, vom Dieb zurückgelassene Sache gefunden werden kann. VGH Bremen, Urteil vom 13.12.1955, DVBl. 1956, 628 (629); vgl. auch Planck, 1902, § 965 Anm. 1; Staudinger-Gursky, 1979, § 965 Rdnr. 1.

174 Dieses Ergebnis scheint auch teilweise den Autoren zu mißfallen, die einen unfreiwilligen Besitzverlust fordern. Sie nehmen daher "Unfreiwilligkeit" des Besitzverlustes auch dann an, wenn eine Dereliktion unwirksam ist oder wirksam angefochten wurde. Ebenso sei bei freiwilliger Besitzaufgabe durch den Besitzmittler, -diener oder einen nichtberechtigten Besitzer (z.B. einen Dieb) Fundrecht anwendbar; MünchKomm-Quack, 1986, § 965 Rdnr. 4.

Diese Beschränkung ist aber aus mehreren Gründen abzulehnen. Zum einen hat bereits die Entstehungsgeschichte des § 965 BGB gezeigt, daß der Gesetzgeber bestrebt war, den Begriff der "verlorenen Sache" und damit die Anwendbarkeit von Fundvorschriften vor einer zu engen Begrenzung zu bewahren.[175] Insbesondere deswegen wurde neben dem Begriff der verlorenen Sache der der "abhanden gekommenen" in die Formulierung des späteren § 910 des E I aufgenommen.[176] Sachlich wurde diese Ergänzung von der zweiten Kommission gebilligt.[177] Dennoch wurde diese Formulierung nicht weiter fortgeführt. Dabei handelt es sich keineswegs um ein Redaktionsversehen, wie in der Literatur teilweise vermutet wird.[178] Die Streichung der "sonst abhanden gekommenen" Sache läßt sich eindeutig mit dem Interesse des Gesetzgebers erklären, die Anwendbarkeit von Fundvorschriften nicht auf ein zu enges Gebiet zu begrenzen. Während nämlich die Ergänzung zunächst als Erweiterung der Anwendungsmöglichkeiten von Fundvorschriften beabsichtigt war, hätte die Beibehaltung der Formulierung die Vermutung nahegelegt, daß der Begriff der "verlorenen Sache" in § 965 Abs. 1 BGB wie der in den §§ 935 Abs. 2, 1006 Abs. 1 S. 2, 1007 Abs. 2 BGB auszulegen sei.[179] Die darin enthaltene Gegenüberstellung bringt nämlich *dort* zum Ausdruck, daß in den genannten Vorschriften nur die Sachen als "verloren" anzusehen sind, die der Verlierer durch Zufall, also ohne seinen Willen und ohne eine hierauf gerichtete Tätigkeit eines anderen verloren hat.[180] Die Anwendbarkeit von Regelungen des Fundrechts sollte aber nach dem Willen des Gesetzgebers in allen den Fällen möglich sein, in denen sich Sachen, ohne vom Eigentümer aufgegeben worden zu sein, sich nicht in der "Inhabung irgendeiner Person" befinden sollten.[181] Wollte man demgegenüber den Begriff der verlorenen Sache von der Vorstellung des Verlierers abhängig sein lassen, so gäbe es neben den verlorenen Sachen, die dem Fundrecht unterliegen, auch solche "besitzlosen Sachen", für die es an einer gesetzlichen Regelung fehlte.[182] Das Aneignungsrecht gemäß der §§ 958 ff. BGB käme nicht zur Anwendung, da die "besitzlose Sache" nicht auch herrenlos ist. Fund-

---

175 Motive, Band 3, 387; Jakobs/Schubert, Beratungen des BGB, Sachenrecht 1, 708.

176 Jakobs/Schubert, Beratungen des BGB, Sachenrecht 1, 708.

177 Jakobs/Schubert, Beratungen des BGB, Sachenrecht 1, 712; vgl. oben I.

178 Wie hier schon Strauß, jur. Diss. 1908, 17 mit Anm. 1; Biermann, 1898, § 965 Anm. 1.

179 Außerdem ist die Formulierung "oder sonst abhanden gekommen" ungeeignet, das Erfordernis der Besitzlosigkeit der Sache im Zeitpunkt des Findens zum Ausdruck zu bringen. Vgl. dazu Silberschmidt, SeuffBl. 69 (1904), 337 (341); Krusch, AcP 148 (1943), 282 (288); Staudinger-Gursky, 1979, § 965 Rdnr. 1.

180 Palandt-Bassenge, 1990, § 935 Anm. 2; Staudinger-Wiegand, 1989, § 935 Rdnr. 4, 5; Soergel-Mühl, 1989, § 935 Rdnr. 2; MünchKomm-Quack, 1986, § 935 Rdnr. 5. RGZ 101, 224 (225); BGHZ 4, 10 (38, 39).

181 Jakobs/Schubert, Beratungen des BGB, Sachenrecht 1, 708.

182 Vgl. Erman-Hefermehl, 1989, § 965 Rdnr. 1; ihm zustimmend Staudinger-Gursky, 1979, § 965 Rdnr. 1.

recht wäre nicht anwendbar, da der "Verlierer" von dem Besitzverlust weiß. Die Sache wäre in Ermangelung rechtlicher Regelung ihrer Verschlechterung oder ihrem Untergang ausgesetzt.

Dies widerspricht in zweierlei Hinsicht dem erklärten Willen des Gesetzgebers. Zum einen würden statt eines gewünschten breiten Anwendungsbereichs die Fälle, in denen Fundrecht zur Anwendung gelangen könnte, begrenzt.[183] Zum anderen könnte sich der vom Gesetzgeber mit dem Fundrecht bezweckte Schutz des Eigentums nicht verwirklichen.[184] Dies erklärt, warum die Ergänzung um den Begriff der abhanden gekommenen Sache nicht mehr über den E I hinaus fortgeführt wurde.[185] Allein der Begriff der "verlorenen Sache" ist geeignet, im Sinne des Gesetzgebers das Fundrecht vor einer zu engen Begrenzung seiner Anwendungsmöglichkeit zu bewahren. Der Zweck des Fundrechts, also insbesondere der Schutz des Eigentums, soll sich auf alle die Fälle erstrecken können, in denen eine Sache - ohne herrenlos zu sein - aus dem Besitz des Verlierers gelangt ist.[186] Es ist daher völlig unangebracht, den Begriff der verlorenen Sache zu beengen, indem in die Definition des Begriffs subjektive Vorstellungen des Verlierers aufgenommen werden. Dies ist nicht nur vom Gesetzgeber nicht gewollt, sondern widerspricht außerdem dem Zweck des Fundrechts und dem Interesse des Eigentümers an einem umfassenden Eigentumsschutz. Damit ist jede Ansicht in der Literatur, die den Begriff der verlorenen Sache auf die Fälle beschränkt, in denen der Besitzverlust "unwillkürlich", "gegen oder ohne den Willen" des Verlierers, von diesem "unbemerkt" etc. eingetreten ist, abzulehnen.[187] Eine Sache ist dann verloren, wenn sie besitzlos, aber nicht herrenlos ist. Nur dies gewährleistet einen entsprechend breiten Anwendungsbereich, durch den allein der mit dem Fundrecht verfolgte Zweck des Schutzes besitzlosen Eigentums erreicht werden kann.

Es ist daher trotz der ausführlichen Ausführungen Brückmanns keines seiner Argumente geeignet, von dem Merkmal des Besitzverlustes bei der Definition des Begriffs der verlorenen Sache in §§ 965 ff. BGB abzuweichen. Vielmehr hat die Auseinandersetzung mit den Argumenten insbesondere Brückmanns deutlich gemacht, daß der Begriff der "verlorenen Sache" abhängig von den Besitzverhältnissen daran ist. Insoweit von Brückmann und anderen Autoren vorgeschlagen wird, subjektive Merkmale beim Verlierer in die Definition aufzu-

---

183 Jakobs/Schubert, Beratungen des BGB, Sachenrecht 1, 708; Motive, Band 3, 387.

184 Jakobs/Schubert, Beratungen des BGB, Sachenrecht 1, 708.

185 S.o. I.

186 Motive, Band 3, 387.

187 So aber heute noch Deneke-Stoll, Festschrift für Schwab 1990, 43 (45); MünchKomm-Quack, 1986, § 965 Rdnr. 4; RGRK-Pikart, 1979, § 965 Rdnr. 2; Drischler, SchsZtg. 1976, 148 (149); Rosenthal, 1965, § 965 Rdnr. 330.

nehmen, wird dem aus den oben genannten Gründen ebenfalls nicht gefolgt. Festzuhalten ist jedoch an der Voraussetzung, daß sich die verlorene Sache im Eigentum einer Person befinden muß. Verloren im Sinne des Fundrechts ist damit eine Sache, die besitzlos, aber nicht herrenlos ist.

2. Kapitel:
Der Begriff des "Findens"

Ein weiterer zentraler Begriff des Fundrechts ist neben dem der "verlorenen Sache" der des *Findens*. Erst wenn eine Sache gefunden worden ist, erlangen die zum Begriff der "verlorenen Sache" angestellten Überlegungen praktische Bedeutung. Erst dann kommt Fundrecht zur Anwendung. Bei der vorangegangenen Untersuchung des Begriffs der "verlorenen Sache" wurde festgestellt, daß von dessen weiter oder enger Auslegung die Anwendbarkeit der Vorschriften des Fundrechts abhängt.[1] Gleiches gilt somit auch für den Begriff des Findens. Eine Definition hierfür ist im BGB ebenfalls nicht enthalten. § 965 Abs. 1 BGB sagt lediglich, daß *Finder* derjenige ist, der eine Sache findet und an sich nimmt. Im übrigen wird es auch hier "Doktrin und Praxis" überlassen, den Begriff des Findens im einzelnen näher festzustellen.[2]

Kontrovers wird in der Literatur diskutiert, ob beim Finden ein Doppeltatbestand zu erfüllen ist, eine Sache also *gefunden* und *an sich genommen* werden muß, oder ob es sich dabei um eine mißlungene Formulierung des Gesetzes handelt und es allein und entscheidend auf das "Ansichnehmen" der Sache ankommt.[3] Gleichzeitig stellt sich die Frage, was unter "Ansichnehmen" im Sinne von § 965 Abs. 1 BGB zu verstehen ist. Denkbar ist auch hier, den Begriff in Abhängigkeit zum Besitzbegriff zu bringen und ein "Ansichnehmen" dann anzunehmen, wenn eine Besitzbegründung an der verlorenen Sache durch den Finder stattgefunden hat.[4]

Während in der Literatur nur teilweise auf das Merkmal des Entdeckens einer Sache abgestellt wird, definiert die überwiegende Literatur das "Ansichnehmen" als Besitzbegründung.[5] Die Meinungen teilen sich aber auch hier bei der Frage, ob eine objektive Besitzer-

---

1 Vgl. oben, 1. Kapitel, vor I.

2 Motive, Band 3, 375.

3 Dazu unten II, 2.

4 Dies würde das oben gewonnene Ergebnis einer Abhängigkeit vom Besitzbegriff bestätigen: eine Sache ist danach verloren, wenn sie besitzlos ist und wäre dann gefunden, wenn an ihr wieder Besitz begründet wird. Vgl. oben, 1. Kapitel, II.

5 Eichler, 1957, 58; Wolff/Raiser, 1957, 188, so schon 1923, 251; von Gierke, 1959, 108; Palandt-Hoche, 1964, vor § 965 Anm. 1 b; Westermann, H., 1966, 285; Lange, 1967, 203; Grasmann, 1971, 179; Köbl, 1971, 197; Staudinger-Gursky, 1979, § 965 Rdnr. 8; RGRK-Pikart, 1979, § 965 Rdnr. 9; MünchKomm-

greifung zur Begründung des Fundes genügt - für den Begriff der "verlorenen Sache" wurde ein objektiver Besitzverlust als erforderlich aber auch ausreichend angesehen - oder ob es zumindest bei dem Begriff des Findens auf subjektive Vorstellungen beim Finder ankommt.[6]

I. Der Begriff des "Findens" bei Entstehung des BGB

Während § 165 TE Sachenrecht formulierte, daß derjenige, der eine "verlorene oder sonst abhanden gekommene fremde Sache in seinen Gewahrsam nimmt", Finder sei[7], beantragte Karl Kurlbaum, diese Vorschrift durch eine andere, von ihm vorgeschlagene Bestimmung zu ersetzen.[8] Danach sollte derjenige mit bestimmten Verhaltenspflichten belegt werden[9], der "eine fremde verlorene Sache in seine Inhabung genommen hat (Finder)".[10] Kurlbaum selbst verbesserte diesen Antrag, nachdem er von der ersten Kommission abgelehnt wurde.[11] Die zuvor zitierte Formulierung wurde mit Ausnahme des in Klammern gesetzten Wortes "Finder" angenommen.[12] Die erste Kommission war der Ansicht, daß das Gesetz keinen Zweifel darüber lassen dürfe, wer in seinem Sinne als Finder anzusehen sei. "Der Entwurf rede in dieser Hinsicht nicht korrekt, weil er es unterlassen habe, in dem § 165 denjenigen, welcher die Sache in seinen Gewahrsam nimmt, als Finder, beziehungsweise

---

Quack, 1986, § 965 Rdnr. 14; Soergel-Mühl, 1989, § 965 Rdnr. 1; Schwab, K. H., 1989, 194; Deneke-Stoll, Festschrift für Schwab 1990, 43 (47); Jauernig, 1990, vor § 965 Anm. 1 b; Müller, K., 1990, 799.

6 Dazu unten II, 3.

7 § 165 TE Sachenrecht lautet: "Wer eine verlorene oder sonst abhanden gekommene fremde Sache in seinen Gewahrsam nimmt, wird hierdurch dem Eigenthümer für die in Ansehung des Sache und zur Ermittlung und Benachrichtigung des Eigenthümers erforderlichen Maßnahmen haftbar, und zwar nach Maßgabe der Bestimmungen über die Geschäftsführung ohne Auftrag". Jakobs/Schubert, Beratungen des BGB, Sachenrecht 1, 706.

8 Karl Kurlbaum, Antrag Nr. 120 nach Jakobs/Schubert, Beratungen des BGB, Sachenrecht 1, 704, 705.

9 Die Beantragung des öffentlichen Aufgebots zum Zweck der Ausschließung des Eigenthümers oder Verlierers, Kurlbaum, Antrag Nr. 120 nach Jakobs/Schubert, Beratungen des BGB, Sachenrecht 1, 705.

10 Insoweit auch übereinstimmend der Antrag von Gottfried von Schmitt, Nr. 117 und der verbesserte Antrag Nr. 122 Karl Kurlbaums, beide nach Jakobs/Schubert, Beratungen des BGB, Sachenrecht 1, 706 und 708.

11 Jakobs/Schubert, Beratungen des BGB, Sachenrecht 1, 705.

12 Die weiteren Änderungen sind hier nicht einschlägig, vgl. Jakobs/Schubert, Beratungen des BGB, Sachenrecht 1, 708.

die Ergreifung der Sache als Finden zu bezeichnen".[13] Erwogen wurde, daß der oben wiedergegebene Antrag[14] zwar versuche, diese Lücke durch Einklammerung des Wortes "Finder" zu füllen. Die erste Kommission war jedoch der Auffassung, daß hierauf verzichtet werden könne und das Gesetz deutlicher werde, "wenn ausdrücklich gesagt werde: "Wer eine ... Sache *findet* und in seine Inhabung nimmt."[15] Ferner müsse, so die weiteren Erwägungen der ersten Kommission, von "Inhabung" und nicht von "Gewahrsam" gesprochen werden. Dies zeige die Redeweise in den Beschlüssen zum zweiten Abschnitt.[16] Die Formulierung "... findet und in seine Inhabung nimmt" ist bis zum E I, dort in § 910 beibehalten worden.[17]

Der zweiten Kommission lag der Antrag von Alexander Achilles zu § 910 E I vor, die Vorschrift so zu fassen, daß derjenige zur Benachrichtigung ... verpflichtet ist, der "eine ... Sache findet und in Besitz nimmt".[18] Die zweite Kommission nahm die Vorschrift mit diesem Wortlaut sachlich an.[19]

Im Reichstag wurde erneut beantragt, in den § 949 (3. Lesung) das eingeklammerte Wort "Finder" aufzunehmen.[20] Einem Bericht von Wilhelm von Heller vom 1.4.1896 ist aber zu entnehmen, daß dieser nur redaktionelle Änderungsantrag Adolf Gröbers gegen fünf Stimmen abgelehnt wurde, "nachdem Jacubetzky die Überflüssigkeit der Einschaltung dargelegt hatte".[21]

---

13 Jakobs/Schubert, Beratungen des BGB, Sachenrecht 1, 708.

14 Karl Kurlbaums Anträge Nr. 120, 122, ebenso Gottfried von Schmitts Antrag Nr. 177 nach Jakobs/Schubert, Beratungen des BGB, Sachenrecht 1, 705, 706 und 708.

15 Jakobs/Schubert, Beratungen des BGB, Sachenrecht 1, 708.

16 Verwiesen wird auf die §§ 786, 793, die den §§ 854, 855 BGB entsprechen; die §§ 801, 802, die § 856 BGB entsprechen; die §§ 803, 804, 807, die den §§ 858-860 BGB entsprechen; § 805, der § 865 BGB entspricht; § 806, der § 866 BGB entspricht; §§ 808, 809, die §§ 861, 862 BGB entsprechen; § 810, der §§ 868-872 BGB entspricht; § 811, der § 863 BGB entspricht; nach Jakobs/Schubert, Beratungen des BGB, Sachenrecht 1, 708 mit Anm. 1.

17 Jakobs/Schubert, Beratungen des BGB, Sachenrecht 1, 710, 711.

18 Antrag von Alexander Achilles, Nr. 68, 81 nach Jakobs/Schubert, Beratungen des BGB, Sachenrecht 1, 712.

19 Jakobs/Schubert, Beratungen des BGB, Sachenrecht 1, 712; Protokolle, Band 3, 256.

20 Antrag von Adolf Gröber, Nr. 76, 1 nach Jakobs/Schubert, Beratungen des BGB, Sachenrecht 1, 713.

21 Jakobs/Schubert, Beratungen des BGB, Sachenrecht 1, 713.

Die Gesetzesmaterialien zeigen, daß die Auslegung des Begriffs des "Findens" zwar einerseits der Rechtsprechung und Rechtswissenschaft überlassen wird[22], daß andererseits jedoch kein Zweifel darüber bestehen sollte, wer als Finder im Sinne des Gesetzes anzusehen ist.[23] Finder ist gemäß § 965 Abs. 1 BGB derjenige, der die Sache findet und an sich nimmt. Als Finden bezeichneten die Mitglieder der ersten Kommission noch das Ergreifen der Sache.[24] Streng genommen wäre danach Finder derjenige, der die Sache ergreift und an sich nimmt. Auf die Entdeckung der Sache vor der Besitzergreifung würde es danach für den Tatbestand des Findens nicht ankommen.[25]

Zu den Begriffen "Inhabung", "Gewahrsam", "Besitz" und "an sich nehmen" enthalten die Gesetzesmaterialien mehrere Hinweise: Von "Gewahrsam" könne hier nicht, von "Inhabung" dagegen müsse gesprochen werden.[26] Dies muß hier gleichbedeutend mit "Besitz" verstanden werden, da diese Formulierung von der zweiten Kommission sachlich angenommen wurde und nur redaktionell in "an sich nehmen" geändert wurde.[27] Insoweit ist den Materialien zum BGB zu entnehmen, daß "an sich nehmen" im Sinne von § 965 BGB die Begründung von Besitz meint.

II. Die Entwicklung des Begriffs des "Findens" in Rechtswissenschaft und Rechtsprechung

Im Zusammenhang mit dem Begriff des Findens werden in der Literatur vor allem folgende drei Streitfragen diskutiert: Zunächst geht es um die Frage nach der Begründung des Fundtatbestands. Gestritten wird darüber, ob "Finden und Ansichnehmen" hierfür erforderlich ist oder ob allein das "Ansichnehmen" entscheidend ist. Dies ist insoweit praktisch wichtig, als von der Entscheidung dieser Frage abhängt, wer Finder und demzufolge zu bestimmtem Verhalten verpflichtet, hierfür auch haftbar ist und gegebenenfalls das Eigentum an der

22 Motive, Band 3, 375.

23 Jakobs/Schubert, Beratungen des BGB, Sachenrecht 1, 708.

24 Jakobs/Schubert, Beratungen des BGB, Sachenrecht 1, 708.

25 Dazu unten II, 1.

26 Jakobs/Schubert, Beratungen des BGB, Sachenrecht 1, 708.

27 Jakobs/Schubert, Beratungen des BGB, Sachenrecht 1, 712; Protokolle, Band 3, 256.

Fundsache erwerben kann.[28] Kommt es auf das *Finden* im Sinne von Entdecken der verlorenen Sache an, so ist derjenige Finder, der die Sache zuerst gesehen hat. Ist dagegen das *Ansichnehmen* entscheidend für die Begründung des Fundtatbestandes, so ist derjenige Finder, der die Sache ergreift. Denkbar ist auch, daß Finder nur derjenige ist, der die Sache zunächst entdeckt *und* dann an sich genommen hat.

Im Zusammenhang hiermit stellt sich die Frage, was unter dem Begriff des "Ansichnehmens" im Sinne von § 965 Abs. 1 BGB zu verstehen ist. Handelt es sich dabei um die Begründung von Besitz, so müßten dem Finder auch die den Besitz schützenden Ansprüche zustehen.[29] Es stellt sich dabei auch die Frage, ob der Fundbesitz dem Finder auch ein Recht zum Besitz an der Fundsache gibt. Danach wären Ansprüche, die eine Vindikationslage voraussetzen[30], zumindest beim redlichen Finder ausgeschlossen.[31]

Fraglich ist daneben, ob es für die Besitzbegründung in § 965 Abs. 1 BGB ausreicht, daß der Finder die Sache an sich nimmt, oder ob subjektiv bestimmte Vorstellungen beim Finder zusätzlich erforderlich sind.[32] Muß der Finder wissen, daß es sich um eine verlorene Sache handelt, oder könnten Fehlvorstellungen beim Finder rechtliche Auswirkungen haben? So könnte Aneignungsrecht zur Anwendung gelangen, wenn der Finder irrtümlich die verlorene Sache für herrenlos hielte. Kommt es dagegen auf den objektiven Sachverhalt an, so beginge der Finder, der sich eine verlorene Sache aneignen will, verbotene Eigenmacht im Sinne von § 858 Abs. 1 BGB.[33]

1. Der Tatbestand des "Findens"

Nach § 965 Abs. 1 BGB ist Finder derjenige, der eine Sache findet und damit in einer bestimmten Weise weiterverfährt. Die Formulierung der Vorschrift ist offensichtlich insoweit mißlungen, als die Person des Finders mit dem Verb "finden" definiert wird. Besonders

---

28 Vgl. im einzelnen 3. Kapitel, II., 1., 2.; 4. Kapitel, I., II.

29 §§ 859 ff. BGB.

30 Ansprüche aus dem Eigentümer-Besitzer-Verhältnis; dazu insbesondere Köbl, 1971, 199.

31 Siehe dazu unten II., 3.

32 Dazu unten II., 3.

33 Vgl. auch oben 1. Kapitel, II., 1.

fehlgeschlagen ist die Regelung aber deshalb, weil hier verschiedene Dinge mit annähernd dem gleichen Wort zum Ausdruck gebracht werden. Finden in § 965 Abs. 1 BGB wird im Sinne von "auffinden" gebraucht und meint die "sinnliche Wahrnehmung" oder das Entdecken der verlorenen Sache.[34] Weitergehend ist der Begriff des Finders, der nicht nur die Sache auffindet, sondern auch an sich nimmt und nur dadurch zum Finder wird.[35] Die verwirrende Formulierung des § 965 BGB wird schon von der älteren Literatur kritisiert.[36] Gleichwohl wird die Voraussetzung des Findens im Sinne von Auffinden als wesentliches Merkmal bei der Definition des Begriffs "Finder" akzeptiert.[37] Es finden sich zunächst keine Autoren, die bei der Definition auf das Merkmal des "Auffindens" oder "Entdeckens" verzichten.[38] Th. Gimmerthal[39] meint sogar, daß eine Person ausschließlich durch das Finden im Sinne von Auffinden der Sache zum Finder werde: Das Finden sei ein einfacher, elementarer und kein zusammengesetzter Begriff. Die Besitzergreifung der Fundsache sei zwar eine mögliche, keinesfalls aber notwendige Folge des Findens. Finden im juristischen Sinne heiße lediglich, eine Sache außer Besitz antreffen.[40]

So ausdrücklich ist diese Ansicht nur von Gimmerthal formuliert worden. Sie wurde von der nachfolgenden Literatur häufig kritisiert und immer wieder mit Gegenbeispielen widerlegt.[41] Werde der eigene Hut durch einen Windstoß über einen Fluß auf ein Feld hinüber-

---

34 BGHZ 8, 130 (132) = LM § 965 Nr. 1 = NJW 1953, 419 (420); BGH NJW 1979, 725 (726); Westermann, H., 1966, 285; Wolff 1923, 251; Staudinger-Gursky, 1979, § 965 Rdnr. 8; RGRK-Pikart, 1979, § 965 Rdnr. 9; Erman-Hefermehl, 1989, § 965 Rdnr. 3.

35 § 965 Abs. 1 BGB.

36 Stein, jur. Diss. 1903, 1; Müller, E., jur. Diss. 1904, 12, 13; Springmann, jur. Diss. 1906, 19; Strauß, jur. Diss. 1908, 20; Francke, jur. Diss. 1909, 42; Conring, jur. Diss. 1917, 64; Feldberg, jur. Diss. 1918, 50; von Gierke, 1928, 72; Westermann, H., 1966, 285; heute bei Wieling, 1990, 489.

37 Erstmals nennt Wolff die Möglichkeit der "völligen Streichung des ersten Tatbestandstücks", 1923, 251.

38 Freitag, jur. Diss. 1896, 1, 8, 14; Staudinger-Kober, 1898, § 965 Anm. 2; Cosack, 1900, 140; Eller, jur. Diss. 1900, 10; Endemann, 1900, 343; Blänkner, jur. Diss. 1901, 20; Dolezych, jur. Diss. 1901, 8; Riemer, jur. Diss. 1901, 48; Chaffak, jur. Diss. 1903, 3; Liebrecht, jur. Diss. 1903, 36; Stein, jur. Diss. 1903, 6; Fischer-Henle, 1904, § 965 Anm. 3; Landsberg, 1904, 666; Müller, E., jur. Diss. 1904, 13; Crome, 1905, 383; Schlieter, jur. Diss. 1905, 4; Wittus, jur. Diss. 1905, 21; Springmann, jur. Diss. 1906, 21, 23; Manigk, 1907, 671; Francke, jur. Diss. 1909, 42; Matthiaß, 1910, 469; Klein, 1912, 36; Biermann, 1914, § 965 Anm. 2a; Feldberg, jur. Diss. 1918, 50; Haase, jur. Diss. 1919, 7, 8; Soergel, 1923, vor § 965; Fülster, 1927, 164; so auch noch Staudinger-Seufert, 1956, § 965 Anm. 13; Janikowski, 1961, 131.

39 Gimmerthal, AcP 52 (1869), 521 ff.

40 Gimmerthal, AcP 52 (1869), 521 (523).

41 Buchholtz, jur. Diss. 1893/94, 20; Freitag, jur. Diss. 1896, 11; Igen, jur. Diss. 1898, 15; Eller, jur. Diss. 1900, 9; Dolezych, jur. Diss. 1901, 8, 9; Riemer, jur. Diss. 1901, 48; Chaffak, jur. Diss. 1903, 3; Liebrecht, jur. Diss. 1903, 36; Müller jur. Diss. 1904, 11; Wittus, jur. Diss. 1905, 19; Springmann, jur. Diss. 1906, 19; Haase, jur. Diss. 1919, 7.

geweht, so müsse dann schon derjenige, der am Flußufer steht und dies bemerkt habe, durch das bloße Bemerken als Finder meines Hutes angesehen werden. Das Fundrecht wäre hierauf nach der von Gimmerthal gegebenen Definition anzuwenden. Daß eine solche Begriffsbestimmung wertlos sei, lasse sich aber wohl kaum bestreiten.[42]

Die Ansichten stimmen insoweit überein, als das Finden zwar als wesentlich für den Begriff des Finders angesehen wird. Hinzukommen müsse jedoch, daß der Finder die Sache auch an sich nehme.[43] Denn es handele sich beim Finden um einen "Doppeltatbestand", und nur durch die Verknüpfung beider Handlungen - Finden und Ansichnehmen - werde der Finder zum Finder.[44]

Demgegenüber sieht die heute herrschende Meinung allein in dem "Ansichnehmen" der Sache die entscheidende Handlung, durch die der "Auffinder" einer Sache zum Finder im Sinne von § 965 Abs. 1 BGB wird.[45] Dabei sei das Wort "finden" in § 965 Abs. 1 BGB völlig entbehrlich und könne ersatzlos gestrichen werden.[46] Es umschreibe lediglich die sinnliche Wahrnehmung und gehe als solche zwingend dem "Ansichnehmen" voraus. Finder sei danach derjenige, der eine verlorene Sache an sich nehme.[47]

---

42 Dolezych, jur. Diss. 1901, 8.

43 Freitag, jur. Diss. 1896, 1, 8, 14; Staudinger-Kober, 1898, § 965 Anm. 2; Cosack, 1900, 140; Eller, jur. Diss. 1900, 10; Endemann, 1900, 343; Blänkner, jur. Diss. 1901, 20; Riemer, jur. Diss. 1901, 48; Dolezych, jur. Diss. 1901, 8; Chaffak, jur. Diss. 1903, 3; Liebrecht, jur. Diss. 1903, 36; Stein, jur. Diss. 1903, 6; Fischer-Henle, 1904, § 965 Anm. 3; Landsberg, 1904, 666; Müller, E., jur. Diss. 1904, 13; Crome, 1905, 383; Schlieter, jur. Diss. 1905, 4; Wittus, jur. Diss. 1905, 21; Springmann, jur. Diss. 1906, 21, 23; Manigk, 1907, 671; Francke, jur. Diss. 1909, 42; Matthiaß, 1910, 469; Klein, 1912, 36; Biermann, 1914, § 965 Anm. 2 a; Feldberg, jur. Diss. 1918, 50; Haase, jur. Diss. 1919, 7, 8; Soergel, 1923, vor § 965; Fülster, 1927, 164.

44 Chaffak, jur. Diss. 1903, 3; Strauß, jur. Diss. 1908, 20; Goldmann/Lilienthal-Sternberg, 1912, 107; Conring, jur. Diss. 1917, 63, 70, 78. Aber auch heute wird immer noch von einem "Doppeltatbestand" gesprochen: Derday, jur. Diss. 1978, 34; Staudinger-Gursky, 1979, § 965 Rdnr. 8; Erman-Hefermehl, 1989, § 965 Rdnr. 3; Deneke-Stoll, Festschrift für Schwab 1990, 43 (47).

45 Eichler, 1957, 58; Wolff/Raiser, 1957, 188, so schon Wolff, 1923, 251; von Gierke, 1959, 108; Palandt-Hoche, 1964, vor § 965 Anm. 1 b; Westermann, H., 1966, 285; Lange, 1967, 203; Grasmann, 1971, 179; Köbl, 1971, 197; RGRK-Pikart, 1979, § 965 Rdnr. 9; Staudinger-Gursky, 1979, § 965 Rdnr. 8; MünchKomm-Quack, 1986, § 965 Rdnr. 14; Schwab, K. H., 1989, 194; Soergel-Mühl, 1989, § 965 Rdnr. 1; Deneke-Stoll, Festschrift für Schwab 1990, 43 (47); Jauernig, 1990, vor § 965 Anm. 1 b; Müller, K., 1990, 799. So aber auch schon teilweise in der älteren Literatur: Johnson, FischersZ 22 (1901), 321 (322); Mohr, jur. Diss. 1901, 18; Planck, 1902, § 965 Anm. 1 b; Sternberg, 1904, 16; Troitzsch, BayZ 1906, 155 (155); Conring, jur. Diss. 1917, 78; Kohler, jur. Diss. 1919, 186. So auch BGHZ 8, 130 (133) = NJW 1953 419 (420) = LM § 965 Nr. 1; BGH NJW 1979, 725 (726).

46 Wolff/Raiser, 1957, 306; Wolf, E., 1979, 188; Staudinger-Gursky, 1979, § 965 Rdnr. 8.

47 Staudinger-Gursky, 1979, § 965 Rdnr. 8 unter Hinweis auf Wolff/Raiser, 1957, 306.

Der heute herrschenden Meinung kann insbesondere im Hinblick auf die mit dem Fundrecht verfolgten Interessen des Eigentümers der verlorenen Sache zugestimmt werden.[48] Indem die Sache verloren, also besitzlos wird, gerät sie in einen Zustand tatsächlicher Herrenlosigkeit, in dem sie ihrer Verschlechterung oder dem Untergang ausgesetzt ist. Zweck des Fundrechts ist es, diesen Zustand zu beenden - entweder zugunsten des Eigentümers oder zugunsten des Finders der verlorenen Sache.[49] Erst durch den Akt des "Ansichnehmens" macht der Finder nach außen deutlich, daß sich die Sache nunmehr bei ihm befindet und er sich dieser annehmen wird. Die Pflichten des Fundrechts treffen ihn von nun an.

Von der Übernahme der Finderpflichten kann aber nicht ausgegangen werden, solange eine Person lediglich eine verlorene Sache bemerkt, ohne sich derselben annehmen zu wollen. Es würde dem Zweck des Fundrechts, die Sache in ihrer Substanz zu schützen und deren Eigentümer zu ermitteln, nicht gerecht, wenn bereits jeder, der eine Sache lediglich sinnlich wahrnehmen kann, als deren Finder angesehen würde. Teilweise ist dem "Entdecker" auch eine Einflußnahme auf die Sache, insbesondere zu deren Schutz, tatsächlich nicht möglich. Auch dies wird am Beispiel des weggewehten Hutes deutlich. Andererseits ist auch denkbar, daß der Finder gar nicht gewillt ist, eine Sache zu finden, also die Finderpflichten auf sich zu nehmen. Sinnlos wäre es, den Finder hierzu verpflichten zu wollen, da schon nach dem Willen des Gesetzgebers der Finder ausdrücklich die Wahl haben sollte, ob er Finder sein will oder nicht. Vor allem aber im Hinblick auf den mit dem Fundrecht verfolgten Zweck des Schutzes der verlorenen Sache ist eine "Fundpflicht" unvereinbar. Daher ist es verfehlt, den Schwerpunkt der Handlungen des Findens auf das "Auffinden" der Sache zu legen. Der Schutz der verlorenen Sache ist erst gewährleistet, wenn sich der Finder der Sache annimmt.

Angesichts des Schutzzwecks des Fundrechts ist es auch nicht sinnvoll, eine Verknüpfung beider Handlungen im Sinne eines Doppeltatbestandes zu fordern. Entscheidend ist, daß sich jemand der Sache angenommen hat und diese nach Möglichkeit an ihren Eigentümer zurückgelangt. Wichtig ist, daß der Finder die verlorene Sache an sich nimmt. Ob er die Sache entdeckt, insbesondere als erster entdeckt hat, ist für den Schutz der Sache völlig unerheblich. Finder ist daher auch derjenige, der eine Sache an sich nimmt, auf die er von einem anderen zunächst aufmerksam gemacht wurde.[50] Entscheidend ist, daß die Sache nicht

---

48 Vgl. Jakobs/Schubert, Beratungen des BGB, Sachenrecht 1, 708; Motive, Band 3, 375, 376.

49 Motive, Band 3, 376; Jakobs/Schunbert, Beratungen des BGB, Sachenrecht 1, 708.

50 BGHZ 8, 130 (133); NJW 56, 873 (874); a. A. Kegel, Festschrift für von Caemmerer 1978, 149 (169), danach ist derjenige Finder, der die Sache zuerst entdeckt hat, die gegenteilige Ansicht sei ungerecht.

in dem schutzlosen Zustand verbleibt. Dieser endet erst, wenn der Finder die Sache an sich nimmt. Das Merkmal "finden" ist damit völlig unerheblich und dazu noch entbehrlich, da irgendeine sinnliche Wahrnehmung dem "Ansichnehmen" zwingend vorausgeht. Finder ist damit derjenige, der die Sache an sich nimmt.

2. Das "Ansichnehmen" im Sinne von § 965 Abs. 1 BGB

Nach dem zuvor Gesagten besteht die entscheidende Handlung des Finders in dem "Ansichnehmen" der verlorenen Sache. Erst dadurch wird der Auffinder der Sache zum Finder im juristischen Sinn. Damit schließt sich die Frage an, was unter dem Begriff des Ansichnehmens zu verstehen ist. Hierunter könnte die Begründung von Besitz zu verstehen sein; denkbar ist aber auch, daß der Begriff unabhängig vom Besitzbegriff zu definieren ist und die Begründung von Gewahrsam meint.

Den Gesetzesmaterialien ist hierzu eine recht eindeutige Stellungnahme zu entnehmen: "Ansichnehmen" bezeichnet danach den Vorgang des "Ergreifens" der Sache.[51] Es könne nur von "Inhabung", nicht aber von Gewahrsam gesprochen werden, da der Gewahrsamsbegriff in anderen Vorschriften in einem für das "Ansichnehmen" zu weiten Sinne gebraucht werde.[52] "Inhabung" aber wird gleichbedeutend mit einem engeren Besitzbegriff verstanden, da die zweite Kommission die ursprüngliche Formulierung, nach der der Finder die Sache in seinen Besitz nimmt, sachlich angenommen hat und die Formulierung lediglich redaktionell in die Worte "an sich nehmen" geändert hatte.[53]

In der Literatur wird hierzu einheitlich die Auffassung vertreten, "Ansichnehmen" im Sinne des § 965 Abs. 1 BGB meine die Begründung von Besitz. Jedoch handele es sich dabei um einen "qualifizierten Besitzbegriff". Gemeint sei die Erlangung der tatsächlichen Gewalt in der speziellen Form der körperlichen Ergreifung. Der weitere Besitzbegriff des § 854 BGB genüge hierfür nicht.[54]

---

51 Jakobs/Schubert, Beratungen des BGB, Sachenrecht 1, 708.

52 Jakobs/Schubert, Beratungen des BGB, Sachenrecht 1, 708.

53 Jakobs/Schubert, Beratungen des BGB, Sachenrecht 1, 708; Protokolle, Band 3, 256; vgl. oben I., 1.

54 OLG Hamm, NJW 1979, 725; BGHZ 8, 130 (133); Igen, jur. Diss. 1898, 16 verlangt, daß sich der Finder der Sache körperlich bemächtigt; Staudinger-Kober, 1898, § 965 Anm. 2 (Besitzhandlung), § 966 Anm. 1 a; Eller, jur. Diss. 1900, 11 hält eine "Besitznahme" für erforderlich, doch genüge hierfür die Möglichkeit der sofortigen unmittelbaren Einwirkung auf die Sache; Endemann, 1900, 343, wonach durch das Nehmen der Besitzerwerb vollzogen wird; Buhl, 1901, 53; Planck, 1902, Anm. 1 b; Schneickert, AnnDR 1904, 229

Erforderlich ist demnach, daß der Finder die Sache in seinen Besitz *nimmt*. Für den "fundrechtlichen Besitzbegriff" genügt es danach nicht, wenn der "Finder" eine fremde Sache etwa auf seinem Grundstück liegen sieht, sich dieser aber nicht annimmt.[55] Zwar ist nach § 854 Abs. 1 BGB hier Besitz des Grundstückseigentümers an der Sache anzunehmen[56], doch ist ein so weiter Besitzbegriff im Hinblick auf den Schutzzweck des Fundrechts nicht sinnvoll: Allein dadurch, daß sich die Sache auf dem Grundstück einer Person befindet, ändert sich an derem schutzlosem Zustand noch nichts. Nimmt sich der Grundstückseigentümer der Sache nicht an, so ist weder zu erwarten, daß der schutzlose Zustand der Sache beendet wird, noch daß die Sache an den Eigentümer zurückgelangt. Beide Zwecke des Fundrechts würden so nicht verfolgt.

Sinnvoller ist es, ein Ansichnehmen als Besitzergreifung zu fordern. Wichtig ist, daß der Finder die Sache wissentlich und willentlich in seinen Besitz *nimmt*. Erst dadurch wird die Sache aus dem schutzlosen Zustand genommen und der Auffinder zum Finder im Sinne des § 965 ff. BGB. Ihm obliegen von nun an die Finderpflichten, und er könnte für die Verschlechterung der Fundsache haften.[57] Dies ist dem Finder aber sinnvollerweise nur zuzumuten, wenn er zuvor durch eine eigene Handlung und nicht kraft eines generell vermuteten Beherrschungswillen und einer potentiellen Beherrschungsmöglichkeit die Sache in seinen Besitz genommen hat. Für die Inbesitznahme sind daher die Merkmale der willentlichen und der wissentlichen Besitzergreifung unverzichtbar.

Diskutiert wird in diesem Zusammenhang häufig die Frage, ob die Inbesitznahme einer verlorenen Sache zu verneinen ist, wenn der Finder die Sache nur zur Besichtigung aufgenommen und dann wieder zurückgelegt hat.[58] Würde man hier die Besitzbegründung beja-

---

(234); Troitzsch, BayZ 1906, 155 (155); Strauß, jur. Diss. 1908, 20, 22; Biermann, 1914, § 965 Anm. 2 a; Conring, jur. Diss. 1917, 70; Wolff, 1923, 251; Fülster, 1927, 164; von Gierke, 1928, 72; Krusch, AcP 148 (1943), 282 (288); Staudinger-Seufert, 1956, § 965 Rdnr. 19; Eichler, 1957, 58; Janikowski, 1961, 131; Westermann, H., 1966, 285; Lange, 1967, 203 mit Anm. 5; Köbl, 1971, 197; Derday, jur. Diss. 1978, 34; Gottwald, JuS 1979, 247 (249); dazu auch Schneider, JurBüro 1979, 1129 (1130) wonach die Veranlassung der Sicherstellung für das Ansichnehmen genügt; RGRK-Pikart, 1979, § 965 Rdnr. 9; Staudinger-Gursky, 1979, § 965 Rdnr. 9; Wolf, E., 1979, 188; Baur, 1985, 185; MünchKomm-Quack, 1986, § 965 Rdnr. 14; Mittenzwei, MDR 1987, 883 (883); Erman-Hefermehl, 1989, § 965 Rdnr. 3; Deneke-Stoll, Festschrift für Schwab, 1990, 43 (48, 49); Wieling, 1990, 489.

55 Vgl. so auch Staudinger-Gursky, 1979, § 965 Rdnr. 9.

56 Westermann, H.P., 1990, 8; Baur, 1989, 53; Erman-Werner, 1989, § 854 Rdnr. 3; MünchKomm-Joost, 1986, § 854 Rdnr. 10; Westermann, H., 1966, 59.

57 Unter den Voraussetzungen des § 968 BGB; vgl. unten 3. Kapitel, III., 1.

58 Wieling, 1990, 489; Erman-Hefermehl, 1989, § 965 Rdnr. 3; Mittenzwei, MDR 1987, 883 (883); so schon Troitzsch, BayZ 1906, 155 (155); Biermann, 1914, § 965 Anm. 2 a.

hen, würden dadurch die Finderpflichten entstehen. Der Finder müßte folglich auch für eine mögliche spätere Verschlechterung oder den Untergang der zurückgelegten Sache haften.[59] Dementsprechend wird teilweise angenommen, daß der Finder die Sache, die er bereits in die Hand genommen hat, nicht mehr weglegen dürfe, ohne dabei eine Pflichtverletzung zu begehen.[60] Überwiegend wird hierzu jedoch vertreten, daß in dem Aufnehmen der Sache lediglich zu Besichtigungszwecken noch keine Besitzbegründung liege.[61]

Bemerkenswert ist in diesem Zusammenhang besonders die Auffassung Rudolf von Jherings[62]. Er ist der Ansicht, daß dem Finder sicherlich niemand die Befugnis absprechen werden wolle, die Sache, die er einmal aufgehoben habe, später wieder wegzuwerfen.[63] Er hält die Vorschrift des § 910 E I, nach der der Finder sich der Sache, die er in seine Inhabung genommen habe, nicht mehr entledigen dürfe, für sehr bedenklich.[64] "Wenn der Entwurf Gesetz wird, so mag Jeder es sich wohl überlegen ... eine verlorene Sache aufzuheben, ich meinerseits würde es in irgendwie bedenklichen Fällen nicht thun."[65] Diese Bedenken werden von Julius von Gierke geteilt, der ebenfalls die Belastung des Finders durch eine Verwahrungspflicht kritisiert.[66] Jedenfalls müsse dem Finder die Befugnis eingeräumt werden, die Sache bei der Polizeibehörde abzuliefern und alles weitere dieser Behörde zu überlassen.[67]

---

59 Vgl. grundsätzliche Bedenken hiergegen bei Jhering, 1889, 422.

60 So grundsätzlich § 966 Abs. 1 BGB; siehe auch Staudinger-Kober, 1898, § 966 Anm. 1 a; Stieger, Anwalts-Lehrling 1 (1953), 2 (2).

61 Protokolle, Band 3, 258; Staudinger-Kober, 1898, § 966 Anm. 1 a; Planck, 1902, § 965 Anm. 1 b; Troitzsch, BayZ 1906, 155 (155); Biermann, 1914, § 965 Anm. 2 a; Wolff, 1923, 251; Fülster, 1927, 164; von Gierke, 1928, 72; Staudinger-Seufert, 1956, § 966 Rdnr. 1; Eichler, 1957, 58, mit Anm. 22; Wolff/Raiser, 1957, 306 mit Anm. 6; Hedemann, 1960, 168; Grasmann, 1971 Rdnr. 539; RGRK-Pikart, 1979, § 966 Rdnr. 1; Staudinger-Gursky, 1979, § 965 Rdnr. 9; MünchKomm-Quack, 1986, § 965 Rdnr. 14; Mittenzwei, MDR 1987, 883 (883); Erman-Hefermehl, 1989, § 965 Rdnr. 3; Schwab, K. H., 1989, 194; Deneke-Stoll, Festschrift für Schwab 1990, 43, (49); Wieling, 1990, 489.

62 Zusammenstellung der gutachtlichen Äußerungen zum E I, 1890, 184; Jhering, 1889, 422.

63 Jhering, 1889, 422.

64 Jhering, 1889, 422 mit Anm. 2.

65 Jhering, 1889, 422, 423 mit Anm. 2; Zusammenstellung der gutachtlichen Äußerungen zum E I, 1890, 184.

66 Zusammenstellung der gutachterlichen Äußerungen zum E I, 1890, 184.

67 Zusammenstellung der gutachtlichen Äußerungen zum E I, 1890, 185; vgl. auch unten 3. Kapitel, II., 1., c).

In den Protokollen der Kommission für die zweite Lesung des Bürgerlichen Gesetzbuches wird zu dieser Kritik Jherings ausdrücklich Stellung genommen.[68] Diese sei ungerechtfertigt, da durch eine solche Handlungsweise des Finders die Lage des Verlierers möglicherweise erheblich verschlechtert werde. Dies müsse vom Gesetzgeber verhindert werden. Der Finder könne aber dazu berechtigt sein, die Sache dort wieder hinzulegen, wo er sie zuvor aufgenommen habe. Jedenfalls sei aber die Frage einer Besitzhandlung des Finders zu verneinen, wenn der Finder die Sache lediglich aufgenommen habe, um sie zu besichtigen.[69]

Auch diese Streitfrage läßt sich im Hinblick auf den mit dem Fundrecht verfolgten Zweck klären: Ein Ansichnehmen, das den Auffinder zum juristischen Finder macht, ist sicherlich noch nicht anzunehmen, wenn die verlorene Sache lediglich zur leichteren Betrachtung aufgenommen und anschließend wieder zurückgelegt wird.[70] Es würde zu weit gehen, hier von einer gewollten Begründung eigener tatsächlicher Sachherrschaft auszugehen.[71] So, wie nach § 856 Abs. 2 BGB die vorübergehende Verhinderung der Ausübung der tatsächlichen Sachherrschaft den Besitz nicht enden läßt, bringt auch die nur vorübergehende tatsächliche Sachherrschaft den Besitz noch nicht zum Entstehen.[72] Von einer Besitzbegründung im Sinne des Ansichnehmens ist aber dann auszugehen, wenn sich der Finder mit der Sache vom Fundort entfernt. Danach kann sich der Finder der Sache - ohne sich haftbar zu machen - nur noch durch Ablieferung bei der Behörde entledigen.[73]

Dies entspricht zum einen dem Zweck des Fundrechts. Zum anderen wird so sowohl den Interessen des Verlierers - die Sache entweder am Ort des Verlustes wiederzufinden oder nach Fundrecht zurückzuerhalten - als auch dem Interesse des Finders, von einer übermäßigen Belastung durch Pflichten des Fundrechts geschützt zu werden, genügt. Denn der Finder erhält so einerseits die Möglichkeit, sich der besichtigten Sache ohne jede weitere Ver-

---

68 Protokolle, Band 3, 258.

69 Protokolle, Band 3, 258.

70 So auch die h.M.: Staudinger-Seufert, 1956, § 966 Rdnr. 1; Eichler, 1957, 58, mit Anm. 22; Wolff/Raiser, 1957, 306 mit Anm. 6; Hedemann, 1960, 168; Grasmann, 1971 Rdnr. 539; RGRK-Pikart, 1979, § 966 Rdnr. 1; Staudinger-Gursky, 1979, § 965 Rdnr. 9; MünchKomm-Quack, 1986, § 965 Rdnr. 14; Mittenzwei, MDR 1987, 883 (883); Erman-Hefermehl, 1989, § 965 Rdnr. 3; Schwab, K. H., 1989, 194; Deneke-Stoll, Festschrift für Schwab 1990, 43, (49); Wieling, 1990, 489.

71 Vgl. MünchKomm-Joost, 1986, § 854 Rdnr. 12.

72 Vgl. auch RGRK-Kregel, 1979, § 854 Rdnr. 2; MünchKomm-Joost, 1986, § 854 Rdnr. 11; Baur, 1989, 51; Erman-Werner, 1989, § 965 Rdnr. 4; Palandt-Bassenge, 1991, § 854 Rdnr. 2.

73 §§ 966, 967 BGB.

pflichtung oder Haftung zu entledigen. Andererseits kann er die Sache an sich nehmen und so Finderpflichten für sich begründen.

Diese Regelungen entsprechen der Forderung Jherings, dessen Bedenken durch § 967 BGB genügt ist.[74] In der kurzen Betrachtung einer Sache liegt noch keine Besitzbegründung und demzufolge auch kein Inbesitznehmen im Sinne von § 965 Abs. 1 BGB. Ohne dafür zu haften, kann der Auffinder die verlorene Sache zurücklegen, er ist nicht juristischer Finder.

3. Die Aufnahme subjektiver Vorstellungen des Verlierers in den Begriff des Findens

In unmittelbarem Zusammenhang mit der zuvor erörterten Fragestellung steht die Überlegung, ob der Finder subjektiv die verlorene Sache als solche erkannt haben muß.[75] Danach ist er nur Finder im Sinne des § 965 Abs. 1 BGB, wenn er meint, daß es sich bei der Sache um eine verlorene handelt. Kommt es dagegen objektiv auf die Besitzbegründung an einer verlorenen Sache an, so entstehen die Finderpflichten unabhängig von den Vorstellungen des Finders.

Ganz überwiegend wird hierzu in der Literatur die Auffassung vertreten, daß der Fundtatbestand anders als der der Geschäftsführung ohne Auftrag[76] keine subjektiven Tatbestandsmerkmale enthalte.[77] Danach wird eine bestimmte Willensrichtung des Finders beim Finden also nicht vorausgesetzt. Allein objektive Elemente konstituieren demnach den Fund. Dies hat zur Folge, daß sowohl der unredliche Finder, der die Sache unterschlagen will (§ 246 StGB), als auch derjenige, der die verlorene Sache irrtümlich für herrenlos hält und sie sich aneignen will, als Finder im Sinne der §§ 965 ff. BGB anzusehen sind. Beide sind zur Anzeige und Verwahrung der Fundsache gemäß der §§ 965, 966 BGB verpflichtet, auch wenn der unredliche Finder dies nicht will und der irrende Finder dies nicht erkennt.

74 Vgl. auch unten 3. Kapitel, II., 1., c).

75 So Köbl, 1971, 199; Wieling, 1989, 491.

76 S. dazu 3. Kapitel, III.

77 Dolezych, jur. Diss. 1901, 10 ausdrücklich gegen Delbrück, JherJb. 3 (1859), 1 (24), siehe auch: Manigk, 1907, 672; Strauß, jur. Diss. 1908, 123; Klein, 1912, 36; Wolff, 1923, 251; Wolff/Raiser, 1957, 307; Westermann, H., 1966, 285; Staudinger-Gursky, 1979, vor § 965 Rdnr. 3, § 965 Rdnr. 11; Mittenzwei, MDR 1987, 883 (883); Erman-Hefermehl, 1989, § 965 Rdnr. 3; Deneke-Stoll, Festschrift für Schwab 1990, 43 (47, 48); Müller, K., 1990, 799.

Hiergegen wendet sich ein Teil der Literatur, der auch beim Finder subjektive Elemente während des Findens verlangt.[78] Ähnlich dem Recht der Geschäftsführung ohne Auftrag wird ein Fremdgeschäftsführungswille des Finders für erforderlich gehalten. Fundrecht ist danach nur dann anwendbar, wenn der Finder Fremdbesitz für den Verlierer und/oder den Empfangsberechtigten begründen will. Hierfür muß der Finder zum einen erkennen, daß es sich um eine verlorene Sache handelt, zum anderen muß er redlich sein.[79]

Durch die Ergänzung des Tatbestandes von § 965 Abs. 1 BGB um einen Fremdgeschäftsführungswillen werden die Regelungen des Fundrechts zu einem Spezialfall der Geschäftsführung ohne Auftrag gemacht. Vorgeschlagen wird diese Ergänzung insbesondere, um die Abgrenzung der Regelungen des Fundrechtes zu denen des Eigentümer-Besitzer-Verhältnisses zu erleichtern. Denn die §§ 965 ff. BGB paßten ganz offensichtlich nicht auf den Eigenbesitzer; Verwahrungs- und Anzeigepflichten hätten hier wenig Sinn.[80] Unbrauchbar sei vor allem der fundrechtliche Eigentumserwerbsgrund nach § 973 BGB, da dieser an die Anzeige des Fundes bei der Polizeibehörde geknüpft werde. Wer irrtümlich eine für herrenlos gehaltene Sache an sich nehme, könne das Eigentum daran nur durch Ersitzung erwerben. Die passende Haftungsgrundlage für das Verhältnis des Finders zum Berechtigten seien - so wie für jede vermeintliche Eigengeschäftsführung - die Regelungen des Eigentümer-Besitzer-Verhältnisses, und nicht das Fundrecht.[81]

Dem kann nicht gefolgt werden. Für die Anwendbarkeit der Regelungen des Fundrechts auf verlorene Sachen wären nach dieser Auffassung die Vorstellungen des Finders entscheidend. Nur wenn dieser sich vorstellte, Finder zu sein, wären die §§ 965 ff. BGB anwendbar. Wollte der Finder dagegen nicht Finder sein, könnten die Vorschriften des Fundrechts nicht zur Anwendung gelangen. Diese Ansicht ist de lege lata nicht haltbar. Der Tatbestand des Findens wird gemäß § 965 Abs. 1 BGB allein durch die objektiven Momente des Findens und Ansichnehmens bestimmt. Eine Formulierung, die auf eine subjektive Willensrichtung beim Finder hinweist, enthält die Vorschrift nicht.[82] Darüber hinaus spricht gegen

---

78 Köbl, 1971, 199; Wieling, 1990, 491 hält die Regelungen des Fundrechts jedenfalls beim unredlichen Finder für nicht anwendbar.

79 So auch schon Delbrück, JherJb. 3 (1859), 1 (24), wonach der Finder die Sache für verloren halten muß; RGRK-Pikart, 1979, § 965 Rdnr. 9 verlangt ein Bewußtsein des Finders, daß es sich um eine besitzlose Sache handelt; ebenso MünchKomm-Quack, 1986, § 965 Rdnr. 13.

80 Köbl, 1971, 199.

81 Köbl, 1971, 199.

82 So auch Deneke-Stoll, Festschrift für Schwab, 1990, 43 (47).

die oben angeführt Auffassung, daß im Fundrecht die nachträgliche Verletzung der Ehrlichkeitspflicht des Finders mit dem Verlust bestimmter Finderrechte sanktioniert wird.[83] Gemäß § 971 Abs. 2 BGB ist der Anspruch auf Finderlohn ausgeschlossen, wenn der Finder seine Anzeigepflicht verletzt oder den Fund auf Nachfrage verheimlicht. Aus dem gleichen Grund kann der Finder auch das Eigentum an der Fundsache dann nicht mehr erwerben, § 973 Abs. 2 S. 2 BGB.[84] Würde der Finder mangels eines Fremdgeschäftsführungswillens ohnehin nicht den Regelungen des Fundrechts unterliegen, wären besonders die Sanktionen wegen der Verheimlichung des Fundes auf Nachfrage unverständlich.[85] Die Vorschriften der §§ 971 Abs. 2 und 973 Abs. 2 S. 2 BGB sind nur dann sinnvoll, wenn die §§ 965 ff. BGB auch beim Fehlen eines Fremdgeschäftsführungswillens anwendbar sind. Daher ist die vorgeschlagene Ergänzung abzulehnen.

Dies ist ferner im Hinblick auf die beteiligten Personen interessengerecht: Ist der Finder unredlich, so ist er gleichwohl zur Erfüllung der Aufgaben des Finders nach den §§ 965 ff. BGB verpflichtet. Neben seiner Haftung nach Fundrecht kommt eine Haftung gemäß der §§ 987 ff. BGB und gegebenenfalls gemäß der §§ 992, 823 ff. BGB in Betracht.[86] Hierzu bedarf es keiner Ergänzung um einen Fremdgeschäftsführungswillen. Hält der Finder irrtümlich die verlorene Sache für herrenlos, so kann er sich diese nicht aneignen. Dennoch ist ein Eigentumserwerb des Finders hier nicht ausgeschlossen. Ein Erwerb nach § 973 BGB kommt zwar mangels Anzeige des Fundes nicht in Betracht, doch kann der Finder hier im Wege der Ersitzung gemäß § 937 BGB Eigentum an der Fundsache erwerben.[87] Beruht der Irrtum nicht auf grober Fahrlässigkeit, so ist der Finder nach § 968 BGB haftfrei.[88]

Somit können für die in Frage stehenden Fälle des unredlichen oder irrenden Finders auch ohne eine Ergänzung des Fundtatbestandes um einen Fremdgeschäftsführungswillen interessengerechte Ergebnisse erzielt werden. Die Ergänzung ist daher nicht erforderlich.[89] Insbesondere ist sie aber deshalb abzulehnen, weil sie zum einen nicht im Gesetzestext vorgese-

---

83 Vgl. Staudinger-Gursky, 1979, § 965 Rdnr. 11; s. unten 4. Kapitel, I.

84 Vgl. im einzelnen unten 4. Kapitel, I., 2., d).

85 Staudinger-Gursky, 1979, § 965 Rdnr. 11.

86 Der unredliche Finder hat kein Recht zum Besitz, so daß eine Vindikationslage besteht; §§ 987 ff. BGB sind anwendbar, Köbl, 1971, 198; MünchKomm-Joost, 1986, § 965 Rdnr. 20; vgl. auch Raiser, Festschrift für Wolff 1952, 123 (132) mit Anm. 39.

87 Insoweit stimmt auch Köbl mit der herrschenden Meinung überein, 1971, 199.

88 So auch Deneke-Stoll, Festschrift für Schwab, 1990, 43 (47).

89 Wolff/Raiser, 1957, 307; Staudinger-Gursky, 1979, § 965 Rdnr. 11.

hen ist, zum anderen dadurch die Vorschriften der §§ 971 Abs. 2 und 973 Abs. 2 S. 2 BGB ihren Sinn verlören. Der herrschenden Meinung ist daher zuzustimmen, nach der der Fundtatbestand objektiv bestimmt ist. Finder ist, wer eine verlorene Sache in seinen Besitz nimmt, auf seine subjektiven Vorstellungen dabei kommt es nicht an. Allein die objektive Tatsache der Besitzbegründung an einer objektiv verlorenen Sache bringt die Rechte und Pflichten des Finders zum Entstehen.

Erforderlich ist somit eine Besitzerwerbshandlung, die nicht auf einer besonderen Willensrichtung beruht. Damit ist der Fund kein Rechtsgeschäft, sondern Realakt.[90] Hieraus folgt, daß jeder, der willentlich eine Besitzbegründung als solche verwirklichen kann, Finder im Sinne der §§ 965 ff. BGB werden kann. Insbesondere können daher auch Geschäftsunfähige und in der Geschäftsfähigkeit beschränkte Personen Finder sein.[91] Erforderlich ist nur, daß er überhaupt einer tatsächlichen Gewalthabe und eines natürlichen Beherrschungswillens fähig ist.[92]

---

90 Strohal, JherJb. 38 (1898), 1 (75); Dolezych, jur. Diss. 1901, 25; Meisner, 1901, 123; Riemer, jur. Diss. 1901, 55; Mohr, jur. Diss. 1901, 17; Planck, 1902, § 965 Anm. 1 b; Liebrecht, jur. Diss. 1903, 36; Strauß, jur. Diss. 1908, 23; Biermann, 1914, § 965 Anm. 2 b; Conring, jur. Diss. 1917, 72; Feldberg, jur. Diss. 1918, 48 ff.; Wolff, 1923, 252; Wolff/Raiser, 1957, 307; Rosenthal, 1965, § 965 Rdnr. 330; Flume, 1975, 314; Staudinger-Gursky, 1979, § 965 Rdnr. 13; Baur, 1989, 524. Vgl. hierzu insgesamt auch 3. Kapitel, III. 1.

91 Wegen der Pflichten des nicht vollgeschäftsfähigen Finders vgl. 3. Kapitel, II.; zur Haftung 3. Kapitel, III., 1.

92 Dabei handelt es sich nicht um fundrechtsspezifische Fragen. Allgemein wird im Besitzrecht eine Besitzergreifung durch eine nicht vollgeschäftsfähige Person akzeptiert. Die hierfür entwickelten Grundsätze sind, soweit es darauf ankommt, auf die Besitzergreifung durch einen nicht vollgeschäftsfähigen Finder zu übertragen. Vgl. auch OLG Hamm OLGE 37, 167, 168; RGZ 98, 131, 132, 134. S. auch Wolff/Raiser, 1957, 307 gegen die "überholte Ansicht" in den Motiven, Band 3, 503.

3. Kapitel:
Das gesetzliche Schuldverhältnis aus Fund

In dem vorangegangenen Kapitel ist gezeigt worden, daß die Besitzergreifung der verlorenen Sache die Rechte und Pflichten des Finders zum Entstehen bringt.[1] Häufig wird dabei von einem gesetzlichen Schuldverhältnis aus Fund gesprochen.[2] Die gegenteilige Ansicht, die die Existenz eines gesetzlichen Schuldverhältnisses aus Fund bestreitet[3], gibt Anlaß dazu, die Konzeption des Gesetzgebers zu untersuchen. Insbesondere anhand der Materialien zur Entstehung des BGB soll geprüft und nachgewiesen werden, daß beim Finden ein gesetzliches Schuldverhältnis entsteht.

In einem zweiten Teil werden der Inhalt des gesetzli chen Schuldverhältnisses, vor allem die Fragen, die sich im Zusammenhang mit den Hauptpflichten des Finders zur Anzeige des Fundes und zur Verwahrung der Fundsache stel len, untersucht werden. Dabei findet die Frage nach In halt und Umfang der genannten Pflichten besondere Berücksichtigung.[4] Hieran schließt sich die Un tersuchung der schuldrechtlichen Gegenansprüche des Finders auf Aufwendungsersatz und Finderlohn sowie de ren Geltend machung gegenüber dem Berechtigten an. Dabei wird auch auf die Frage nach der Ausgestaltung der Gegenrechte des Finders als Zurückbehaltungsrechte eingegangen werden.[5]

Der dritte Teil dieses Kapitels hat die Untersuchung der Frage zum Inhalt, wie sich das gesetzliche Schuldverhältnis aus Fund zu einem anderen, dem Fundrecht auf den ersten Blick sehr verwandten gesetzlichen Schuldverhältnis, nämlich dem der Geschäftsführung ohne Auftrag, verhält. Diese vom Gesetzgeber bewußt offengelassene Frage[6] ist auch heute noch streitig. Insbesondere bei der Frage nach der Begrenzung der Haftung eines minderjährigen Finders wird die direkte oder analoge Anwendbarkeit von Regelungen der Geschäftsführung

---

1 2. Kapitel, II., 2.

2 Heute einhellige Auffassung: Müller, K., 1990, 387; Wieling, 1990, 485; Mittenzwei, MDR 1987, 883 (883); Köbl, 1971, 196; Westermann, H., 1966, 284; Krusch, AcP 148 (1943), 282 (282); so schon von Gierke, 1928, 72; vgl. im übrigen unten I.

3 Wolf, E., 1979, 187; wohl erstmals Bunsen, 1897, 86.

4 Unten II., 1.

5 Unten II., 2.

6 Jakobs/Schubert, Beratungen des BGB, Sachenrecht 1, 706, 707; Motive, Band 3, 376.

ohne Auftrag im Fundrecht diskutiert.[7] Die Diskussion dieser Streitfrage sowie die Frage nach einem anderen dogmatischen Ansatz zur Haftungsbegrenzung des minderjährigen Finders stehen im Mittelpunkt der Untersuchung im dritten Teil dieses Kapitels.

I. Der Fund als gesetzliches Schuldverhältnis

Sowohl in der älteren als auch in der neueren Literatur zum Fundrecht wird übereinstimmend angenommen, daß die Rechte und Pflichten des Finders in einem gesetzlichen Schuldverhältnis begründet sind.[8] Vor allem Ernst Wolf lehnt jedoch die Existenz eines solchen gesetzlichen Schuldverhältnisses ab und behauptet, daß die in den §§ 965-967 BGB geregelten Pflichten des Finders dinglicher und nicht schuldrechtlicher Art seien.[9] Dies ist nicht nur erwähnenswert, weil die Auffassung Wolfs gänzlich von der herrschenden Meinung abweicht, sondern auch deshalb, weil Wolf einer der wenigen Autoren ist, die die Existenz eines gesetzlichen Schuldverhältnisses aus Fund überhaupt in Frage stellen. Die überwiegende Literatur geht schlicht davon aus, daß beim Finden ein gesetzliches Schuldverhältnis entstehe und führt diese Behauptung ohne irgendeine Überprüfung fort. Daher überrascht es auch nicht, daß die Ansicht Wolfs kaum Beachtung findet. Lediglich vereinzelt wird sie zur Kenntnis genommen und mit einem Satz verworfen.[10]

Im folgenden werden zunächst die Gesetzesmaterialien zu dieser Frage untersucht. In einem zweiten Schritt sollen Kriterien für ein gesetzliches Schuldverhältnis gesucht und aufgestellt werden, an denen der Fund zu messen ist. Erst dann kann festgestellt werden, ob es sich beim Fund tatsächlich um ein Schuldverhältnis handelt, das kraft Gesetzes entsteht.

---

7 Dazu auch oben, 2. Kapitel, II., 3.

8 Fülster, 1927, 164; von Gierke, 1928, 72; de Boor, 1928, 93; Krusch, AcP 148 (1943), 282 (282); Westermann, H., 1966, 284; Lange, 1967, 203; Köbl, 1971, 196; Fikentscher, 1976, 53; Staudinger-Gursky, 1979, vor § 965 Rdnr. 2; Mittenzwei, MDR 1987, 883 (883); Schwab, K. H., 1989, 195; Erman-Hefermehl, 1989, vor § 965 Rdnr. 1; Soergel-Mühl, 1989, vor § 965 Rdnr. 2; Müller, K., 1990, 837; Wieling, 1990, 485.

9 Wolf, E., 1979, 187.

10 Staudinger-Gursky, 1979, vor § 965 Rdnr. 3.

1. Die Konzeption fundrechtlicher Rechte und Pflichten als gesetzliches Schuldverhältnis in den Gesetzesmaterialien

Den Gesetzesmaterialien ist ganz eindeutig zu entnehmen, daß der Fund als gesetzliches Schuldverhältnis konzipiert werden sollte. In dem Vorentwurf des zuständigen Redakteurs Reinhold Johow werden die Regelungen des Fundrechts ausdrücklich denen der Geschäftsführung ohne Auftrag unterstellt: Der Finder einer Sache wird zu einem bestimmten Verhalten verpflichtet und haftet "... nach Maßgabe der Bestimmungen der Geschäftsführung ohne Auftrag".[11] Hierzu führt Johow aus, daß es sich bei der Inbesitznahme einer gefundenen Sache um einen "normalen Fall der Geschäftsführung" handele.[12] Der Geschäftsführer werde tätig, um dem Geschäftsherrn einen Dienst zu erweisen. Das Geschäft, dem sich der Finder unterziehe, bestehe seinem Inhalte nach darin, die Sache an den Eigentümer zurückzuführen und die bis dahin erforderlichen Maßregeln zu treffen. Nach Art des Schuldgrundes und Inhalt der Verpflichtungen würde sich die Anwendung der Regelungen über die Geschäftsführung ohne Auftrag von selbst verstehen. Da aber hier besondere Regelungen über die Gestaltung der Rechte und Pflichten zu geben seien, erfordere die Klarheit, zunächst die normale Charakteristik des *Schuldverhältnisses* voranzustellen und sodann die jeweiligen Besonderheiten einzufügen.[13]

Besonders deutlich zeigt sich die von Johow geplante Konzeption der Rechte und Pflichten des Finders als Schuldverhältnis daran, daß er ausdrücklich die Stellung des Fundrechts innerhalb des Sachenrechts rechtfertigt.[14] Denn eigentlich gehörten streng genommen, so Johow, in das Sachenrecht nur Bestimmungen über die Voraussetzungen, an die das Erlöschen bisherigen Eigentums und das neue Rechtsschicksal der Sache geknüpft werden. Doch befinde sich unter diesen Voraussetzungen die ordnungsgemäße Erfüllung des Schuldverhältnisses, das durch die Besitznahme der Sache zwischen Eigentümer und dem Finder geknüpft werde. Dies mache es erforderlich, dieses Schuldverhältnis näher an dieser Stelle zu behandeln.[15] Im TE Sachenrecht wurde somit ausdrücklich geplant, die Regelungen der Rechte und Pflichten des Finders als Schuldverhältnis auszugestalten.

---

11 § 165 TE Sachenrecht, nach Jakobs/Schubert, Beratungen des BGB, Sachenrecht 1, 706.

12 Nach Jakobs/Schubert, Vorentwürfe der Redaktoren zum BGB, Sachenrecht 1, 856.

13 Jakobs/Schubert, Vorentwürfe der Redaktoren zum BGB, Sachenrecht 1, 856.

14 Jakobs/Schubert, Vorentwürfe der Redaktoren zum BGB, Sachenrecht 1, 856.

15 Jakobs/Schubert, Vorentwürfe der Redaktoren zum BGB, Sachenrecht 1, 851, 856; siehe auch Motive, Band 3, 374, 375.

In den Beratungen zum § 165 TE Sachenrecht wurde dieser grundsätzlichen Konzeption nicht widersprochen. Zwar beschloß die erste Kommission, sämtliche Anträge abzulehnen, die dahin gingen, das Rechtsverhältnis des Finders zum Berechtigten den Vorschriften über die Geschäftsführung ohne Auftrag zu unterstellen.[16] An der Qualifizierung als Rechtsverhältnis mit schuldrechtlichen Verpflichtungen wurde dagegen nicht gezweifelt. In den Beratungen sind keine Hinweise ersichtlich, daß es sich um dingliche und nicht um schuldrechtliche Rechte und Pflichten der Beteiligten handeln sollte. Behandelt wird immer nur das Schuldverhältnis, in welchem sich Finder und Berechtigter zueinander befinden.[17]

Die Motive zum E I führen aus, daß sich der Entwurf zunächst mit dem Schuldverhältnis befasse, in das der Finder durch seine Handlung, die verlorene Sache zu ergreifen, eintrete.[18] Auch hierin wird nicht an der Existenz eines Schuldverhältnisses aus Fund gezweifelt.
Die Konzeption des Fundes als Schuldverhältnis wird auch in den gutachtlichen Äußerungen zum E I weder gesondert erwähnt noch kritisiert oder in Frage gestellt. Nur G. Pfizer meint, daß die Regelungen des Fundrechts insgesamt zu ausführlich seien und die Rechte und Pflichten des Finders nicht gesondert vorgeschrieben werden müßten. Diese könnten sich ohne besondere Bestimmungen nach den Bestimmungen über die Geschäftsführung ohne Auftrag regeln.[19] Damit zweifelt Pfizer zwar grundsätzlich an der Berechtigung ausführlicher fundrechtlicher Regelungen, stellt aber die schuldrechtliche Konzeption des Fundrechts nicht in Frage. Sein Vorschlag unterstreicht vielmehr noch, daß die Rechte und Pflichten des Finders wie die des Geschäftsführers ohne Auftrag als schuldrechtliche aufgefaßt werden.

In der Denkschrift zum BGB wird schließlich erwähnt, daß die allgemeinen Bestimmungen über den Fund im Zusammenhang mit der sachenrechtlichen Frage der Erwerbung des Eigentums stehen und daher mit diesen zusammen behandelt werden.[20] Es handele sich um Obliegenheiten, die dem Erwerb des Eigentums vorausgehen. Im übrigen wird nicht ausführlicher auf die Stellung der schuldrechtlichen Pflichten und Rechte im Sachenrecht eingegangen.

---

16 Jakobs/Schubert, Beratungen des BGB, Sachenrecht 1, 706.

17 Z.B. Jakobs/Schubert, Beratungen des BGB, Sachenrecht 1, 705, 707.

18 Motive, Band 3, 374-376.

19 G. Pfizer, Zusammenstellung der gutachtlichen Äußerungen zum E I, 1890, 183.

20 Denkschrift zum Entwurf eines Bürgerlichen Gesetzbuchs, 1896, 133.

Die Entstehung des heutigen § 965 BGB macht deutlich, daß der Gesetzgeber davon ausging, daß durch das Finden ein gesetzliches Schuldverhältnis entstehe. Hiervon wird zum einen schon in den Materialien immer wieder ausgegangen.[21] Zum anderen wird dies aber besonders deutlich daran, daß sowohl im Vorentwurf als auch in den Motiven die Stellung schuldrechtlicher Regelungen innerhalb des Sachenrechts ausdrücklich erklärt und gerechtfertigt wird.[22] Damit ist den Gesetzesmaterialien eindeutig zu entnehmen, daß durch das Finden ein gesetzliches Schuldverhältnis entstehen soll, die Rechte und Pflichten des Finders mithin schuldrechtlicher Art sind.

2. *Die Konzeption fundrechtlicher Rechte und Pflichten als gesetzliches Schuldverhältnis in Rechtswissenschaft und Rechtsprechung*

In der Literatur wird der Frage, ob es sich beim Fund um ein gesetzliches Schuldverhältnis handelt, keine besondere Aufmerksamkeit geschenkt. Die jüngere Literatur begnügt sich mit der Feststellung, der Fund sei ein gesetzliches Schuldverhältnis.[23] Demgegenüber geht die ältere Literatur häufig überhaupt nicht auf die Konzeption der fundrechtlichen Regelungen ein.[24] In Kommentierungen zu § 965 ff. BGB und Lehrbüchern zum Schuld- und Sachenrecht werden die einzelnen Vorschriften des Fundrechts dargestellt, ohne sie in einem gesetzlichen Schuldverhältnis zusammenzufassen. Auch von den Autoren der ersten Dissertationen zum Fundrecht wird die Frage, ob es sich um ein gesetzliches Schuldverhältnis handelt, nicht gestellt.[25] Ein Grund dafür könnte darin liegen, daß in den Gesetzesmaterialien die Verpflichtungen und Rechte des Finders eindeutig als Schuldverhältnis konzipiert wurden und dies den Autoren nicht erwähnenswert erschien.

---

21 Jakobs/Schubert, Beratungen des BGB, Sachenrecht 1, 705, 707; Denkschrift zum Entwurf eines Bürgerlichen Gesetzbuchs, 1896, 133.

22 Jakobs/Schubert, Vorentwürfe der Redaktoren zum BGB, Sachenrecht 1, 856; Motive, Band 3, 374, 375.

23 Vgl. von Gierke, 1928, 72; Krusch, AcP 148 (1943), 282 (282); Westermann, H., 1966, 284; Köbl, 1971, 196; Mittenzwei, MDR 1987, 883 (883); Müller, K., 1990, 837; Wieling, 1990, 485.

24 Ostermeyer, 1899, 172 ff.; Scherer, 1899, §§ 965 ff.; Meisner, 1901, §§ 965 ff.; Maenner, 1906, 214 ff.; Matthiaß, 1910, 468 ff.; RGRK-Hoffmann, 1910, §§ 965 ff.; Kohler, 1919, 185 ff.; Schreuer, 1921, 161 ff.; Rosenthal, 1965, §§ 965 ff.; Wiefels, 1977, 71 ff.

25 Freitag, jur. Diss. 1896; Igen, jur. Diss. 1898; Delius, PrVerwBl. 1899, 337 ff.; Schepp, 1899; Ostermeyer, 1899; Eller, jur. Diss. 1900.

Demgegenüber bemerkenswert ist die Kommentierung Karl Kobers zu §§ 965 ff. BGB, der nicht etwa ausdrücklich von einem gesetzlichen Schuldverhältnis aus Fund spricht. Vorsichtiger formuliert er, daß der Finder durch das Ansichnehmen der verlorenen Sache in ein "gewisses obligatorisches Verhältnis" zu dem Berechtigten eintrete.[26] Auch nachfolgende Autoren halten bis 1904 an dieser Formulierung fest[27], wenn auch vereinzelt schon vorher von einem gesetzlichen Schuldverhältnis gesprochen wurde.[28]

Diese Entwicklung ist im Zusammenhang mit einem Urteil des OLG Hamburg vom 2. November 1903 zu sehen.[29] Darin wird vom OLG Hamburg festgestellt, daß es sich beim Finden um eine Geschäftsführung ohne Auftrag handele.[30] Ein Schuldverhältnis aus Fund wird auch hier nicht in Frage gestellt, sondern in der weiteren Urteilsbegründung deutlich vorausgesetzt.[31] Die Pflichten und Rechte des Finders beruhten beide auf dem Rechtsverhältnis, das durch das Ansichnehmen der Sache entstehe.[32] An anderer Stelle wird dieses Rechtsverhältnis als Schuldverhältnis qualifiziert.[33]

Damit scheint die dogmatische Einordnung des Fundes als gesetzliches Schuldverhältnis für die zeitgenössischen, ebenso wie für nachfolgende Autoren festzustehen.[34] Beispielsweise Martin Wolff bezieht sich ausdrücklich auf das genannte Urteil und qualifiziert deshalb den

---

26 Staudinger-Kober, 1898, § 965 Anm. 3.

27 Dolezych, jur. Diss. 1901, 27; Mohr, jur. Diss. 1901, 22; Riemer, jur. Diss. 1901, 59; Chaffak, jur. Diss. 1903, 27; Liebrecht, jur. Diss. 1903, 56; Landsberg, 1904, 667; nach 1904 auch noch Kretzschmar, 1910, 139.

28 Buhl, 1901, 52; Johnson, FischersZ 22 (1901), 321 (321); Planck, 1902, vor § 965 Anm. 2; Stein, jur. Diss. 1903, 14; Sprinz, jur. Diss. 1904, 23 ff., 26; Springmann, jur. Diss. 1906, 47.

29 OLG Hamburg, Urteil vom 2. November 1903, OLGE 8, 112-115.

30 OLG Hamburg, OLGE 8, 112 (113).

31 Vgl. OLG Hamburg, OLGE 8, 112 (115).

32 OLG Hamburg, OLGE 8, 112 (115).

33 OLG Hamburg, OLGE 8, 112 (115).

34 Sprinz, jur. Diss. 1904, 26; Springmann, jur. Diss. 1906, 47; Wolff, 1913, 251; von Gierke, 1928, 72.

Fund als gesetzliches Schuldverhältnis.[35] Die nachfolgende Literatur übernimmt diese Ansicht und führt sie fast ausnahmslos bis heute als herrschende Meinung fort.[36]

Anderer Ansicht ist Ernst Wolf, der die Existenz eines gesetzlichen Schuldverhältnisses aus Fund insgesamt ablehnt.[37] Nach Auffassung Wolfs entstehen durch den Fund dingliche Herausgabeansprüche des Eigentümers gemäß § 985 BGB, eines Nießbrauchers gemäß §§ 985, 1065 BGB, eines Pfandgläubigers gemäß §§ 985, 1227 BGB oder eines früheren Besitzers gemäß § 1007 BGB. Diese Personen bezeichneten die §§ 965 ff. BGB als Empfangsberechtigte und jede von ihnen könne gleichzeitig auch Verlierer der Sache sein. Die Pflichten des Finders aus §§ 965 Abs. 2, 966 und 967 BGB und dessen Rechte bestünden gegenüber jedem Empfangsberechtigten. Sie seien an die Fundsache gebunden, auf diese beschränkt und in ihrer Existenz und in ihrem Inhalt von dieser abhängig. Daher handele es sich um dingliche Rechte und Pflichten, die als solche nicht in einem Schuldverhältnis begründet sein können. Deshalb bestehe auch kein Schuldverhältnis.[38] Schuldrechtlicher Art seien nur die Ansprüche aus §§ 970, 971 BGB auf Aufwendungsersatz und Finderlohn. Doch seien auch sie nicht in einem gesetzlichen Schuldverhältnis begründet, sondern entstünden aufgrund besonderer gesetzlicher Tatbestände unabhängig voneinander. Ein gesetzliches Schuldverhältnis existiere nicht.[39]

Von der rechtlichen Qualifizierung der Rechte und Pflichten des Finders als dingliche oder obligatorische Rechte und Pflichten hängt ab, ob es sich beim Fund um ein Schuldverhältnis handelt. Kritik an der Auffassung Wolfs wird nur von Karl-Heinz Gursky geübt. Doch er begnügt sich mit der Feststellung, Wolfs Auffassung beruhe auf einer unzutreffenden Bestimmung der Besonderheit dinglicher Ansprüche bzw. Pflichten.[40] Eine nähere Auseinandersetzung mit der durch die Ansicht Wolfs aufgeworfenen Fragestellung findet sich auch bei Gursky nicht.

---

35 Wolff, 1913, 251 mit Anm. 10.

36 Fülster, 1927, 164; von Gierke, 1928, 72; de Boor, 1928, 93; Krusch, AcP 148 (1943), 282 (282); Achilles/Greiff, 1949, vor § 965 Anm. 1; Westermann, H., 1966, 284; Lange, 1967, 203; Köbl, 1971, 196; Fikentscher, 1976, 53; Staudinger-Gursky, 1979, vor § 965 Rdnr. 2; Mittenzwei, MDR 1987, 883 (883); Erman-Hefermehl, 1989, vor § 965 Rdnr. 1; Schwab, K. H., 1989, 195; Soergel-Mühl, 1989, vor § 965 Rdnr. 2; Müller, K., 1990, 837; Wieling, 1990, 485.

37 Wolf, E., 1979, 187; so auch schon Bunsen, 1897, 86.

38 Wolf, E., 1979, 187; vgl. auch Bunsen 1897, 36, 37.

39 Wolf, E., 1979, 187.

40 Vgl. Staudinger-Gursky, 1979, vor § 965 Rdnr. 3.

Die Argumentation Wolfs beruht auf der Überlegung, daß es sich bei der Anzeigepflicht des Finders gemäß § 965 Abs. 1 BGB, der Verwahrungspflicht gemäß § 966 BGB und der Herausgabepflicht gemäß § 967 BGB um Rechte und Pflichten dinglicher Art handele.[41] Dabei stützt sich Wolf im wesentlichen auf zwei Argumente: Zum einen qualifiziert er die Rechte und Pflichten des Finders deshalb als dinglich, weil sie gegenüber jedem Empfangsberechtigten bestehen.[42] Empfangsberechtigt im Sinne des Fundrechts ist neben dem Verlierer oder dem Eigentümer der Fundsache derjenige, der gegen den Finder einen Anspruch auf Herausgabe der Fundsache hat.[43] Dies kann, wie Wolf richtig annimmt, auch ein Nießbraucher, ein Pfandgläubiger oder ein früherer Besitzer sein.[44] Ist die Sache nicht vom Eigentümer verloren, so kommen danach mehrere Personen in Betracht, gegenüber denen der Finder zur Erfüllung seiner Verbindlichkeiten verpflichtet ist. Daraus schließt Wolf, daß es sich um dingliche Pflichten handele.[45]

§ 241 S. 1 BGB definiert ein Schuldverhältnis als Rechtsverhältnis, kraft dessen der Gläubiger berechtigt ist, von dem Schuldner eine Leistung zu fordern. Grundsätzlich wird im Gesetz also davon ausgegangen, daß es sich um ein Zweipersonenverhältnis handelt. Darauf wohl gründet Wolf seine Auffassung. Dabei übersieht er aber, daß die Anzahl der am Schuldverhältnis beteiligten Personen nicht über die rechtliche Natur der Ansprüche entscheidet. Insbesondere kennt das Gesetz die Möglichkeit von Personenmehrheiten auf beiden Seiten des Schuldverhältnisses.[46] Schuldrechtliche Ansprüche sind danach keineswegs deshalb als dinglich zu qualifizieren, weil entweder auf seiten des Schuldners oder auf seiten des Gläubigers eine Personenmehrheit besteht. Die Empfangsberechtigten, denen gegenüber der Finder zu bestimmtem Verhalten verpflichtet ist, können durchaus als Gesamt-

---

41 Wolf, E., 1979, 187; siehe auch Matthiaß, 1910, 63.

42 Wolf, E., 1979, 189.

43 Ganz herrschende Meinung: OLG Hamburg OLGE 8, 112 (113) = SeuffA. 59, Nr. 104; Palandt-Bassenge, 1991, vor § 965 Rdnr. 2; Müller, K., 1990, 837; Jauernig, 1990, § 969 Anm. 1;Wieling, 1990, 492; Erman-Hefermehl, 1989, § 965 Rdnr. 5; § 969 Rdnr. 2; Soergel-Mühl, 1989, § 965 Rdnr. 5; MünchKomm-Quack, 1986, § 965 Rdnr. 20, 21; RGRK-Pikart, 1979, § 965 Rdnr. 13, 14; Staudinger-Gursky, 1979, § 965 Rdnr. 14; Westermann, H., 1966, 285, 286; von Gierke, 1959, 108; Wolff/Raiser, 1957, 307; Biermann, 1914, § 965 Anm. 3 a; Troitzsch, BayZ 1906, 155 (155); Planck, 1902, § 965 Anm. 2 a.

44 Wolf, E., 1979, 189.

45 Wolf, E., 1979, 189.

46 Gesamtgläubigerschaft regelt § 428 S. 1 BGB, Gesamtschuldnerschaft § 421 BGB.

gläubiger gemäß § 432 BGB angesehen werden.[47] Danach ist jeder der Empfangsberechtigten berechtigt, vom Finder die Anzeige, Verwahrung und Herausgabe der Fundsache zu verlangen, doch reicht es auch von seiten des Finders aus, wenn er nur eine der in Betracht kommenden Personen benachrichtigt.[48] Die Ansicht Wolfs, es handele sich deshalb um dingliche Rechte und Pflichten des Finders, weil sie gegenüber mehreren Personen bestünden, ist damit unhaltbar.

Zum anderen meint Wolf, daß die Rechte und Pflichten des Finders an die Fundsache gebunden, auf diese beschränkt und in ihrer Existenz und ihrem Inhalt von dieser abhängig seien[49], so daß es sich deswegen um dingliche Rechte und Pflichten handeln müsse. Diese Schlußfolgerung Wolfs beruht, wie Gursky richtig bemerkt, auf einer unzutreffenden Bestimmung der Besonderheit dinglicher Rechte und Pflichten.[50] Bei dinglichen Rechten handelt es sich um Rechte *an* Sachen, deren Inhalt sich zumeist als verselbständigter Teil der Eigentümerbefugnisse darstellt.[51] Es sind Rechte, die als absolute Rechte gegenüber jedermann wirken.[52]

Bei Wolf wird jedoch nicht deutlich, worin diese Rechte bestehen sollen. Ausdrücklich nennt Wolf die §§ 965 Abs. 2, 966, 967 BGB. Danach bestünden das dingliche absolute Recht und die Pflichten des Finders in der Anzeige, der Verwahrung und der Herausgabe der Sache an die zuständige Behörde. Das absolute Recht könnte also nur gegenüber dem jeweils genannten Personenkreis bestehen. Dies ist in sich widersprüchlich, da dingliche Rechte als absolute Rechte an Sachen gegenüber jedermann bestehen. Dies wird von Wolf übersehen. Oder sollte Wolf annehmen, der Finder habe ein absolutes Recht auf Anzeige, Verwahrung und Herausgabe der Sache, von dem er jeden anderen ausschließen könnte?

---

47 Erman-Hefermehl, 1989, § 969 Rdnr. 3; RGRK-Pikart, 1979, § 969 Rdnr. 6; Staudinger-Gursky, 1979, § 969 Rdnr. 3; Westermann, H., 1966, 287; Planck, 1902, § 965 Anm. 2 a. Anderer Ansicht ist Wolff/Raiser, 1957, 308, der analog §§ 869, 986 Abs. 1 S. 2 BGB ein Rangverhältnis annimmt, nach dem der Finder die Sache an den besser Berechtigten herauszugeben hat; so auch Haase, jur. Diss. 1919, 26. Dies ist im Interesse des Finders abzulehnen und widerspricht insbesondere der Regelung des § 969 BGB.

48 Palandt-Bassenge, 1991, § 965 Rdnr. 1; Wieling, 1990, 492; Erman-Hefermehl, 1989, § 969 Rdnr. 3; RGRK-Pikart, 1979, § 969 Rdnr. 6; Staudinger-Gursky, 1979, § 965 Rdnr. 15; Westermann, H., 1966, 286; Wolff/Raiser, 1957, 309; Troitzsch, BayZ 1906, 155 (156); Planck, 1902, § 965 Anm. 2 a; vgl. unten 4. Kapitel, I., 2., a).

49 Wolf, E., 1979, 187.

50 Staudinger-Gursky, 1979, vor § 965 Rdnr. 3.

51 Schwab, D., 1989, 154.

52 Baur, 1989, 6; Schwab, D., 1989, 154.

Insgesamt bleibt unklar, worin die von Wolf konstruierten dinglichen Rechte und Pflichten des Finders bestehen sollten.

Qualifiziert Wolf aber nur deshalb die Pflichten und Rechte des Finders als dinglich, weil sie von der Fundsache abhängig sind, so verkennt er, daß es sich bei der Fundsache um das Regelungsobjekt des gesamten Fundrechts handelt. Die Fundsache ist ja gerade der Gegenstand des gesetzlichen Schuldverhältnisses. Auf diese Sache beziehen sich die Rechte und Pflichten des Finders. Weil der Finder die verlorene Sache an sich genommen hat, ist er zur Anzeige und zu einem bestimmten weiteren Verhalten verpflichtet. Darüber hinaus erhält er Ansprüche auf Zahlung von Aufwendungsersatz und Finderlohn. Die Tatsache, daß sich die Rechte und Pflichten *auf* eine Sache beziehen, macht aber diese Rechte und Pflichten nicht, wie Wolf anzunehmen scheint, zu dinglichen. Dinglich sind nur die Rechte *an* einer Sache, während schuldrechtlicher Art die Rechte *auf* eine Sache sind.[53] Die von Wolf aufgezählten Pflichten sind insgesamt schuldrechtlicher Natur. Dazu zählen nicht nur die Anzeige- und Verwahrungspflicht, sondern auch die schuldrechtliche Herausgabepflicht gegenüber der zuständigen Behörde. Dies ist einer der verschiedenen schuldrechtlichen Herausgabeansprüche, die das BGB kennt.[54]

Die Argumente Wolfs sind mithin nicht geeignet, die von ihm aufgestellte Behauptung, die §§ 965 Abs. 2, 966, 967 BGB enthielten dingliche Rechte und Pflichten des Finders, zu beweisen. Die Behauptung scheint auf einer unzutreffenden Beurteilung des Begriffs dinglicher Rechte und Pflichten zu beruhen und ist somit unhaltbar.[55] Entgegen der Ansicht Wolfs handelt es sich nicht um dingliche Rechtsbeziehungen. Zwischen dem Finder und dem Empfangsberechtigten bestehen schuldrechtliche Beziehungen. Diese sind in dem gesetzlichen Schuldverhältnis begründet, das entsteht, indem der Finder die verlorene Sache an sich nimmt, § 965 BGB.

---

53 Vgl. Schwab, D., 1989, 154; Baur, 1989, 6.

54 Andere schuldrechtliche Herausgabepflichten sind z.B. die Rückgabe der Sache nach beendetem Miet-, oder Pachtverhältnis.

55 So im Ergebnis schon Staudinger-Gursky, 1979, vor § 965 Rdnr. 3.

II. Der Inhalt des gesetzlichen Schuldverhältnisses aus Fund

Das Fundrecht des BGB läßt sich in zwei Teile gliedern. Da der Eigentumserwerb des Finders (§§ 973, 974 BGB) für das Fundrecht nur von sekundärem Interesse ist, stehen die obligatorischen Rechte und Pflichten des Finders im Vordergrund.[56] Der Gesetzgeber ging davon aus, beim Fund mit bestehendem Eigentum rechnen zu müssen, dessen Subjekt unbekannt sei. Daher bezwecken die Regelungen des Fundrechts zunächst, die Sache in die richtigen Hände zu bringen.[57] Nur im Falle der Unerreichbarkeit dieses Ziels verfügt das Gesetz über die Fundsache. Demgemäß sind auch die Rechte und Pflichten des Finders innerhalb des Fundrechts vor den Vorschriften über den Eigentumserwerb an der Fundsache geregelt.[58] Auch hier wird der vom Gesetzgeber gewählten Reihenfolge bei der Untersuchung des Inhalts vom gesetzlichen Schuldverhältnis aus Fund gefolgt werden.[59]

1. Die Verbindlichkeiten des Finders

Die Verbindlichkeiten des Finders können auf zwei Hauptverbindlichkeiten reduziert werden, die den Zweck des Fundrechts widerspiegeln: Durch die *Anzeigepflicht* des Finders soll erreicht werden, daß die Tatsache des Fundes bekannt wird, da nur so der Eigentümer der Fundsache ermittelt und die Sache an diesen zurückgelangen kann.[60] Dies ist aber nur dann sinnvoll, wenn in der Zwischenzeit die gefundene Sache so behandelt wird, daß sie nicht ihrer Verschlechterung oder ihrem Untergang ausgesetzt ist und aus diesem Grunde nicht mehr an den Eigentümer zurückgelangen könnte. Daher regelt das Gesetz als zweite Hauptpflicht des Finders dessen *Verpflichtung zur Verwahrung* der Sache.[61] Beide Pflichten verfolgen somit den Zweck, die Sache erstens an den Berechtigten und zweitens unbeschadet an diesen zurückgelangen zu lassen. Darüber hinaus sind in den §§ 965 ff. BGB weitere

---

56 Zur Konzeption Jakobs/Schubert, Vorentwürfe der Redaktoren zum BGB, Sachenrecht 1, 854.

57 Jakobs/Schubert, Beratungen des BGB, Sachenrecht 1, 708; Motive, Band 3, 376; Denkschrift zum Entwurf eines Bürgerlichen Gesetzbuchs, 133, 134.

58 Jakobs/Schubert, Vorentwürfe der Redaktoren zum BGB, Sachenrecht 1, 851.

59 Zum Eigentumserwerb unten 4. Kapitel, I., II.

60 §§ 965 Abs. 1, Abs. 2 S. 1 BGB.

61 § 966 Abs. 1 BGB.

Verpflichtungen des Finders enthalten, besonders die Pflicht zur Ablieferung der Fundsache an die Behörde unter den Voraussetzungen des § 967 BGB, die zum einen die genannten Hauptpflichten unterstützen, zum anderen die Verfolgung der Interessen des Fundrechts gewährleisten soll.

a) Die Anzeigepflicht des Finders

Gemäß § 965 Abs. 1 BGB hat der Finder dem Verlierer oder dem Eigentümer oder einem sonstigen Empfangsberechtigten Anzeige von dem Fund zu machen. Ist dem Finder die Person des Empfangsberechtigten oder ihr Aufenthalt unbekannt, so ist der Finder gemäß § 965 Abs. 2 S. 1 BGB verpflichtet, den Fund und die Umstände, die zur Ermittlung der Empfangsberechtigten erheblich sein können, unverzüglich[62] anzuzeigen. Die Anzeigepflicht gegenüber einem Empfangsberechtigten, dessen Person der Finder kennt, geht damit der allgemeinen Anzeigepflicht gegenüber der Behörde vor. Hierbei ist besonders an die Fälle zu denken, in denen die Fundsache beispielsweise mit einem Namensschild gekennzeichnet ist.

Nur wenn der Finder den Empfangsberechtigten nicht kennt, hat er den Fund der zuständigen Behörde anzuzeigen, § 965 Abs. 2 BGB. Welche Behörde zuständig ist, ist durch Landesrecht geregelt.[63]

Fraglich ist, ob der Finder auch dann seiner Anzeigepflicht genügt, wenn er den Fund einer beliebigen Behörde anzeigt, oder ob die Anzeige bei der für den Fundort zuständigen Behörde zu erstatten ist. Dazu sah der TE Sachenrecht folgende Regelung vor:

"Ist der Eigenthümer oder dessen Aufenthalt dem Finder unbekannt, so hat derselbe unverzüglich die Polizeibehörde des Fundorts zu benachrichtigen. ...".[64]

Danach war der Finder zur Anzeige bei der Behörde des Fundortes verpflichtet. Die erste Kommission lehnte diesen Vorschlag jedoch ab, "da hierdurch die Lage des Finders in ungerechtfertigter Weise erschwert würde".[65] Im Interesse der Erleichterung der Finder-

62 Ohne grob fahrlässiges Zögern, §§ 121 Abs. 1 S. 1, 968 BGB.

63 Landesrechtliche Vorschriften nachgewiesen bei Staudinger-Gursky, 1979, § 965 Rdnr. 14.

64 Jakobs/Schubert, Beratungen des BGB, Sachenrecht 1, 166.

65 Protokolle, Band 3, 256; vgl. auch Jakobs/Schubert, Beratungen des BGB, Sachenrecht 1, 709, 710; Denkschrift zum Entwurf eines Bürgerlichen Gesetzbuchs, 1896, 134.

pflichten wurde auf eine Anzeigepflicht an die Behörde des Fundortes verzichtet. Der Finder genügt also seiner Pflicht aus § 965 BGB, wenn er den Fund irgendeiner Polizeibehörde anzeigt.

In Abs. 2 des § 166 TE Sachenrecht sah der Entwurf weitere Vorschriften für die Polizeibehörde vor, wie nach der Fundanzeige weiter zu verfahren sei. Die zweite Kommission war jedoch der Auffassung, daß diese Regelung lediglich eine Instruktion für die Polizeibehörde enthalte. Sie gehöre daher nicht in das BGB, da privatrechtliche Folgen an die Nichtbefolgung der Vorschrift nicht geknüpft würden.[66] Daher ist das weitere Verfahren der Polizeibehörde mit der Fundsache nicht durch das BGB geregelt, sondern bestimmt sich nach einzelnen landesrechtlichen Vorschriften.[67]

Wenn somit einerseits feststeht, wem gegenüber der Fund anzuzeigen ist, stellt sich damit andererseits die Frage nach dem Inhalt und dem Umfang der Anzeigepflicht. Hierzu ergibt sich zum einen bereits aus dem Wortlaut des § 965 Abs. 2 S. 1 BGB, daß der Finder nicht nur den Fund als solchen, sondern auch die Umstände, die für die Ermittelung der Empfangsberechtigten erheblich sein können, anzuzeigen hat. Zum anderen ergibt sich aus dem Zweck der Anzeigepflicht, der darin besteht, die Ermittlung des Eigentümers oder eines anderen Berechtigten der Behörde aufzugeben, daß die Anzeigepflicht des Finders nicht auf schlichte Tatsachenmitteilungen beschränkt ist. Vielmehr hat der Finder alle zur Erreichung dieses Zwecks dienlichen Umstände mitzuteilen.[68] Hierzu sind insbesondere auch Zeit und Ort des Fundes zu zählen.[69]

Gemäß § 965 Abs. 2 S. 2 BGB bedarf es der Anzeige des Fundes nicht bei den Sachen, deren Wert nicht mehr als zehn Deutsche Mark beträgt.[70] Bei solchen sogenannten Kleinfunden entfällt die Anzeigepflicht des Finders gegenüber der Behörde, § 965 Abs. 2 S. 2 BGB.

---

66 Protokolle, Band 3, 256; Jakobs/Schubert, Beratungen des BGB, Sachenrecht 1, 712.

67 Landesrechtliche Vorschriften nachgewiesen bei Staudinger-Gursky, 1979, § 965 Rdnr. 15.

68 Jakobs/Schubert, Beratungen des BGB, Sachenrecht 1, 709, 710; Motive, Band 3, 377.

69 Planck, 1902, § 965 Anm. 2 a.

70 Ursprünglich betrug die Grenze für den Kleinfund 3 Mark. Die Wertgrenze wurde 1975 von 3 DM auf 10 DM erhöht, um die Vorschriften des Fundrechts den veränderten Lebensverhältnissen und heutigen wirtschaftlichen Bedingungen anzupassen. Infolge der Entwicklung des Geldwertes in den letzten Jahren sei die Wertgrenze von 3 DM überholt und wurde ihrer Funktion, bei Gegenständen von unbedeutendem Wert eine unangemessene Belastung des Finders und der Behörde auszuschließen, nicht mehr gerecht, 24.4.1975 BTDrucks 7/3559.

Dies ist damit zu erklären, daß so eine unverhältnismäßige Belastung sowohl des Finders als auch der zuständigen Behörde vermieden werden sollte.[71]

Zu beachten ist aber, daß die Anzeigepflicht gegenüber einem dem Finder bekannten Empfangsberechtigten auch bei Kleinfunden weiter besteht, § 965 Abs. 1 BGB. Hieran ist beispielsweise beim Fund einer verlorenen Brieftasche, die Ausweispapiere des Verlierers enthält, zu denken. Darüber hinaus ist der Finder auch bei Kleinfunden gemäß § 971 Abs. 2 BGB verpflichtet, dem nachfragenden Berechtigten[72] Auskunft über den Verbleib der Sache zu erteilen.

b) Die Verwahrungspflicht des Finders

Durch § 966 Abs. 1 BGB wird der Finder zur Verwahrung der gefundenen Sache verpflichtet. Hierin besteht neben der Anzeigepflicht die zweite der beiden Hauptpflichten des Finders. Aus der Verwahrungspflicht folgt, daß der Finder, der einmal die verlorene Sache in seinen Besitz genommen hat, nicht mehr berechtigt ist, diese Sache wieder wegzulegen. Statt dessen ist er zu deren Verwahrung verpflichtet.[73]

Die Verwahrungspflicht und die daraus gefolgerten weiteren Verpflichtungen des Finders haben bei der Entstehung des Gesetzes zu heftigem Streit geführt. Insbesondere Rudolf von Jhering hielt die Vorschrift des § 911 im E I, nach der der Finder nicht befugt sein sollte, eine gefundene Sache wieder wegzuwerfen, für sehr bedenklich.[74] Denn der Finder könne triftige Gründe haben, die Sache nicht verwahren zu wollen, etwa weil die Sache seine Kleider oder Hände beschmutzen könne, das Mitnehmen der Sache dem Finder lästig sein könne etc.[75] Außer der Mitnahme der Sache sieht Jhering in dem weiteren Verfahren mit der Fundsache eine übermäßige Belastung des Finders. "Meine Zeit ist mir zu lieb dazu, um unter Umständen mich drei Mal zur Polizeibehörde zu verfügen, die Untersuchungen darüber anzustellen, ob 'der Verderb der Sache zu besorgen oder deren Aufbewahrung mit unverhältnismäßigen Kosten verbunden ist' und im Fall der Bejahung der Frage die geeignete Person aufzusuchen, um die Sache öffentlich versteigern zu lassen (§ 912) ... .

---

71 Planck, 1902, § 965 Anm. 2 a, Denkschrift zum Entwurf eines Bürgerlichen Gesetzbuchs, 1896, 134, 135.

72 § 973 Abs. 2 S. 2 BGB; dazu unten 4. Kapitel, I., 2., d).

73 Vgl. oben 2. Kapitel, II., 2.

74 Jhering in Zusammenstellung der gutachtlichen Äußerungen zum E I, 1890, 184, 185, Jhering, 1889, 422 mit Anm. 2; so auch von Gierke, Zusammenstellung der gutachtlichen Äußerungen zum E I, 1890, 184.

75 Jhering, 1889, 422 mit Anm. 2.

Versehe ich es an irgend einem der Punkte, auf die meine Prüfung gerichtet sein mußte, so geschieht es auf meine Kosten, und zu dem Verlust an Zeit kommt dann noch der an Geld hinzu."[76] Auch Julius von Gierke war der Ansicht, daß der Finder unter anderem durch die Vorschrift des § 911 E I "dergestalt beschwert und gefährdet (werde), daß ein vorsichtiger Mann sich zehn Mal besinnen werde, bevor er eine nicht zweifellos unter drei Mark werthe Sache aufnehme".[77] Zutreffend kritisiert Jhering, daß die Verwahrungspflicht und die aus ihr folgende Erhaltungspflicht eine starke Belastung des Finders darstellt.[78] Zu bedenken ist aber, daß mit dieser Verpflichtung das Hauptinteresse des Fundrechts, die verlorene Sache zu schützen und möglichst auch dem Eigentümer zu erhalten, verfolgt wird.[79] Wäre es dem Finder gestattet, die zunächst in seinen Besitz genommene Fundsache später nach seinem Belieben wieder wegzuwerfen, würde dies zwingend zu einer Gefährdung der Sache führen. Die Sache wäre schutzlos ihrer Verschlechterung oder ihrem Untergang ausgeliefert, bis der nächste Finder sie möglicherweise wieder nur vorübergehend in seinen Besitz nähme. "Die Lage des Verlierers könne durch eine solche Verhaltensweise des Finders möglicherweise erheblich verschlechtert werden, und dies müsse der Gesetzgeber verhindern."[80] Allein die Verpflichtung des Finders zur Verwahrung der Sache wird daher den Zwecken des Fundrechts, die Interessen von Finder und Berechtigten zu schützen, gerecht und ist deshalb unverzichtbar.

Zu berücksichtigen ist aber, daß auch die in § 966 BGB aufgestellten Pflichten zum weiteren Verfahren mit der Fundsache eine erhebliche Belastung des Finders darstellen. Bereits in der Denkschrift wird dazu bemerkt, daß bei "... der Regelung der Obliegenheiten des Finders ... nicht außer Acht bleiben (darf), daß eine übermäßige Erschwerung jener Obliegenheiten geeignet ist, Andere zum Schaden des Verlierers von der Fürsorge für die verlorene Sache abzuhalten".[81] Nicht nur im Interesse des Finders, sondern auch im Interesse des Eigentümers der Fundsache sollte daher eine übermäßige Belastung des Finders mit Pflichten unterbleiben. So wurde auch von Jhering eine Möglichkeit für den Finder gefor-

---

76 Jhering, 1889, 422, 423 mit Anm. 2.

77 Von Gierke, Zusammenstellung der gutachtlichen Äußerungen zum E I, 1890, 184.

78 Zusammenstellung der gutachtlichen Äußerungen zum E I, 1890, 184; vgl. auch oben Einleitung, vor I.

79 Jakobs/Schubert, Vorentwürfe der Redaktoren zum BGB, Sachenrecht 1, 851; Jakobs/Schubert, Beratungen des BGB, Sachenrecht 1, 708; Motive, Band 3, 375, 376; Denkschrift zum Entwurf eines Bürgerlichen Gesetzbuchs, 1896, 133, 134.

80 Protokolle, Band 3, 258.

81 Denkschrift zum Entwurf eines Bürgerlichen Gesetzbuchs, 1896, 133.

dert, sich von der Verwahrungspflicht und den daraus folgenden Pflichten zu befreien. "Wenn mir als Finder nicht die Befugnis eingeräumt wird, die Sache bei der Polizeibehörde abzuliefern und ihr alles weitere zu überlassen, so hebe ich sie gar nicht auf, sie ist für mich ein juristisches noli me tangere".[82] Dieser Forderung ist der Gesetzgeber durch die Vorschrift des § 967 BGB nachgekommen.

Fraglich ist, ob mit der Verwahrungspflicht des Finders auch die Pflicht, für den Erhalt der Sache zu sorgen, verbunden ist. Eine solche Erhaltungspflicht als Ausfluß der Verwahrungspflicht wird in der heutigen Literatur ganz überwiegend angenommen.[83] Danach müßten gefundene Tiere gefüttert, Sachfrüchte gezogen und ihrerseits verwahrt, gegebenenfalls auch versteigert werden.[84] Darüber hinaus wird teilweise sogar aus der Verwahrungspflicht gemäß § 966 Abs. 1 BGB die Pflicht des Finders gefolgert, besonders wertvolle Fundsachen versichern zu lassen.[85]

Soweit gegen eine Verwahrungspflicht eingewendet wird, daß eine solche Pflicht des Finders im Gesetz nicht erwähnt sei und damit auch nicht bestehe, ist dies unberechtigt. Zwar nennt § 966 Abs. 1 BGB lediglich die Verpflichtung des Finders zur Verwahrung der Sache. Dies allein genügt jedoch nicht, um die Frage nach einer Erhaltungspflicht zu verneinen. Denn in der Entstehungsgeschichte zu § 966 BGB ist der Hinweis enthalten, daß der Finder auch für den Erhalt der Sache zu sorgen habe.[86] Nach § 911 E I hatte der Finder für die Erhaltung und Verwahrung der Sache zu sorgen.[87]

---

82 Jhering, 1889, 422, 423 mit Anm. 2; siehe dazu unten c).

83 Palandt-Hoche, 1964, § 966 Anm. 1; Westermann, H., 1966, 286; Staudinger-Gursky, 1979, § 966 Rdnr. 1; MünchKomm-Quack, 1986, § 966 Rdnr. 2; Palandt-Bassenge, 1990, § 966 Anm. 1; so auch schon: Staudinger-Kober, 1898, § 966 Anm. 1 b; Planck, 1902, § 966 Anm. 1; Troitzsch, BayZ 1906, 155 (156); Strauß, jur. Diss. 1908, 39.

84 Staudinger-Kober, 1898, § 966 Anm. 1 b; Troitzsch, BayZ 1906, 155 (156); Biermann, 1914, § 966 Anm. 1; Wolff, 1923, 254; von Gierke, 1928, 73; Staudinger-Seufert, 1956, § 966 Anm. 1 b; Wolff/Raiser, 1957, 309 mit Anm. 19; Westermann, H., 1966, 286; RGRK-Pikart, 1979, § 966 Rdnr. 4; Staudinger-Gursky, 1979, § 966 Rdnr. 1; MünchKomm-Quack, 1986, § 966 Rdnr. 2; Erman-Hefermehl, 1989, § 966 Rdnr. 1; Schwab, K. H., 1989, 195; Müller, K., 1990, 801; Palandt-Bassenge, 1990, § 966, Rdnr. 1.

85 Soergel, 1923, § 966; Soergel-Mühl, § 966 Rdnr. 1. Gegen eine Versicherungspflicht Wolff, 1919, 248 mit Anm. 18; Wolff/Raiser, 1957, 309 mit Anm. 19; Staudinger-Gursky, 1979, § 966 Rdnr. 1.

86 Jakobs/Schubert, Beratungen des BGB, Sachenrecht 1, 719.

87 Protokolle, Band 3, 258; Jakobs/Schubert, Beratungen des BGB, Sachenrecht 1, 718. Vgl. auch den Antrag von Alexander Achilles in der zweiten Kommission, Jakobs/Schubert, Beratungen des BGB, Sachenrecht 1, 719.

Da von der zweiten Kommission der § 911 E I sachlich angenommen wurde[88], handelt es sich bei der Formulierung des § 966 BGB, der die Verpflichtung des Finders zum Erhalt der Sache nicht enthält, lediglich um eine redaktionelle Änderung. Demzufolge ist der Finder neben der Verwahrung auch zur Erhaltung der Sache verpflichtet.[89]

Die Beantwortung der Frage, ob der Finder zur persönlichen Verwahrung der Fundsache verpflichtet sein sollte[90], kann ebenfalls aus der Formulierung des § 911 im E I geschlossen werden. Danach hatte der Finder lediglich für die Erhaltung und Verwahrung der Sache *zu sorgen*. Daraus läßt sich nicht nur entnehmen, daß der Finder nicht zur persönlichen Verwahrung verpflichtet werden sollte.[91] Daraus ist weiterhin zu folgern, daß der Finder seiner Verwahrungspflicht gemäß § 966 Abs. 1 BGB auch dann genügt, wenn er die Fundsache bei einem Dritten unterbringt.[92]

Die Frage, was passiert, wenn die gefundene Sache wegen ihrer Beschaffenheit nicht zur Verwahrung durch den Finder geeignet ist, etwa weil ihr Verderb zu besorgen oder die Verwahrung mit unverhältnismäßigem Kostenaufwand verbunden ist, regelt § 966 Abs. 2 BGB. Danach ist der Finder dazu verpflichtet, die Sache öffentlich versteigern zu lassen. Vor der Versteigerung hat der Finder der zuständigen Behörde gemäß § 966 Abs. 2 S. 2 BGB Anzeige zu machen. Kraft dinglicher Surrogation erwirbt der Eigentümer der verlorenen Sache das Eigentum am Erlös, § 966 Abs. 2 S. 3 BGB. Der Finder ist nunmehr zur Verwahrung des Erlöses verpflichtet. Seine Finderpflichten und -rechte erstrecken sich auf den Erlös, der nun als verloren gilt.[93]

---

88 Protokolle, Band 3, 258; Jakobs/Schubert, Beratungen des BGB, Sachenrecht 1, 719.

89 So auch Staudinger-Kober, 1898, § 966 Anm. 1 b; Planck, 1902, § 966 Anm. 1; Troitzsch, BayZ 1906, 155 (156); Strauß, jur. Diss. 1908, 39; Biermann, 1914, § 966 Anm. 1; Wolff, 1923, 254; von Gierke, 1928, 73; Staudinger-Seufert, 1956, § 966 Anm. 1 b; Wolff/Raiser, 1957, 309 mit Anm. 19; Palandt-Hoche, 1964, § 966 Anm. 1; Westermann, H., 1966, 286; RGRK-Pikart, 1979, § 966 Rdnr. 4; Staudinger-Gursky, 1979, § 966 Rdnr. 1; MünchKomm-Quack, 1986, § 966 Rdnr. 2; Erman-Hefermehl, 1989, § 966 Rdnr. 1; Schwab, K. H., 1989, 195; Müller, K., 1990, 801; Palandt-Bassenge, 1990, § 966, Rdnr. 1.

90 Vgl. Planck, 1902, § 966 Anm. 1; Crome, 1905, 386 mit Anm. 25; Strauß, jur. Diss. 1908, 39; Biermann, 1914, § 966 Anm. 1; vgl. heute nur Staudinger-Gursky, 1979, § 966, Rdnr. 1.

91 Planck, 1902, § 966 Anm. 1; Biermann, 1914, § 966 Anm. 1; Staudinger-Gursky, 1979, § 966, Rdnr. 1.

92 Crome, 1905, 386 mit Anm. 25; Strauß, jur. Diss. 1908, 39; Biermann, 1914, § 966 Anm. 1; Staudinger-Gursky, 1979, § 966, Rdnr. 1.

93 Vgl. insgesamt Motive, Band 3, 378; RGRK-Pikart, 1979, § 966 Rdnr. 8-12; Staudinger-Gursky, 1979, § 966 Rdnr. 3-6; MünchKomm-Quack, 1986, § 966 Rdnr. 3-6; Erman-Hefermehl, 1989, § 966 Rdnr. 2, 3; Soergel-Mühl, 1989, § 966 Rdnr. 2; Palandt-Bassenge, 1990, § 966 Anm. 1.

c) Die Ablieferungspflicht des Finders

Dem Bestreben, die erheblichen Pflichten des Finders zu erleichtern, ist das Gesetz durch § 967 BGB nachgekommen. Danach ist der Finder berechtigt, entweder die Fundsache selbst, die er nicht verwahren will, oder den bei der Versteigerung erzielten Erlös an die zuständige Behörde[94] abzuliefern. Diese bereits im E I enthaltene und nicht beanstandete Vorschrift wurde auch von der zweiten Kommission sachlich angenommen.[95] Die Vorschrift dient primär dem Interesse des Finders, sich der starken Belastung, die ihm das Gesetz aufgibt, entziehen zu können.[96] Der Finder kann sich so durch Ablieferung der Fundsache an die Behörde den gesetzlichen Pflichten der § 965 ff. BGB entledigen, ohne dabei seine Finderrechte zu verlieren, § 975 S. 1 BGB. Den in der Denkschrift geäußerten Bedenken, der Finder könnte zu stark belastet werden[97], wird dadurch genügt. Die Vorschrift des § 967 BGB wird aber auch den Interessen des Eigentümers gerecht, weil die zuständige Behörde gemäß § 967 BGB zum Schutze des Verlierers vom Finder die Herausgabe der Fundsache an sich verlangen kann. Bei ihrer Entscheidung hat die Behörde die Interessen des Eigentümers nach pflichtgemäßem Interesse zu berücksichtigen.[98]

Im einzelnen wirkt sich die Ablieferung der Fundsache an die Behörde so aus, daß die Verwahrungspflicht des Finders ersatzlos erlischt.[99] Die Herausgabepflicht wandelt sich in die Pflicht, gemäß § 975 S. 2 BGB der Herausgabe der Fundsache an einen Berechtigten durch die Behörde zuzustimmen. Die Anzeigepflicht gemäß § 965 Abs. 1 BGB wird von der Ablieferung der Fundsache an die Behörde nicht berührt. Unter Umständen kann der Finder auch noch nach Ablieferung zur Fundanzeige verpflichtet sein.[100]

Hat der Finder die Fundsache gemäß § 967 BGB an die zuständige Behörde abgeliefert, so ist diese nunmehr zur Verwahrung der Sache oder des Versteigerungserlöses und darüber

---

94 Wie bei der Anzeigepflicht besteht auch bei der Ablieferung keine Beschränkung auf die für den Fundort zuständige Behörde, so schon Denkschrift zum Entwurf eines Bürgerlichen Gesetzbuchs, 1896, 134; Protokolle, Band 3, 259; vgl. oben a).

95 Jakobs/Schubert, Beratungen des BGB, Sachenrecht 1, 719; Protokolle, Band 3, 259.

96 Denkschrift zum Entwurf eines Bürgerlichen Gestzbuches, 1896, 134.

97 Denkschrift zum Entwurf eines Bürgerlichen Gesetzbuchs, 1896, 133, 134.

98 Vgl. insgesamt MünchKomm-Quack, 1986, § 967 Rdnr. 1.

99 Vgl. auch § 912 E I "Durch die Ablieferung an die Polizeibehörde wird der Finder von seinen Verpflichtungen für die Zukunft befreit."

100 Vgl. 4. Kapitel, I., 2.

hinaus zur Herausgabe an den Empfangsberechtigten nach Maßgabe des § 975 BGB verpflichtet. Zwischen dem Berechtigten und der Behörde entsteht ein öffentlich-rechtliches Verwahrungsverhältnis, dessen nähere Regelungen nicht im BGB, sondern in Landesgesetzen enthalten sind.[101]

2. Die Rechte des Finders

Den umfangreichen Pflichten des Finders stehen dessen Ansprüche auf Ersatz seiner Aufwendungen und auf den Finderlohn gegenüber. Gemäß § 972 BGB richtet sich die Durchsetzbarkeit dieser Ansprüche nach den Vorschriften der §§ 1000-1002 BGB.

a) Der Anspruch auf Aufwendungsersatz

Der Tatsache, daß dem Finder vom Gesetz bestimmte Verhaltenspflichten auferlegt werden, entspricht es, daß es das Gesetz dem Finder auch gestattet, seine Aufwendungen zurückzufordern. Unstreitig kann der Finder gemäß § 970 BGB die Aufwendungen, die er zur Erfüllung der dort genannten Zwecke - Verwahrung oder Erhaltung der Sache, Aufwendungen zur Ermittlung des Empfangsberechtigten - getätigt hat und die er den Umständen nach für erforderlich halten durfte, von dem Empfangsberechtigten ersetzt verlangen.[102] Dabei muß der Finder die Notwendigkeit der Aufwendungen geprüft haben. Verkennt der Finder die Notwendigkeit, so hat er hierbei nur vorsätzliches und grob fahrlässiges Verhalten zu vertreten, § 968 BGB.[103]

Die ursprüngliche kontrovers diskutierte Frage, ob eine Verrechnung des Aufwendungsersatzes mit dem Finderlohn in Betracht kommen könnte, ist heute nicht mehr streitig. Wenn auch im ersten Entwurf in § 914 Nr. 2 S. 2[104] noch vorgesehen war, daß die zu ersetzenden Aufwendungen vom Lohn des Finders abgezogen werden sollten, wurde dies von der

---

101 RGRK-Pikart, 1979, § 967 Rdnr. 2; Staudinger-Gursky, 1979, § 967 Rdnr. 2; MünchKomm-Quack, 1986, § 967 Rdnr. 5; Erman-Hefermehl, 1989, § 967 Rdnr. 1; Soergel-Mühl, 1989, § 967 Rdnr. 2; Palandt-Bassenge, 1990, § 967 Anm. 1.

102 RGRK-Pikart, 1979, § 970 Rdnr. 1; Staudinger-Gursky, 1979, § 970 Rdnr. 1.

103 RGRK-Pikart, 1979, § 970 Rdnr. 1; Staudinger-Gursky, 1979, § 970 Rdnr. 1; so schon Planck, 1902, § 970 Anm. 1 a; Wolff/Raiser, 1957, 310; Westermann, H., 1966, 287.

104 § 914 Nr. 2 S. 1 E I: "Bei der Berechnung des Fundlohnes kommen von dem Werthbetrage die von dem Empfangsberechtigten zu ersetzenden Aufwendungen in Abzug."

zweiten Kommission für unrichtig gehalten. "Es würde diese Berechnungsart nämlich dazu führen, daß der Finderlohn, je länger der Finder die Sache verwahre und erhalte, je größere Mühe er behufs Ermittelung des Empfangsberechtigten aufwenden müsse, um so geringer ausfalle und möglicherweise ganz in Wegfall gerathe, wenn die Aufwendungen die Höhe des Werthbetrags der Sache erreichten."[105] Eine Verrechnung des Aufwendungsersatzes mit dem Finderlohn kommt daher nicht in Betracht. Der Finder kann neben seinem Anspruch auf Finderlohn den Ersatz der Aufwendungen ungekürzt verlangen.

Bei Entstehung des BGB wurde diskutiert, ob § 970 BGB analog zugunsten der Behörde anzuwenden sei.[106] Gemäß § 917 E I konnte nicht nur der Finder vom Empfangsberechtigten den Ersatz seiner Aufwendungen verlangen, sondern auch die Polizeibehörde war ersatzberechtigt.[107] Gegen diese Vorschrift wurde aber eingewandt, daß es nicht richtig sei, die Polizei mit einem privatrechtlichen Ersatzanspruch auszustatten, da sie lediglich ihres Amtes walte, indem sie die Fundsachen zur vorläufigen Verwahrung annehme und für die Ermittlung des Verlierers sorge.[108] "Es könne sich höchstens darum handeln, ob die Landesgesetzgebung vom Standpunkte des öffentlichen Rechtes Gebühren festsetzen könne."[109] Da von der Kommission letztlich beschlossen wurde, die Vorschrift des § 917 E I insgesamt zu streichen[110], kommt eine analoge Anwendung des § 970 BGB zugunsten der Behörde nicht in Betracht. Zu denken ist lediglich an einen öffentlich-rechtlichen Gebührenanspruch gegen den Empfangsberechtigten, der landesrechtlich geregelt sein muß.[111]

---

105 Protokolle, Band 3, 264.

106 Protokolle, Band 3, 271; heut für eine analoge Anwendung: RGRK-Pikart, 1979, § 971 Rdnr. 1; Staudinger-Gursky, 1979, § 971 Rdnr. 3.

107 § 917 E I: "In Ansehung des Ersatzes der von der Polzeibehörde zum Zwecke der Erhaltung und Verwahrung der Sache sowie zum Zwecke der Ermittlung des Verlierers und des Eigenthümers gemachten Aufwendungen finden die Vorschriften der §§ 914, 915 entsprechende Anwendung".

108 Protokolle, Band 3, 271.

109 Protokolle, Band 3, 271.

110 Protokolle, Band 3, 271.

111 Planck, 1902, § 970 Anm. 2; Hartmann, Recht 1913, 392 (395); RGRK-Johannsen, 1959, § 970 Anm. 3; RGRK-Pikart, 1979, § 967 Rdnr. 2; Staudinger-Gursky, 1979, § 970 Rdnr. 2; Erman-Hefermehl, 1989, § 970 Rdnr. 2.

b) Der Anspruch auf Finderlohn

Neben dem Anspruch auf Aufwendungsersatz gemäß § 970 BGB besteht das Recht des Finders, von dem Empfangsberechtigten einen Finderlohn verlangen zu können, § 971 BGB. Während heute an der inneren Rechtfertigung eines Finderlohnes nicht mehr gezweifelt wird und dieser zum einen als Belohnung für die Mühen des Finders, zum anderen als eine Art Ehrlichkeitsprämie für diesen verstanden wird[112], wurde bei der Entstehung des Gesetzes an diesem Recht des Finders scharfe Kritik geübt.[113] Gegen die Gewährung eines Finderlohnes wurde bei den Beratungen der Kommission eingewandt, daß es zwar durchaus Sitte und Anstand entspreche, den ehrlichen Finder für seine Mühen zu belohnen, doch handele es sich dabei um eine Anstandspflicht, die vom Gesetz nicht zu einer Rechtspflicht erhoben werden dürfe.[114] Damit übereinstimmend ist die Kritik Pfizers, daß es sich bei der Gewährung von Finderlohn um eine Verwechselung von Recht und Sitte handele.[115] Außerdem spreche gegen die Gewährung eines prozentual am Wert der Fundsache bemessenen Finderlohnes, daß hierdurch in der Praxis ungleiche und mit der Billigkeit nicht in Einklang stehende Ergebnisse erzielt werden könnten.[116] Denn "bei Sachen von verhältnismäßig geringem Werthe könne die Ermittelung des Verlierers bzw. des Eigenthümers unter Umständen mit weit größerer Mühewaltung verbunden sein als bei Sachen von hohem Werthe".[117] Vorgeschlagen wurde bei den Beratungen auch, den Anspruch auf Finderlohn nur dann zu gewähren, wenn der Finder den Eigentümer oder Verlierer der Fundsache nicht kenne.[118] Dies entspreche "dem alten deutschen Rechte und auch der Auffassung des Lebens"[119], da der Finder durch den Finderlohn für seine Mühen entlohnt werden solle. Habe der Finder

---

112 Palandt-Bassenge, 1991, § 971 Rdnr. 1; Müller, K., 1990, 840; Soergel-Mühl, 1989, § 971 Rdnr. 1; MünchKomm-Quack, 1986, § 971 Rdnr. 1; Eith, MDR 1981, 189 (189); RGRK-Pikart, 1979, § 971 Rdnr. 1; Staudinger-Gursky, 1979, § 971 Rdnr. 1; Weimar, JR 1962, 175 (175); de Swebussin, Der Personenverkehr 1959, 112 (112); so schon Planck, 1902, § 971 Anm. 1; RGRK-Hoffmann, 1910, § 971 Anm. 1; Neubecker, DJZ 1911, 144 (144).

113 Jakobs/Schubert, Beratungen des BGB, Sachenrecht 1, 722.

114 Protokolle, Band 3, 262; Jakobs/Schubert, Beratungen des BGB, Sachenrecht 1, 722.

115 G. Pfizer, Zusammenstellung der gutachtlichen Äußerungen zum E I, 1890, 185.

116 Protokolle, Band 3, 262; so auch Rieß, Zusammenstellung der gutachtlichen Äußerungen zum E I, 1890, 186.

117 Protokolle, Band 3, 262.

118 Protokolle, Band 3, 262, 263; Jakobs/Schubert, Beratungen des BGB, Sachenrecht 1, 722.

119 Protokolle, Band 3, 263.

jedoch keine Mühen bei der Ermittelung des Berechtigten gehabt, da er diesen kannte, stehe ihm auch keine Belohnung in Form des Finderlohnes zu.[120]

Trotz dieser Einwände wurde von der ersten Kommission jedoch mehrheitlich die uneingeschränkte Beibehaltung des Anspruchs auf Finderlohn erklärt.[121] Die Kritik am Institut des Finderlohnes könne im wesentlichen auf die Schwierigkeiten zurückgeführt werden, die dann bestünden, wenn man den Rechtsgrund für den Anspruch auf Finderlohn ermitteln wolle. Durch diese Schwierigkeiten dürfe der Gesetzgeber jedoch nicht davon abgehalten werden, den als solchen angemessenen Anspruch auf Finderlohn nicht vorzuschreiben.[122] Entscheidend für die Gewährung des Anspruchs auf Finderlohn spreche, daß dieser nicht nur in dem größten Teile des Reiches rechtlich anerkannt sei, sondern darüber hinaus auch der Rechtsanschauung des Volkes entspreche.[123] Ferner könne durch die Gewährung des Fundlohnes die Unterschlagung gefundener Sachen durch den Finder verhindert werden, indem der Finder zur Ehrlichkeit angespornt werde.[124] Damit sprächen auch erhebliche Gründe der praktischen Zweckmäßigkeit für einen Anspruch auf Finderlohn.[125] Aber auch innerlich sei ein Anspruch auf Fundgeld gerechtfertigt, da es sich bei dem Finden um eine Mühewaltung des Finders handele, die von diesem nicht unentgeltlich erwartet werden könne.[126] Angesichts dieser Erwägungen wurde insoweit von der Mehrheit der Kommission die Beibehaltung des Anspruchs auf Finderlohn bejaht.[127]

Bei der Ausgestaltung des Anspruchs wurde erwogen, daß es sich empfehle, "in dem Gesetzbuche eine Quote des Werthes der Sache" als Finderlohn festzusetzen.[128] Es wurden 5% Finderlohn bei den Fundsachen als ausreichend angesehen, deren Wert nicht den von

120 Protokolle, Band 3, 263.

121 Jakobs/Schubert, Beratungen des BGB, Sachenrecht 1, 723.

122 Jakobs/Schubert, Beratungen des BGB, Sachenrecht 1, 723.

123 Jakobs/Schubert, Beratungen des BGB, Sachenrecht 1, 723; Protokolle, Band 3, 263.

124 Protokolle, Band 3, 263.

125 Jakobs/Schubert, Beratungen des BGB, Sachenrecht 1, 723.

126 Protokolle, Band 3, 263.

127 Jakobs/Schubert, Beratungen des BGB, Sachenrecht 1, 723.

128 Jakobs/Schubert, Beratungen des BGB, Sachenrecht 1, 723.

300 Mark überschreitet. Betrage der Wert der Fundsache mehr als 300 Mark, so bestand Einigkeit darüber, daß der Finderlohn auf 1% festzusetzen sei.[129]

Mit dieser prozentualen Ausgestaltung des Finderlohnes wandte sich die Kommission gegen Anträge, die die Gewährung des Finderlohnes, wie auch in § 170 des TE Sachenrecht vorgesehen, in das Ermessen eines Richters stellen wollten.[130] Zu besorgen sei hierbei nämlich, "daß der Fundlohn in thatsächlich gleich liegenden Fällen sehr verschieden bemessen werden würde, jenachdem (ob) der Richter geneigt wäre, in dem Fundlohn nur eine Vergeltung der von dem Finder geleisteten Dienste oder zugleich auch einen Lohn für die Ehrlichkeit desselben zu sehen".[131] Die Kommission befürchtete, daß sich hieraus Rechtsunsicherheiten ergeben könnten und hielt es daher für empfehlenswerter, den Finderlohn prozentual zu bemessen. Dies sei zudem einfacher und praktikabler und erlaube es ferner, die Höhe des Finderlohnes von vornherein nach der Höhe des Wertes der Fundsache zu bestimmen.[132] So könne sich auch der Finder schon vorher die Höhe seines Lohnes errechnen, da von dieser auch seine Entscheidung, ob er sich der Fundsache annehmen wolle, abhängen könne.[133]

Gegen die prozentuale Festlegung eines Finderlohnes war eingewendet worden, daß bei einer solchen Regelung der Finder, der den Verlierer einer wertvollen Sache kenne, ohne große Mühen einen demgegenüber unverhältnismäßig hohen Finderlohn erhalten könne.[134] Man müsse sich - so die erst Kommission - dagegen jedoch auf den Standpunkt des Verlierers stellen: Danach sei der Nachteil, den der Verlierer dadurch erleide, einen gewissen Prozentsatz des Wertes der verlorenen Sache an den Finder abgeben zu müssen, verhältnismäßig klein, gemessen an dem Vorteil den er dadurch erhalte, die Sache wiedererlangt zu haben. Es sei auch nicht gerechtfertigt, den Finderlohn nur demjenigen zu gewähren, dem die Person des Berechtigten unbekannt gewesen sei, da es sich bei dem Finderlohn nicht nur um eine Entlohnung für die Mühe des Finders handele, sondern auch für dessen Ehrlich-

---

129 Jakobs/Schubert, Beratungen des BGB, Sachenrecht 1, 723.

130 Anträge 2 (Gottfried von Schmitt) und 3 (Karl Kurlbaum) zu § 170 des TE Sachenrecht: "Dieselbe (Vergütung = Fundlohn) ist bei mangelnder Einigung der Beteiligten von dem Gerichte nach Verhältniß des Werthes der Sache unter Berücksichtigung der Umstände festzusetzen."; Anträge abgedruckt bei Jakobs/Schubert, Beratungen des BGB, Sachenrecht 1, 722.

131 Jakobs/Schubert, Beratungen des BGB, Sachenrecht 1, 723.

132 Protokolle, Band 3, 263.

133 Protokolle, Band 3, 263.

134 Protokolle, Band 3, 263.

keit.[135] Daher wurde von der ersten Kommission mehrheitlich zum einen das Bestehen eines gesetzlichen Anspruchs auf Finderlohn, zum anderen dessen Bemessung nach dem Wert der verlorenen Sache beschlossen.[136] Lediglich bei Sachen, denen es an einem objektiven Wert fehle, könne die Bemessung des Finderlohnes in das Ermessen des Richters gestellt werden.[137] So sieht auch § 971 Abs. 1 S. 3 BGB vor, daß der Finderlohn nach billigem Ermessen zu bestimmen ist, bei den Sachen, die nur für den Empfangsberechtigten einen Wert haben. Zu denken ist dabei beispielsweise an private Briefe oder Andenken, denen es an einem objektiven Wert fehlt.

Die Vorschrift des § 971 BGB ist Teil der durch Gesetz vom 19. Juli 1976[138] geänderten Regelungen des Fundrechts. Danach beträgt der Finderlohn 5% bei Sachen, deren Wert 1000,- DM nicht überschreiten. Ist die Fundsache mehr als 1000,- DM wert, beträgt der Finderlohn 3% vom Wert der Fundsache. Ist ein Tier gefunden worden, so kann auch hierfür 3% Finderlohn vom Wert des Tieres verlangt werden. Damit ist der Finderlohn zum einen dadurch erhöht worden, daß die Wertgrenze, bis zu der 5% Finderlohn zu zahlen sind, von 300,- DM auf 1000,- DM angehoben wurde, zum anderen, indem der für Fundsachen von höherem Werte zu zahlende Prozentsatz von einem auf drei Prozent erhöht wurde. Die Vorschriften wurden geändert, um das Fundrecht den veränderten Lebensverhältnissen und den heutigen wirtschaftlichen Bedingungen anzupassen.[139]

Da sich die Höhe des Finderlohnes nach dem Wert der Sache bemißt, stellt sich zumindest bei Sachen von veränderlichem Wert - beispielsweise die tragende Stute, die bei Ermittlung des Eigentümers bereits gefohlt hat - die Frage, auf welchen Zeitpunkt bei der Berechnung des Finderlohnes abzustellen ist. Zum einen kann an den Zeitpunkt des Fundes gedacht werden, zum anderen an den Zeitpunkt, zu welchem die Fundsache an den Berechtigten herausgegeben wird. Das Gesetz gibt hierüber keine Auskunft. In der Literatur wird jedoch überwiegend auf den Zeitpunkt der Herausgabe an den Empfangsberechtigten abgestellt.[140] Nach dem Wert der Fundsache, den diese zu diesem Zeitpunkt habe, richte sich die pro-

---

135 Jakobs/Schubert, Beratungen des BGB, Sachenrecht 1, 723.

136 Jakobs/Schubert, Beratungen des BGB, Sachenrecht 1, 723.

137 Jakobs/Schubert, Beratungen des BGB, Sachenrecht 1, 722, 723.

138 BGBl. I, 1817, inkraft getreten am 1.11.1976.

139 BTDrucks 7/3559 (4, 5); vgl. dazu auch Bassenge, NJW 1976, 1486 (1486).

140 RGRK-Pikart, 1979, § 971 Rdnr. 1; Staudinger-Gursky, 1979, § 971 Rdnr. 1; Kunz, MDR 1986, 537 (538); MünchKomm-Quack, 1986, § 971 Rdnr. 5; Müller, K., 1990, 841; Palandt-Bassenge, 1991, § 971 Rdnr. 1; so auch schon Planck, 1902, § 971 Anm. 4.

zentuale Berechnung des Finderlohnes. Anderer Ansicht ist Delius.[141] Er stützt seine Argumentation auf den Hinweis in den Protokollen, daß der Finder *vor* seiner Entscheidung, ob er sich der Sache annehmen wolle, in der Lage sein müsse, die Höhe des Finderlohnes selbst zu bestimmen[142]. Daraus folgert Delius, daß dann nur der Zeitpunkt des Fundes selbst maßgeblich für die Berechnung des Finderlohns sein könne.[143] Dabei läßt Delius jedoch unbeachtet, daß die von ihm zitierte Aussage in den Protokollen sich nicht auf die Feststellung des Zeitpunktes, zu dem der Finderlohn zu berechnen ist, bezieht, sondern vielmehr die Erforderlichkeit des Finderlohnes schlechthin begründet.[144]

Die Argumentation Delius' überzeugt auch deshalb nicht, weil ein Finder, der in der Lage ist, den Wert der Sache beim Fund zu beurteilen, auch in der Lage sein wird, mögliche Wertveränderungen der Fundsache mit zu beurteilen. Sollte ein Finder daher, wie in den Protokollen vermutet wird, die Aufnahme der Fundsache tatsächlich von der Berechnung des Fundlohnes abhängig machen, so kann er dies auch, wenn sich der Finderlohn nach dem Wert der Sache bei der Herausgabe an den Berechtigten bemißt.[145] Darüber hinaus wäre der Finder in seinem Glauben an die Berechnung des Finderlohnes zum Zeitpunkt des Fundes auch nicht schutzwürdig, da es sich beim Finden nicht um eine geschäftliche Kalkulation handelt, sondern das Fundrecht primär den Schutz der verlorenen Sache bezweckt.[146]

Die von Delius aus den Protokollen gezogene Schlußfolgerung ist daher nicht zwingend. Sie ist aber insbesondere deshalb abzulehnen, da unter Zugrundelegung des Zeitpunktes der Herausgabe an den Berechtigten zur Berechnung des Finderlohnes interessengerechtere Ergebnisse zu erzielen sind: Wegen der Interessen des Berechtigten, die verlorene Sache in einem ordnungsgemäßen Zustand zurückzuerhalten, erscheint es angemessen, diesen prozentual soviel Finderlohn bezahlen zu lassen, wie es dem Wert der zurückerhaltenen Sache entspricht. Unbillig wäre es, den Wert, den die Sache einstmals besaß, zugrundezulegen. Diese Auffassung überzeugt insbesondere dann, wenn die Verschlechterung aufgrund eines fahrlässigen Verhaltens des Finders eingetreten ist, das dieser gemäß § 968 BGB nicht zu

---

141 Delius, PrVerwBl. 1899, 337 (339); vgl. auch Helmreich, BayZ 1912, 254 (254).

142 Protokolle, Band 3, 263.

143 Delius, PrVerwBl. 1899, 337 (339).

144 Protokolle, Band 3, 263.

145 Protokolle, Band 3, 263.

146 Krusch, 148 (1943), 282 (297); zustimmend Derday, jur. Diss. 1978, 68, 69.

vertreten hat.[147] Zu berücksichtigen ist aber auch die Möglichkeit, daß sich der Wert der Sache - möglicherweise auch aufgrund der guten Behandlung durch den Finder - seit dem Zeitpunkt des Fundes erhöht hat. Auch hierbei wäre es im Interesse des Finders unbillig, der Berechnung des Finderlohnes den Zeitpunkt des Fundes zugrundezulegen. Dem Berechtigten kämen so uneingeschränkt die Vorteile des Wertzuwachses zugute, ohne daß der Finder hieran prozentual beteiligt werden müßte.

Betrachtet man nun zum einen den Schutzzweck des Fundrechts, dem Berechtigten die verlorene Sache zu erhalten[148], und zum anderen den Sinn des Finderlohnes, den Finder für seine Mühen zu entlohnen[149], so wird diesen nur entsprochen, wenn sich der Fundlohn nach dem späteren Zeitpunkt, nämlich der Rückgabe der Sache berechnet. Denn so wird der Finder zusätzlich zu seinen Pflichten zu einer sorgfältigen Behandlung der Fundsache angehalten und letztlich auch dafür entlohnt. Mit der überwiegend in der Literatur vertretenen Auffassung ist daher für die Berechnung des Fundlohnes der Zeitpunkt der Herausgabe an den Berechtigten zugrundezulegen.[150]

Zu untersuchen bleibt die Frage, unter welchen Voraussetzungen der Anspruch des Finders auf Finderlohn ausgeschlossen ist. Hierzu regelt § 971 BGB, daß der Finder diesen Anspruch verliert, wenn er entweder die Anzeigepflicht gemäß § 965 BGB verletzt oder den Fund auf Nachfrage verheimlicht hat. Eine Verletzung der Anzeigepflicht besteht dann, wenn der Finder den Fund nicht rechtzeitig oder nicht vollständig angezeigt hat. Vorausgesetzt wird hierbei, daß der Finder im Sinne von § 968 BGB schuldhaft, also vorsätzlich oder grob fahrlässig gehandelt hat.[151] Die Pflichtverletzung eines minderjährigen Finders ist gemäß § 276 Abs. 1 S. 3 BGB nur dann schuldhaft, wenn dieser überhaupt nach den

147 S. unten III., 1.

148 Jakobs/Schubert, Beratungen des BGB, Sachenrecht 1, 708; Motive, Band 3, 375, 376; Denkschrift zum Entwurf eines Bürgerlichen Gesetzbuchs, 1896, 133, 134.

149 Jakobs/Schubert, Beratungen des BGB, Sachenrecht 1, 723; Protokolle, Band 3, 263; Motive, Band 3, 381.

150 So schon Krusch, AcP 148 (1943), 282 (297); Derday, jur. Diss. 1978, 68, 69.

151 Dernburg, 1901, 337; Planck, 1902, § 971 Anm. 5 a; Biermann, 1914, § 971 Anm. 5; Feldberg, jur. Diss. 1918, 67, 68; Wolff/Raiser, 1957, 309; RGRK-Pikart, 1979, § 971 Rdnr. 6; Staudinger-Gursky, 1979, § 971 Rdnr. 4; Palandt-Bassenge, 1990, § 971 Anm. 1.

§§ 827, 828 BGB schuldfähig ist.[152] Der Anspruch des Finders auf Finderlohn ist ferner dann ausgeschlossen, wenn der Fund vom Finder auf Nachfrage verheimlicht worden ist.[153]

c) Das Zurückbehaltungsrecht des Finders

Der Finder kann gemäß der §§ 970, 971 BGB den Ersatz seiner Aufwendungen und die Zahlung von Finderlohn verlangen. Diese Ansprüche gegen den Empfangsberechtigten sind jedoch zunächst nicht selbständig einklagbar. Zur Sicherung der Ansprüche sieht das Gesetz lediglich ein Zurückbehaltungsrecht des Finders gemäß § 972 BGB in Verbindung mit §§ 1000 bis 1002 BGB vor.

Hier stellt sich die Frage, warum die Rechte des Finders mit einem Zurückbehaltungsrecht ausgestattet wurden. Noch im E I war die Rechtstellung des Finders wesentlich ungünstiger ausgestaltet. Danach stand dem Finder wegen seiner Ansprüche auf Aufwendungsersatz und Finderlohn "nur das Recht zu, die Sache bis zu seiner Befriedigung zurückzubehalten. Hat er jedoch bei Herausgabe der Sache dem Empfänger erklärt, daß er sich die Ansprüche vorbehalte, so haftet ihm der Empfänger wegen derselben persönlich."[154] Danach hätte der Finder nach Rückgabe der Sache seine Ansprüche nur dann geltend machen können, wenn er sich vorsichtigerweise bei der Rückgabe seine Ansprüche vorbehalten hätte. Mit der Entgegennahme der Sache durch den Empfangsberechtigten sollten die vom Finder vorbehaltenen Ansprüche als stillschweigend genehmigt gelten. Erst durch diese Genehmigung konnten die Forderungen des Finders zu einklagbaren Ansprüchen werden, vorausgesetzt, daß der Finder vorsichtig genug war, sich bei der Rückgabe der Sache seine Rechte vorzubehalten.[155]

Diese Regelung wurde durch die Vorschrift des § 887 E II abgelöst, die dem heutigen § 972 BGB entspricht.[156] Danach finden auf die Ansprüche des Finders die für die Ansprüche des Besitzers gegen den Eigentümer wegen Verwendungen geltenden Vorschriften der §§ 1000-

152 Vgl. oben 2. Kapitel, II., 3.; unten III., 1.

153 Vgl. Ausschlußgrund beim Eigentumserwerb; 4. Kapitel, I., 2., d).

154 § 915 S. 1, 2 E I; vgl. Jakobs/Schubert, Beratungen des BGB, Sachenrecht 1, 734.

155 Motive, Band 3, 379, 380.

156 Jakobs/Schubert, Beratungen des BGB, Sachenrecht 1, 735.

1002 BGB entsprechende Anwendung. Der Finder erhält damit ein Klagerecht, auch ohne sich bestimmte Ansprüche gegenüber dem Empfangsberechtigten vorbehalten zu haben.[157]

Jedoch ist die Geltendmachung der Ansprüche durch § 972 BGB, der auf die Regelungen des Eigentümer-Besitzer-Verhältnisses verweist und deren entsprechende Anwendung vorsieht, kompliziert geworden. Dies läßt sich nur mit dem Bemühen des Gesetzgebers erklären, die Interessen der Beteiligten gegeneinander abzuwägen, also sowohl dem Finder als auch dem Empfangsberechtigten gerecht zu werden.[158] Man ging davon aus, daß der Finder nur vor Rückgabe der Fundsache hinsichtlich seiner Ansprüche gegen den Empfangsberechtigten durch ein Zurückbehaltungsrecht an der Fundsache ausreichend geschützt werde.[159] Mit Aushändigung der Fundsache werde der Finder jedoch schutzbedürftig. Es sei daher nicht angezeigt, dem Finder nach Aushändigung der Fundsache nur dann einen persönlichen Anspruch gegen den Empfangsberechtigten zu gewähren, wenn sich dieser seine Ansprüche gegen den Berechtigten vorbehalten habe, da ein solcher Vorbehalt erfahrungsgemäß nur von rechts- bzw. geschäftskundigen Findern gemacht werde.[160] Ein unerfahrener Finder werde in aller Regel seine Ansprüche weder durch die Ausübung des Zurückbehaltungsrechts sichern, noch an einen entsprechenden Vorbehalt denken. Diesen realen Verhältnissen müsse der Gesetzgeber Rechnung tragen. Mit der vorbehaltlosen Aushändigung der Fundsache dürfe daher nicht schlechthin der Verlust der Ansprüche des Finders verknüpft werden.[161]

Neben dem Schutz der Interessen des Finders wurde von der zweiten Kommission aber auch der Schutz des Empfangsberechtigten berücksichtigt.[162] Dieser sei insbesondere vor der Belastung durch übermäßig hohe Aufwendungen des Finders zu schützen. Während der Empfänger einerseits wohl wissen müsse, daß er dem Finder die Aufwendungen zu ersetzen und den Finderlohn zu zahlen habe, habe er andererseits aber auch die Möglichkeit, sich vor der Annahme der Fundsache nach den Ansprüchen des Finders zu erkundigen. Von deren Höhe könne der Empfangsberechtigte dann seine Entscheidung, die Fundsache anzunehmen oder diese dem Finder zu überlassen, abhängig machen. Hierdurch werde auch der

---

157 Vgl. Protokolle, Band 3, 266.

158 Vgl. Denkschrift zum Entwurf eines Bürgerlichen Gesetzbuchs, 1896, 133, 134.

159 Protokolle, Band 3, 266.

160 Protokolle, Band 3, 267.

161 Protokolle, Band 3, 267; vgl. auch Motive, Band 3, 381.

162 Jakobs/Schubert, Beratungen des BGB, Sachenrecht 1, 735.

Empfangsberechtigte ausreichend geschützt, da er sich so von den möglicherweise überhöhten Ansprüchen des Finders befreien könnte, indem er diesem die Fundsache überlasse.[163] Dieses Rückgaberecht müsse dem Empfangsberechtigten auch noch nach Entgegennahme der Sache zuerkannt werden, solange dieser die später geltend gemachten Finderrechte nicht genehmigt habe.[164] Weiterhin hätten beide Parteien ein Interesse an der Beseitigung des entstandenen Schwebezustandes. Zudem entspreche es der Natur der betreffenden Ansprüche, den Finder an die Einhaltung einer kurz zu bemessenden Präklusivfrist zu binden, falls er nicht nachweise, sich die Ansprüche vorbehalten zu haben. Der Kommission schien es angemessen, diese Frist auf vier Wochen bzw. einem Monat zu bemessen.[165]

Auf dem Hintergrund dieser Überlegungen regelt das Gesetz in § 972 BGB, daß sich die Geltendmachung der zwischen dem Finder und dem Berechtigten bestehenden Ansprüche nach den Vorschriften der §§ 1000-1002 BGB bestimmt. Im einzelnen gilt folgendes: Vor der Herausgabe der Fundsache an den Berechtigten kann der Finder keine Rechte geltend machen. Er ist durch das Zurückbehaltungsrecht ausreichend geschützt. Der Schutz des Empfangsberechtigten besteht darin, daß sich dieser von den Ansprüchen des Finders befreien kann, indem er diesem die Fundsache überläßt, § 1001 S. 2 BGB.[166]

Nach Herausgabe der Fundsache steht dem Finder ein Klagerecht zu. Vorausgesetzt wird hierfür, daß der Empfangsberechtigte entweder in den unmittelbaren Besitz der Sache gelangt ist oder daß er die Ansprüche des Finders genehmigt hat. Auf welche Weise der Empfangsberechtigte den Besitz erlangt hat, ist dabei gleichgültig. Denkbar ist, daß der Berechtigte den Besitz an der Sache ohne ein Zutun des Finders erlangt hat, so daß für den Finder auch nicht die Möglichkeit bestand, sich seine Ansprüche vorzubehalten. In diesem Fall ist daher das Klagerecht des Finders an keine Frist gebunden.[167] Für den Empfangsberechtigten besteht aber auch hier die Möglichkeit, sich von den - noch nicht genehmigten - Ansprüchen zu befreien, indem er dem Finder die Sache überläßt; §§ 1002 Abs. 1, 1001 S. 2 BGB.

---

163 Protokolle, Band 3, 267.

164 Vgl. hierzu Protokolle, Band 3, 267, 268.

165 Protokolle, Band 3, 267; Jakobs/Schubert, Beratungen des BGB, Sachenrecht 1, 735.

166 Palandt-Bassenge, 1992, § 1001 Rdnr. 5.

167 Staudinger-Gursky, 1979, § 972 Rdnr. 1.

Hat der Empfangsberechtigte dagegen den Besitz an der Fundsache nach deren Herausgabe durch den Finder erhalten, so kommt es darauf an, ob sich der Finder bei der Herausgabe seine Ansprüche vorbehalten hat.[168] Hat er dies getan und der Empfangsberechtigte die Sache entgegengenommen, so gelten die Ansprüche des Finders als vom Empfangsberechtigten genehmigt, § 1001, S. 3 BGB. Danach kann sich der Empfangsberechtigte davon nicht mehr durch Überlassung der Fundsache an den Finder befreien, § 1002 Abs. 1 BGB.[169]

Hat es der Finder demgegenüber bei der Herausgabe versäumt, sich seine Ansprüche vorzubehalten, so wird die Genehmigung der Ansprüche nicht vermutet. Folgerichtig kann der Empfangsberechtigte dann auch noch die Ansprüche des Finders zurückweisen, indem er diesem die Fundsache überläßt. Auch eine entsprechende Klage des Finders kann so vom Empfangsberechtigten zur Abweisung gebracht werden. Das Klagerecht des Finders entsteht mit Herausgabe der Sache an den Berechtigten und erlischt mit Ablauf eines Monats, sofern der Finder die Ansprüche nicht entweder gerichtlich geltend gemacht hat oder diese vom Empfangsberechtigten genehmigt worden sind, § 1002 Abs. 1 BGB.[170]

III. Die Konkurrenz von Fundrecht zum Recht der Geschäftsführung ohne Auftrag

Zur Konkurrenz der Regelungen des gesetzlichen Schuldverhältnisses aus Fund zu denen des gesetzlichen Schuldverhältnisses der Geschäftsführung ohne Auftrag werden wohl alle denkbaren Ansichten vertreten. Teilweise wird der Finder direkt als negotiorum gestor[171] und das Finden als Geschäftsführung ohne Auftrag[172] oder zumindest als besonderer Fall der Geschäftsführung ohne Auftrag bezeichnet.[173] Daher seien die Regelungen der Ge-

---

168 Vgl. Protokolle, Band 3, 267.

169 Das Klagerecht des Finders ist an die ordentliche Verjährungsfrist gebunden; Staudinger-Gursky, 1979, § 972 Rdnr. 2.

170 Vgl. auch Staudinger-Gursky, 1979, Rdnr. 1.

171 OLG Hamburg, OLGE 8, 112 (113); Sieveking, jur. Diss. 1896, 18, 19; Igen, jur. Diss. 1898, 35.

172 Isan, 1900, 279; Mohr, jur Diss. 1901, 22, 23; Behrend, jur. Diss. 1903, 31; Springmann, jur. Diss. 1906, 48, 50; Strauß, jur. Diss. 1908, 36; Biermann, 1914, § 965 Anm. 5, 3; Wiefels, 1977, 71; Thoma/Krause, 1981, 69.

173 Riemer, jur. Diss. 1901, 59; Müller, E., jur. Diss. 1904, 34; Westermann, H., 1966, 284; Köbl, 1971, 196; Weimar, JR 1977, 498 (498).

schäftsführung ohne Auftrag im Fundrecht direkt zu dessen Ergänzung anwendbar.[174] Andere Autoren wollen die Vorschriften der Geschäftsführung ohne Auftrag analog anwenden[175], wieder andere Autoren meinen, ein Zurückgehen auf Regelungen der Geschäftsführung ohne Auftrag sei möglich, aber nicht nötig.[176] Teilweise wird angenommen, die Vorschriften des Fundrechts verhielten sich zu denen der Geschäftsführung ohne Auftrag wie lex specialis zu lex generalis.[177] Vertreten wird auch, daß beim Finden keine Geschäftsbesorgung vorliege, so daß das Recht der Geschäftsführung ohne Auftrag im Fundrecht nicht angewendet werden könne.[178] Andere Autoren halten zwar die Voraussetzungen der Geschäftsführung ohne Auftrag im Fundrecht für nicht erfüllt, erklären aber die Anwendbarkeit der Regelungen der Geschäftsführung ohne Auftrag im Fundrecht gleichwohl für unbedenklich.[179]

In der Rechtsprechung ist hierzu nur das bereits erwähnte Urteil des OLG Hamburg zu nennen.[180] Danach besorgt der Finder unbeauftragt und ohne besondere Berechtigung das Geschäft eines anderen, handelt also als Geschäftsführer ohne Auftrag. Das OLG Hamburg weist sogar noch darauf hin, daß vom Gesetzgeber die Entscheidung dieser Frage bewußt offengelassen wurde[181], meint aber, daß die Frage unbedenklich zu bejahen sei, zumal sie im übrigen auch in der Literatur bejaht werde.[182]

Die Aufzählung der verschiedenen zum Verhältnis von Fundrecht und dem Recht der Geschäftsführung ohne Auftrag vertretenen Ansichten zeigen schon, daß der Finder, anders als

---

174 Buhl, jur. Diss. 1901, 52; Dernburg, 1901, 335; Riemer, jur. Diss. 1901, 60; Planck, 1902, vor § 965 Anm. 2; Behrend, jur. Diss. 1903, 30; Chaffak, jur. Diss. 1903, 27; Stein, jur. Diss. 1903, 14; Müller, E., jur. Diss. 1904, 35; Crome, 1905, 385 mit Anm. 16; Springmann, jur. Diss. 1906, 51; Heilfron/Pick, 1907, 428; Manigk, 1907, 673; Biermann, 1914, § 965 Anm. 3; Wolff, 1923, 253; Wiefels, 1977, 71; RGRK-Pikart, 1979, § 965 Rdnr. 1.

175 Endemann, 1900, 343 mit Anm. 3; Meisner, 1901, § 965 Anm. 3; Stein, jur. Diss. 1903, 29; Strauß, jur. Diss. 1908, 37; Staudinger-Seufert, 1956, § 968; Palandt-Hoche, 1964, § 968 Anm. 1; Grasmann, 1971, 180; Derday,jur. Diss. 1978, 19.

176 Dolezych, jur. Diss. 1901, 27.

177 Köbl, 1971, 96 ff.

178 Jhering, 1889, 422; Bernhöft, 1908, 22.

179 Krusch, AcP 148 (1943), 282 (283); Derday, jur. Diss. 1978, 19.

180 OLG Hamburg OLGE 8, 112 ff.

181 Das OLG Hamburg verweist auf Motive, Band 3, 376.

182 OLG Hamburg OLGE 8, 112 (113).

vom OLG Hamburg angenommen, nicht unbedenklich als Geschäftsführer ohne Auftrag angesehen werden kann. Eine Auseinandersetzung mit dieser Frage, zu der auch die vom Gesetzgeber nicht nur in den Motiven zum E I geäußerten Bedenken Anlaß geben[183], findet sich aber auch in der Literatur nur vereinzelt. Offen bleibt zum Teil sogar die Frage danach, warum eine Anwendbarkeit von Normen der Geschäftsführung ohne Auftrag im Fundrecht von manchen Autoren vertreten wird.[184]

Häufig wird allerdings die Anwendbarkeit von Regelungen der Geschäftsführung ohne Auftrag im Fundrecht damit begründet, daß nur so die Haftungsbegrenzung geschäftsunfähiger oder beschränkt geschäftsfähiger Finder erreicht werden könnte.[185] Letztlich geht es den Autoren darum, § 682 BGB im Fundrecht anzuwenden. Ob es dieser Vorschrift zur Haftungsbegrenzung bedarf, wird von den Autoren ganz überwiegend nicht geprüft.

Nach § 682 BGB ist der Geschäftsführer, der geschäftsunfähig oder in der Geschäftsfähigkeit beschränkt ist, nur nach den Vorschriften über den Schadensersatz wegen unerlaubter Handlungen und über die Herausgabe einer ungerechtfertigten Bereicherung verantwortlich. Eine dem entsprechende Vorschrift ist in den §§ 965-984 BGB nicht enthalten. Daher wird es von vielen Autoren für erforderlich gehalten, § 682 BGB zur Ergänzung des Fundrechts heranzuziehen. Die Frage nach einer direkten oder analogen Anwendung von § 682 BGB tritt dabei hinter dem von den Autoren verfolgten Zweck, die Haftung geschäftsunfähiger oder beschränkt geschäftsfähiger Finder zu begrenzen, zurück. Dabei unterbleibt aber nicht nur eine Auseinandersetzung mit den bereits vom Gesetzgeber aufgezeigten Bedenken.[186] Es wird auch auf die Auseinandersetzung mit den von der eigenen Auffassung abweichenden anderen Ansichten verzichtet.[187] Dies führt sogar dazu, daß gelegentlich innerhalb der gleichen Kommentierung zum BGB zugleich eine analoge Anwendung, und die direkte An-

---

183 Jakobs/Schubert, Vorentwürfe der Redaktoren zum BGB, Sachenrecht 1, 856; Motive, Band 3, 376; Jakobs/Schubert, Beratungen des BGB, Sachenrecht 1, 707, 723.

184 Sieveking. jur Diss. 1896, 18; Igen, jur. Diss. 1898, 36, 42; Dernburg, 1901, 335.

185 Wohl erstmals bei Staudinger-Kober, 1898, § 965 Anm. 3, § 968; so auch Buhl, jur. Diss. 1901, 52; Dernburg, 1901, 335; Riemer, jur. Diss. 1901, 60; Planck, 1902, vor § 965 Anm. 2; Behrend, jur. Diss. 1903, 30; Chaffak, jur. Diss. 1903, 27; Stein, jur. Diss. 1903, 14; Müller, E., jur. Diss. 1904, 35; Springmann, jur. Diss. 1906, 51; Heilfron/Pick, 1907, 428; Manigk, 1907, 673; Biermann, 1914, § 965 Anm. 3; Wolff, 1923, 253; RGRK-Pikart, 1979, § 965 Rdnr. 1.

186 Motive, Band 3, 376.

187 Anders Bernhöft, 1908, 21 ff., Feldberg, jur. Diss. 1918, 23 ff., 55 ff. und Haase, jur. Diss. 1919, 11 ff., deren Auffassungen im Folgenden eingehend untersucht werden.

wendbarkeit von § 682 BGB im Fundrecht vertreten werden.[188] Vor allem bemerkenswert ist aber letztlich die Tatsache, daß den Autoren, die auf die Untersuchung der Frage nach dem Verhältnis von Fundrecht und dem Recht der Geschäftsführung ohne Auftrag und deren Anwendbarkeit verzichten, damit auch der Blick auf andere im Gesetz ausdrücklich vorgesehene Möglichkeiten der Haftungsbegrenzung geschäftsunfähiger oder beschränkt geschäftsfähiger Finder verstellt ist. Denn es bedarf weder einer analogen noch einer direkten Anwendung von § 682 BGB, um die angestrebte Haftungsbegrenzung für geschäftsunfähige oder beschränkt geschäftsfähige Finder zu erreichen.[189]

Im Folgenden wird erstens die gesetzgeberische Konzeption der Haftung des Finders nach § 968 BGB untersucht. Hieran schließt sich zweitens die Behandlung des Verhältnisses von Fundrecht und Geschäftsführung ohne Auftrag in der Entstehungsgeschichte des BGB. Drittens werden die zunächst so verschieden erscheinenden Ansichten in der Literatur analysiert. Dabei wird auch gezeigt, daß sich im Wesentlichen nur drei voneinander abweichende Auffassungen zur Frage des Verhältnisses von Fundrecht und Geschäftsführung ohne Auftrag gebildet haben. Daran an schließt sich viertens der Vorschlag, die Haftung geschäftsunfähiger oder beschränkt geschäftsfähiger Finder nach Maßgabe der §§ 827, 828 BGB zu begrenzen.

1. Die Haftung des Finders gemäß § 968 BGB

Grundsätzlich ist die Haftung jedes Finders gemäß § 968 BGB auf Vorsatz und grobe Fahrlässigkeit beschränkt. Dabei hielt es die erste Kommission für angemessen, "die Haftung des Finders in gleicher Weise zu regeln wie die Haftung desjenigen, welcher zur Abwendung einer einem Anderen drohenden Gefahr dessen Geschäft freiwillig besorge".[190] Diese Haftungsbegrenzung bezieht sich auf alle Pflichten des Finders, also auf die Anzeigepflicht gemäß § 965 BGB ebenso wie auf die Verwahrungs- und Erhaltungspflicht gemäß § 966 BGB und die Ablieferungspflicht gemäß § 967 BGB.[191]

---

188 Staudinger-Seufert, 1956, § 968 im Widerspruch zu § 965 Rdnr. 23; RGRK-Pikart, 1979, § 968 Rdnr. 4 im Widerspruch zu § 965 Rdnr. 1; MünchKomm-Quack, § 968 Rdnr. 2 im Widerspruch zu § 965 Rdnr. 17; Palandt-Bassenge, 1991, § 968 Rdnr. 1 im Widerspruch zur vor § 965 Rdnr. 2 und in einem weiteren Widerspruch zu Palandt-Thomas 1990, vor § 677 Rdnr. Anm. 4.

189 S. im einzelnen dazu unten 4.; vgl. auch oben 2. Kapitel, II., 3.

190 Protokolle, Band 3, 259.

191 Staudinger-Gursky, 1979, § 968 Rdnr. 1; vgl. im übrigen oben II., 1., a)-c).

Auch bei der Prüfung desjenigen, der von dem Finder die Fundsache gemäß § 969 BGB herausverlangt, hat der Finder nur Vorsatz und grobe Fahrlässigkeit zu vertreten.[192] Ebenfalls eingeschränkt haftet der Finder über § 278 BGB für das Verschulden seiner Erfüllungsgehilfen oder des gesetzlichen Vertreters.[193]

Eine besondere Haftungsbeschränkung geschäftsunfähiger oder beschränkt geschäftsfähiger Finder, wie sie § 682 BGB für geschäftsunfähige oder in der Geschäftsfähigkeit beschränkte Geschäftsführer vorsieht, enthält das Fundrecht nicht. Der geschäftsunfähige oder beschränkt geschäftsfähige Geschäftsführer ist gemäß § 682 BGB nur nach den Vorschriften über den Schadensersatz wegen unerlaubter Handlungen und über die Herausgabe einer ungerechtfertigten Bereicherung verantwortlich. Demgegenüber ist der minderjährige Finder in seiner Haftung lediglich auf vorsätzliches und grob fahrlässiges Verhalten beschränkt, § 968 BGB. Käme danach im Falle einer Pflichtverletzung durch einen minderjährigen Finder allein Fundrecht zur Anwendung, würde der minderjährige Finder - auf den ersten Blick - haften wie auch ein volljähriger. Zur Vermeidung dieser Konsequenz wird hier von der Literatur häufig eine Gesetzeslücke festgestellt, die durch eine gegebenenfalls analoge Anwendung des § 682 BGB geschlossen werden müsse.[194] Dann würde ein minderjähriger Finder so haften wie ein minderjähriger Geschäftsführer, also nach §§ 823 ff. BGB, insbesondere nach den §§ 827 bis 829 BGB und §§ 812 ff. BGB.

2. *Die Konkurrenz von Fundrecht und Geschäftsführung ohne Auftrag bei Entstehung des BGB*

Die oben wiedergegebene Ansicht setzt freilich voraus, daß der TE Sachenrecht des zuständigen Redaktors Reinhold Johow in § 165 vorsah, die Regelungen des Fundrechts zumin-

---

192 LG Frankfurt, Urteil vom 28.10.1955, NJW 1956, 873 (874).

193 LG Frankfurt, NJW 1956, 873 (874); Staudinger-Gursky, 1979, § 968 Rdnr. 1.

194 Buhl, jur. Diss. 1901, 52; Dernburg, 1901, 335; Riemer,jur. Diss. 1901, 60; Planck, 1902, vor § 965 Anm. 2; Behrend, jur. Diss. 1903, 30; Chaffak, jur. Diss. 1903,27; Stein, jur. Diss. 1903, 14; Müller, E., jur. Diss. 1904, 35; Springmann, jur. Diss. 1906, 51; Heilfron/Pick, 1907, 428; Manigk, 1907, 673; Biermann, 1914, § 965 Anm. 3; Wolff, 1923, 253; Staudinger-Seufert, 1956, § 968 im Widerspruch zu § 965 Rdnr. 23; RGRK-Pikart, 1979, § 968 Rdnr. 4 im Widerspruch zu § 965 Rdnr. 1; MünchKomm-Quack, § 968 Rdnr. 2 im Widerspruch zu § 965 Rdnr. 17; Palandt-Bassenge, 1991, § 968 Rdnr. 1 im Widerspruch zur vor § 965 Rdnr. 2.

dest teilweise denjenigen der Geschäftsführung ohne Auftrag zu unterstellen.[195] § 165 TE Sachenrecht lautet:

"Wer eine verlorene oder sonst abhanden gekommene fremde Sache in seinen Gewahrsam nimmt, wird hierdurch dem Eigenthümer für die in Ansehung der Sache und zur Ermittlung und Benachrichtigung des Eigenthümers erforderlichen Maßnahmen haftbar, und zwar nach Maßgabe der Bestimmungen über die Geschäftsführung ohne Auftrag".[196]

Johow war der Ansicht, daß die Besitznahme der verlorenen Sache durch den Finder einen normalen Fall der Geschäftsführung bilde, da der Geschäftsführer in der Absicht tätig werde, dem Geschäftsherrn einen Dienst zu erweisen. Das Geschäft dem sich der Finder unterziehe, bestehe seinem Inhalt nach darin, die Sache an den Eigentümer zurückzuführen und die hierfür erforderlichen Maßnahmen zu treffen. Die Klarheit des Gesetzes mache es erforderlich, daß die normale Charakteristik des Schuldverhältnisses vorangestellt werde und sodann die Besonderheiten in diesen Rahmen eingefügt würden - auch wenn sich nach Art des Schuldgrundes und Inhalt der Verpflichtungen die Anwendbarkeit der Regelungen über die Geschäftsführung von selbst verstünde.[197]

Hierzu beantragte Gottfried von Schmitt, die Vorschrift dahingehend zu ändern, daß der Finder grundsätzlich nach den Vorschriften der Geschäftsführung ohne Auftrag berechtigt und verpflichtet würde, soweit in den nachfolgenden Paragraphen nichts Anderes bestimmt werde.[198] Ähnlich lautet der Antrag Karl Kurlbaums, der ebenfalls eine generelle Vorschrift vorschlug, nach der "der Finder gegenüber dem Eigenthümer oder Verlierer der Sache wie ein Geschäftsführer ohne Auftrag verpflichtet und berechtigt" ist.[199]

Diese Anträge wurden von der ersten Kommission insoweit abgelehnt, als sie vorschlugen, das Rechtsverhältnis des Finders zum Empfangsberechtigten den Regelungen der Geschäftsführung ohne Auftrag zu unterstellen.[200] Die erste Kommission war der Auffassung, daß in dem § 165 TE Sachenrecht und den dazu gestellten Anträgen von Schmitts und Kurlbaums

---

195 Vgl. Jakobs/Schubert, Vorentwürfe der Redaktoren des BGB, Sachenrecht 1, 856.

196 Jakobs/Schubert, Beratungen des BGB, Sachenrecht 1, 706.

197 Jakobs/Schubert, Vorentwürfe der Redaktoren zum BGB, Sachenrecht 1, 856.

198 Vgl. Jakobs/Schubert, Beratungen des BGB, Sachenrecht 1, 706.

199 Anträge bei Jakobs/Schubert, Beratungen des BGB, Sachenrecht 1, 706.

200 Jakobs/Schubert, Beratungen des BGB, Sachenrecht 1, 706.

zweifelhaft bleibe, wie eine prinzipielle Vorschrift, nach der der Finder als negotiorum gestor zu behandeln sei, verstanden werden müsse: Denkbar sei zum einen, die Vorschrift dahin zu verstehen, daß der Finder deshalb negotiorum gestor sei, weil die allgemeinen Grundsätze der Geschäftsführung ohne Auftrag bei ihm zuträfen, diese Grundsätze also anwendbar seien, sofern nicht etwas anderes bestimmt werde. Bei diesem Verständnis der Vorschrift erscheine sie einerseits überflüssig, andererseits aber auch unangemessen, da das Gesetz die Konsequenzen der allgemeinen Rechtsgrundsätze nicht zu ziehen habe.[201] Zum anderen könne die Vorschrift aber auch so verstanden werden, daß der Finder, unabhängig davon, ob er nach den allgemeinen Vorschriften als Geschäftsführer ohne Auftrag erscheine oder nicht, als solcher zu behandeln sei.[202] Dann nähme die Vorschrift einen positiven Charakter an. Damit seien aber Bedenken verbunden, da nicht einleuchten würde, warum der Finder, der nach den allgemeinen Grundsätzen nicht negotiorum gestor sei, gleichwohl als solcher beurteilt werden solle. Insbesondere aber würde das Gesetz durch die Aufnahme einer solchen prinzipiellen Vorschrift im einen oder anderen Sinn an einer bestimmten Ungewißheit leiden, die die Anwendung des Gesetzes erschweren und so zu manchen Zweifeln führen würde. Zudem sei erfahrungsgemäß auch die Anwendung der Regelungen über die Geschäftsführung ohne Auftrag stets mit praktischen Schwierigkeiten verbunden.[203]

Deshalb hielt es die erste Kommission ausdrücklich für angemessen, die Pflichten und Rechte des Finders im einzelnen näher zu bestimmen. Dies habe außerdem den Vorteil, daß der Finder nicht im Ungewissen sei, wie weit seine Rechte und Pflichten reichten. Fehlte es hier an klaren Rechtsnormen, sähe sich der Finder auf einige spezielle Regelungen und daneben auf die Vorschriften der Geschäftsführung ohne Auftrag verwiesen. Daher sei zu besorgen, daß viele Menschen Bedenken haben könnten, verlorene Sachen an sich zu nehmen.[204] Das aber liefe dem mit dem Fundrecht verfolgten Zweck zuwider.[205]

Gleichwohl könne jedoch der Standpunkt der negotiorum gestio als "legislatives Motiv" verwertet werden. Außerdem weist die erste Kommission ausdrücklich darauf hin, daß auf die Rechtsnormen der negotiorum gestio dann zurückgegriffen werden könne, sofern "die Umstände des Falls alle Voraussetzungen der Geschäftsführung ohne Auftrag ergeben".[206]

---

201 Jakobs/Schubert, Beratungen des BGB, Sachenrecht 1, 706; Motive, Band 3, 376.

202 Jakobs/Schubert, Beratungen des BGB, Sachenrecht 1, 707.

203 Jakobs/Schubert, Beratungen des BGB, Sachenrecht 1, 707; Motive, Band 3, 376.

204 Jakobs/Schubert, Beratungen des BGB, Sachenrecht 1, 707; Motive, Band 3, 376.

205 Dazu auch Jakobs/Schubert, Beratungen des BGB, Sachenrecht 1, 708; Motive, Band 3, 375, 376.

206 Jakobs/Schubert, Beratungen des BGB, Sachenrecht 1, 707.

Damit hat sich die erste Kommission klar gegen irgendwie lautende Vorschriften ausgesprochen, durch die die generelle Anwendbarkeit der Vorschriften der Geschäftsführung ohne Auftrag im Fundrecht geregelt werden sollte. Dies ist in den gutachtlichen Äußerungen zum ersten Entwurf heftig kritisiert worden.[207] Insbesondere G. Pfizer war der Ansicht, daß das Fundrecht ohne weiteres in drei Paragraphen hätte geregelt werden können.[208] Während er für den Fund in "öffentlichen Lokalen und Transportmitteln" sowie für die Klage des Eigentümers oder Verlierers auf Rückgabe der Sache besondere Regelungen vorsah, meinte er, daß Rechte und Pflichten des Finders nach den Bestimmungen über die Geschäftsführung ohne Auftrag und über die Hinterlegung zu regeln seien. "Ein solches Fundrecht würde sich der Gesamtheit des B.G.B. organisch eingliedern und der Gerechtigkeit und Billigkeit vollkommen entsprechen."[209]

Im übrigen wurde diese Entscheidung der ersten Kommission nicht mehr kritisiert.[210] Die Materialien zur Gesetzgebung enthalten keine weiteren Anträge oder Hinweise, nach denen der Gedanke, das Fundrecht den Regelungen der Geschäftsführung ohne Auftrag zu unterstellen, wieder aufgegriffen worden wäre. Festzuhalten bleibt, daß der Gesetzgeber bewußt die Frage der Konkurrenz von Fundrecht und dem Recht der Geschäftsführung ohne Auftrag offengelassen hat. Darüber hinaus hielt die erste Kommission die Regelungen der Geschäftsführung ohne Auftrag als "legislatives Moment" für verwertbar. Von entscheidender Bedeutung für die hier zu untersuchende Frage der Anwendbarkeit der Vorschriften über die Geschäftsführung ohne Auftrag im Fundrecht ist aber die Aussage der ersten Kommission, daß auf die Rechtsnormen der Geschäftsführung ohne Auftrag dann zurückgegangen werden dürfe, wenn "die Umstände des Falls alle Voraussetzungen der Geschäftsführung ohne Auftrag ergeben".[211]

207 Zusammenstellung der gutachtlichen Äußerungen zum E I, 1890, 183, 184.

208 G. Pfizer, 9-15, Zusammenstellung der gutachtlichen Äußerungen zum E I, 1890, 183; vgl. oben Einleitung, vor I.

209 G. Pfizer, 9-15, Zusammenstellung der gutachtlichen Äußerungen zum E I, 1890, 183.

210 Keine weiteren Nachweise in den Protokollen und der Denkschrift zum BGB.

211 Vgl. insgesamt Motive, Band 3, 376; Jakobs/Schubert, Beratungen des BGB, Sachenrecht 1, 706, 707.

3. Die Konkurrenz von Fundrecht und Geschäftsführung ohne Auftrag in Rechtswissenschaft und Rechtsprechung

Das Verhältnis von Fundrecht und dem Recht der Geschäftsführung ohne Auftrag wird in der Literatur schon vor Inkrafttreten des BGB diskutiert.[212] Ganz überwiegend wird dabei die Auffassung vertreten, daß der Finder als negotiorum gestor anzusehen sei.[213]

Der Gesetzgeber des BGB hat demgegenüber, wie aus den Materialien deutlich hervorgeht, von einer klärenden Regelung der Konkurrenz zwischen Fundrecht und dem Recht der Geschäftsführung ohne Auftrag abgesehen und es vorgezogen, die Vorschriften des Fundrechts im einzelnen zu regeln.[214] Gleichwohl wird auch in der Literatur, die unmittelbar nach Inkrafttreten des BGB zum Fundrecht erscheint, immer wieder die Anwendbarkeit von Regelungen der Geschäftsführung ohne Auftrag im Fundrecht behauptet.[215] Die Art der Anwendung variiert in der oben geschilderten Weise.[216]

Im folgenden soll versucht werden, einen Überblick über die Vielzahl der zum Verhältnis von Geschäftsführungs- und Fundrecht vertretenen Ansichten zu erreichen. Dabei lassen sich die vertretenen Auffassungen grob in drei Gruppen einteilen. Zunächst ist a) die Ansicht vor allem Rudolf von Jherings zu untersuchen, der aus im einzelnen noch näher aufzuführenden Gründen ausdrücklich vertritt, daß der Finder nicht als Geschäftsführer ohne Auftrag handelt.[217] Hieran schließt sich b) die Untersuchung der in der Literatur am häufigsten vertretenen Ansicht zur Begrenzung der Haftung geschäftsunfähiger oder beschränkt

---

212 Delbrück, JherJb. 3 (1859), 1 (25); Gimmerthal, AcP 52 (1869), 521 (526); Bonitz, Gutachten 1882, 170 (186); Eck, Gutachten 1882, 41 (53); Weiss, jur. Diss. 1891, 13; Buchholz, jur. Diss. 1893/94, 30; Sieveking, jur. Diss. 1896, 18, 19; Freitag jur. Diss. 1896, 39; Igen, jur. Diss. 1898, 35 ff., insbesondere 42.

213 Delbrück, JherJb. 3 (1859), 1 (25); Gimmerthal, AcP 52 (1869), 521 (526); Bonitz, Gutachten 1882, 170 (186); Eck, Gutachten 1882, 41 (53); Weiss, jur. Diss. 1891, 13; Buchholz, jur. Diss. 1893/94, 30; Freitag, jur. Diss. 1896, 39; Sieveking, jur. Diss. 1896, 18, 19; Igen, jur. Diss. 1898, 35 ff., insbesondere 42. Gegenteiliger Ansicht ist nur Jhering, wonach der Finder nicht als Geschäftsführer handelt, 1889, 422, 423.

214 Jakobs/Schubert, Beratungen des BGB, Sachenrecht 1, 706, 707; Motive, Band 3, 376.

215 Buhl, jur. Diss. 1901, 52; Dernburg, 1901, 335; Meisner, 1901, § 965 Anm. 3; Mohr, jur. Diss. 1901, 22, 23; Riemer, jur. Diss. 1901, 59; Planck, 1902, vor § 965 Anm. 2; Behrend, jur. Diss. 1903, 31; Chaffak, jur. Diss. 1903, 27; Stein, jur. Diss. 1903, 14; Müller, E., jur. Diss. 1904, 34, 35; Springmann, jur. Diss. 1906, 48, 50; Heilfron/Pick, 1907, 428; Manigk, 1907, 673; Strauß, jur. Diss. 1908, 36.

216 III., vor 1.

217 Jhering, 1889, 422 ff.

geschäftsfähiger Finder: Diese geht davon aus, daß nur ein Vergleich des Fundrechts mit dem Recht der Geschäftsführung ohne Auftrag Aufschluß über die Frage gibt, ob Regelungen der Geschäftsführung ohne Auftrag[218] zur Ergänzung des Fundrechts herangezogen werden dürfen. Je nach der jeweiligen Beurteilung der Vergleichbarkeit kommen die Autoren hier zu ganz unterschiedlichen Ergebnissen: Diese reichen von der direkten Anwendbarkeit des § 682 BGB im Fundrecht wegen großer Ähnlichkeit von Fundrecht und dem Recht der Geschäftsführung ohne Auftrag[219] über die analoge Anwendung von § 682 BGB wegen nur begrenzter Ähnlichkeit[220] bis zum Ausschluß der Anwendbarkeit von Geschäftsführungsrecht im Fundrecht wegen zu großer Verschiedenheit.[221] Darauf folgt c) die Untersuchung der dritten Auffassung, die durch Ergänzung des Fundtatbestandes das Fundrecht zu einem echten Spezialfall der Geschäftsführung ohne Auftrag werden läßt.[222]

a) Keine Anwendbarkeit von § 682 BGB im Fundrecht

Gegen die wohl einheitlich vertretene Ansicht, der Finder sei negotiorum gestor, wendet sich Jhering.[223] Er ist der Ansicht, daß man zwar erwägen könne, ob der Finder als Geschäftsführer handele, da er die Absicht habe, die Sache an den Eigentümer herauszugeben. Doch bedürfe es wohl keiner Rechtfertigung, wenn er den ehrlichen Finder vom Geschäftsführer unterscheide[224]: Denn zum einen handele der Finder schon deshalb nicht als Geschäftsführer, da der Finder anders als ein Geschäftsführer nicht dazu verpflichtet sei, das begonnene Geschäft zu Ende zu führen. Dem Finder werde man wohl die Befugnisse, die einmal aufgehobene Sache später wieder wegzuwerfen, nicht absprechen können.[225] Zum

218 Den Autoren geht es dabei ausschließlich um die Anwendbarkeit des § 682 BGB zur Begrenzung der Haftung geschäftsunfähiger oder beschränkt geschäftsfähiger Finder.

219 Buhl, jur. Diss. 1901, 52; Dernburg, 1901, 335; Riemer, jur. Diss. 1901, 60; Mohr, jur. Diss. 1901, 22, 23; Planck, 1902, vor § 965 Anm. 2; Behrend, jur. Diss. 1903, 30; Chaffak, jur. Diss. 1903, 27; Müller, E., jur. Diss. 1904, 35; Crome, 1905, 385 mit Anm. 16; Springmann, jur. Diss. 1906, 51; Heilfron/Pick, 1907, 428; Manigk, 1907, 673; Biermann, 1914, § 965 Anm. 3; Wolff, 1923, 253; Warneyer, 1930, § 965 Anm. 1; RGRK-Pikart, 1979, § 965 Rdnr. 1.

220 Endemann, 1900, 343 mit Anm. 3; Meisner, 1901, § 965 Anm. 3; Stein, jur. Diss. 1903, 14, 29; Strauß, jur. Diss. 1908, 37; Staudinger-Seufert, 1956, § 968; Palandt-Hoche, 1964, § 968 Anm. 1; Grasmann, 1971, 180; Derday, jur. Diss. 1978, 19.

221 Jhering, 1889, 422 ff.; Bernhöft, 1908, 21 ff.

222 Köbl, 1971, 96 ff.

223 Jhering, 1889, 422, 423.

224 Jhering, 1889, 422.

225 Jhering, 1889, 422 mit Anm. 2; vgl. oben II., 1., b)..

anderen dürfe der Finder schließlich mit der Absicht, die Sache an den Eigentümer herauszugeben, auch die Absicht verbinden, die Sache für sich zu behalten, falls sich der Eigentümer nicht ermitteln lasse. Hinter der Absicht des Finders, für den Eigentümer zu handeln, stehe also die, es für sich selbst zu tun.[226] Daher handele der Finder nicht als Geschäftsführer ohne Auftrag. Dies mache es auch letztlich "begreiflich, daß die Quellen nirgends der Anwendbarkeit der act. neg. gest. gegen den Finder gedenken".[227]

Diese Argumente Jherings kritisiert die nachfolgende Literatur.[228] Gegen das Argument, daß "die Quellen" nicht die Anwendbarkeit vom Recht der Geschäftsführung ohne Auftrag im Fundrecht regeln, wird eingewendet, daß schließlich das gesamte Fundrecht im römischen Recht kaum Erwähnung finde.[229] Es werde dort nicht erschöpfend, sondern eher dürftig geregelt, so daß allein die Tatsache, daß "die Quellen" nicht die Anwendbarkeit der negotiorum gestio auf Finder und Verlierer regelten, keinen Beweis dafür bilde, daß die Anwendbarkeit der negotiorum gestio ausgeschlossen sei.[230]

"Wenig stichhaltig"[231] wird das Argument Jherings genannt, wonach der Finder deshalb nicht negotiorum gestor sei, weil er von Anfang an die Absicht haben könnte, die Sache für sich zu behalten.[232] Dem sei zu erwidern, daß die Frage nach der negotiorum gestio doch nur dann praktische Relevanz erlange, wenn sich die Absicht des Finders, eigene Geschäfte wahrzunehmen, später als verfehlt herausstelle. Gerade dann aber habe der Finder ja ein fremdes Geschäft geführt.[233]

Weiterhin wird gegen Jhering eingewandt, daß der Finder durchaus nicht berechtigt sei, sich der einmal angenommenen Sache wieder zu entledigen. Anderenfalls würde der Verlie-

---

226 Jhering, 1889, 422, 423.

227 Jhering, 1889, 423.

228 Sieveking, jur. Diss. 1896, 19, 20; Igen, jur. Diss. 1898, 41, 42; Freitag, jur. Diss. 1896, 40. Gegen die "Polemik" Jherings: Mohr, jur. Diss. 1901, 23; Müller, E., jur. Diss. 1904, 32-34.

229 Freitag, jur. Diss. 1896, 40; Sieveking, jur. Diss. 1896, 19; Mohr, jur. Diss. 1901, 23; Chaffak, jur. Diss. 1903, 14.

230 Freitag, jur. Diss. 1896, 40; Mohr, jur. Diss. 1901, 23; Springmann, jur. Diss. 1906, 49.

231 Freitag, jur. Diss. 1896, 40.

232 Jhering, 1889, 423.

233 Freitag, jur. Diss. 1896, 40; Sieveking, jur. Diss. 1896, 19, 20 unter Hinweis auf Buchholtz, jur. Diss. 1893/94, 31; Mohr, jur. Diss. 1901, 23; Igen, jur. Diss. 1898, 41, 42; Springmann, jur. Diss. 1906, 49, 50; Müller, E., jur. Diss. 1904, 34.

rer durch die Schuld des Finders in eine schlechtere Lage gebracht, da ihm so das Wiederfinden der Sache unmöglich gemacht oder doch zumindest erschwert werde.[234] Alfred Sieveking meint, ein Finder solle sich vorher überlegen, ob er eine Sache aufnehme, da ihm durch das Liegenlassen schließlich keine Folgen entstünden.[235] Jhering selbst weist in einer Anmerkung darauf hin, daß nach dem Entwurf des BGB (§ 911 E I) der Finder gerade nicht berechtigt ist, die einmal aufgehobene Sache später wieder wegzuwerfen. Nach der Vorschrift des § 911 E I sei derjenige, der die Sache in Verbindung mit § 910 E I in seine "Inhabung genommen" habe, verpflichtet, "für die Erhaltung und Verwahrung der Sache zu sorgen".[236] Einer Möglichkeit, sich dieser Verpflichtung durch späteres Wegwerfen der Sache zu entziehen, gedenke der Entwurf nicht, was er, Jhering, für sehr bedenklich halte.[237] Trotz dieser Bedenken schreibt § 966 Abs. 1 BGB die Pflicht des Finders zu Verwahrung der Sache ausdrücklich vor.[238] Das Argument Jherings, daß der Finder schon deshalb kein Geschäftsführer sei, weil er nicht zur Fortführung des Geschäfts verpflichtet sei, ist damit hinfällig.

Die Auffassung Jherings ist in der nachfolgenden Literatur so nicht mehr vertreten worden. Ebensowenig lassen sich in der Literatur Stellungnahmen finden, die sich zwar gegen die Ansicht Jherings aussprechen, gleichwohl aber nach weiteren Argumenten suchen, wonach der Finder möglicherweise trotzdem nicht als Geschäftsführer ohne Auftrag handelt. Häufig scheint es den Autoren demgegenüber zu genügen, die Argumente Jherings in der geschilderten Art zu widerlegen um damit zu beweisen, daß es sich beim Finden dann doch wohl um eine Geschäftsführung ohne Auftrag handeln müsse.[239]

---

234 Mohr, jur. Diss. 1901, 23; Igen, jur. Diss. 1898, 42; Sieveking, jur. Diss. 1896, 19; vgl. auch Jherings eigene Bedenken 1889, 422 mit Anm. 2; s. oben II., 1., b)); 2. Kapitel, II., 2.

235 Sieveking, jur. Diss. 1896, 19.

236 Jhering, 1889, 422 m. Anm. 2.

237 Zur Kritik Jherings oben 2. Kapitel II., 2; 3. Kapitel II., 1., b)).

238 Vgl. oben II., 1., b)).

239 So Sieveking, jur. Diss. 1896, 20; Springmann, jur. Diss. 1906, 50; Igen, jur. Diss. 1898, 42; Freitag, jur. Diss. 1896, 40.

b) Die Begrenzung der Haftung des nicht voll geschäftsfähigen Finders durch ergänzende oder analoge Anwendung von § 682 BGB

Eine der ersten Bemerkungen zur Haftungsbegrenzung durch § 682 BGB äußert Karl Kober.[240] Grundsätzlich hält er zwar die Grundsätze der negotiorum gestio im Fundrecht für "nicht ohne weiteres anwendbar", doch sei "bei einem Mangel von einzelnen speziellen Bestimmungen" ein Zurückgreifen auf die §§ 677 ff. BGB unentbehrlich.[241] So werde sich die Haftung eines geschäftsunfähigen Finders analog § 682 BGB zu bemessen haben.[242]

Die nun folgende Literatur teilt die Ansicht, daß zum einen die Haftung beschränkt geschäftsfähiger oder geschäftsunfähiger Finder beschränkt werden müsse und dies zum anderen nur mit Hilfe von § 682 BGB zu erreichen sei. Uneinig sind die Autoren, in welcher Weise § 682 BGB angewendet werden soll. Dabei wird zunächst überwiegend eine direkte Anwendung von § 682 BGB neben dem Fundrecht vertreten.[243] Begründungen für diese Ansicht werden kaum gegeben. Die Autoren begnügen sich häufig mit der Feststellung, der Finder sei negotiorum gestor, da er ein fremdes Geschäft führe, wenn er eine verlorene Sache aufnehme, um sie einem Empfangsberechtigten wieder zuzustellen.[244]

Eine ausführliche Diskussion der Frage, ob § 682 BGB zur Haftungsbegrenzung im Fundrecht herangezogen werden kann, findet sich demgegenüber bei Franz Bernhöft[245], Carl Feldberg[246] und Arthur Haase.[247] Während Bernhöft meint, §§ 677 ff. BGB könnten insgesamt keine Anwendung im Fundrecht finden, ist Feldberg der Ansicht, § 682 BGB könne jedenfalls analog zur Schließung der im Fundrecht vorhandenen Lücke angewendet wer-

---

240 Staudinger-Kober, 1898, § 965 Anm. 3, § 968.

241 Staudinger-Kober, 1898, § 965 Anm. 3.

242 Staudinger-Kober, 1898, § 968.

243 Buhl, jur. Diss. 1901, 52; Dernburg, 1901, 335; Riemer, jur. Diss. 1901, 60; Planck, 1902, vor § 965 Anm. 2; Behrend, jur. Diss. 1903, 30; Chaffak, jur. Diss. 1903, 27; Stein, jur. Diss. 1903, 14; Müller, E., jur. Diss. 1904, 35; Springmann, jur. Diss. 1906, 51; Heilfron/Pick, 1907, 428; Manigk, 1907, 673; Biermann, 1914, § 965 Anm. 3; Wolff, 1923, 253; RGRK-Pikart, 1979, § 965 Rdnr. 1.

244 Riemer, jur. Diss. 1901, 59, 60; Mohr, jur. Diss. 1901, 22 23; Dernburg, 1901, 335; Chaffak, jur. Diss. 1903, 13, 27; Müller, E., jur. Diss. 1904, 34; Springmann, jur. Diss. 1906, 49; Strauß, jur. Diss. 1908, 36, 37; Biermann, 1914, § 965 Anm. 5; ebenso OLG Hamburg OLGE 8, 112 (113).

245 Bernhöft, 1908, 21 ff.

246 Feldberg, jur. Diss. 1918, 23 ff.; 55 ff.

247 Haase, jur. Diss. 1919, 11 ff.

den[248]. Haase schließlich sieht das Fundrecht als einen Spezialfall der Geschäftsführung an, auf den, sofern es im Fundrecht an Sondervorschriften fehle, die §§ 677 ff. BGB direkt anwendbar seien.[249] Auf diese drei Meinungen lassen sich die zunächst so verschieden erscheinenden zahlreichen zur Konkurrenz von Fundrecht und Geschäftsführung ohne Auftrag vertretenen Ansichten reduzieren. Stellvertretend für die übrigen Autoren werden hier die Auffassungen von Bernhöft, Feldberg und Haase untersucht, wobei ergänzende Aspekte bei anderen Autoren im Rahmen der jeweils vertretenen Ansichten berücksichtigt werden. Dies ist vor allem darin begründet, daß sich die genannten Autoren einerseits mit abweichenden Auffassungen auseinandersetzen, andererseits ihre Ansichten auch umfassend begründen.

Allein Bernhöft lehnt die Möglichkeit ab, fundrechtliche Regelungen durch § 682 BGB zu ergänzen, um so die Haftung nicht voll geschäftsfähiger Finder zu begrenzen. Er sieht die Regelungen der Geschäftsführung ohne Auftrag und die des Fundrechts als zu unterschiedlich an und hält daher die Anwendbarkeit von § 682 BGB im Fundrecht für nicht möglich.[250] Bernhöft begründet dies mit der Überlegung, daß es dem Geschäftsführer obliege, mit Rücksicht auf die Interessen des Geschäftsherrn oder dessen mutmaßlichen Willen zu handeln. Demgegenüber werde der Finder zumeist außerstande sein, die persönlichen Intentionen des Empfangsberechtigten zu erforschen.[251] Damit seien die Regelungen des Fundrechts und des Geschäftsführungsrechts so verschieden, daß eine Anwendbarkeit von Geschäftsführungsrecht innerhalb des Fundrechtes ausscheide.[252] Darüber hinaus werde das Fundrecht und das Recht der Geschäftsführung ohne Auftrag vom Gesetzgeber getrennt behandelt, und diese Trennung müsse beachtet werden.[253]

Wichtigstes Argument Bernhöfts ist aber, daß nach seinem Verständnis von § 682 BGB die Ausdehnung von Geschäftsführungsrecht auf den Finder nicht nur nicht zu der angestrebten Besserstellung nicht voll geschäftsfähiger Finder führt, sondern im Gegenteil in letzter Kon-

---

248 Feldberg, jur. Diss. 1918, 23, 55.

249 Haase, jur. Diss. 1919. 12.

250 Im übrigen hält Bernhöft dies auch nicht für erforderlich, 1908, 21, 22, vgl. hierzu unten 4. Vgl. auch Sprinz, jur. Diss. 1904, 28, 29; Dolezych, jur. Diss. 1901, 27 der wegen der selbständigen Bestimmungen über die Rechte und Pflichten des Finders ein Zurückgehen auf die Regelungen über die Geschäftsführung ohne Auftrag für nicht nötig hält.

251 Sprinz, jur. Diss. 1904, 29.

252 Sprinz, jur. Diss. 1904, 28, 29; Bernhöft, 1908, 21, 22.

253 Bernhöft, 1908, 22.

sequenz den minderjährigen Finder strenger haften ließe als den volljährigen.[254] Dabei geht Bernhöft davon aus, daß dem beschränkt geschäftsfähigen oder geschäftsunfähigen Finder zwar alle Finderrechte, nicht aber alle Finderpflichten entstünden. So bildet Bernhöft folgendes Beispiel: Falls ein nicht voll geschäftsfähiger Finder eine Sache beschädige, so hafte er über § 682 BGB nach den allgemeinen Vorschriften, da die Beschädigung einer Sache eine unerlaubte Handlung sei. Dies würde dazu führen, daß ein fast volljähriger Finder somit nach den allgemeinen Vorschriften - §§ 823 ff. BGB - nicht nur für die vorsätzliche oder grob fahrlässige Verletzung fremden Eigentums Schadensersatz leisten müßte. Diese Verpflichtung würde den fast volljährigen Finder auch dann treffen, wenn er nur leicht fahrlässig die Sache beschädigt oder zerstört hätte. Der minderjährige Finder würde danach strenger haften als ein erwachsener Finder, der grundsätzlich nur gemäß § 968 BGB Vorsatz und grobe Fahrlässigkeit zu vertreten habe, für leichte Fahrlässigkeit aber nicht einstehen müsse.[255] Diese Konsequenz hält Bernhöft für unvertretbar; er lehnt die Anwendbarkeit von Vorschriften der Geschäftsführung ohne Auftrag im Fundrecht deshalb insgesamt ab.[256]

Der Auffassung von Bernhöft wird von der Literatur[257] vor allem entgegengehalten, daß seine Bedenken gegen die Anwendbarkeit von § 682 BGB im Fundrecht nicht aus dem "Wesen" der negotiorum gestio hergeleitet würden, sondern aus seiner (Bernhöfts) Auffassung von der Bedeutung des § 682 BGB.[258] Jedenfalls seien Bernhöfts Bedenken nicht prinzipieller Natur.[259]

Soweit Bernhöft seine Auffassung im übrigen auf einen Vergleich von Fundrecht und Geschäftsführung ohne Auftrag stützt, argumentiert Feldberg, daß ein solcher Vergleich "aus juristischer Sicht" durchaus eine analoge Anwendung des § 682 BGB für angebracht erscheinen lasse.[260] Denn das Fundverhältnis enthalte ein 'allgemeines Gestionsverhältnis', welches in den Prinzipien seiner positiven Regelung der Geschäftsführung ohne Auftrag entspreche. Jedoch sei bei der Anwendung von Regelungen der Geschäftsführung ohne

254 Bernhöft, 1908, 21, 22.

255 Bernhöft, 1908, 21, 22.

256 Bernhöft, 1908, 21, 22.

257 Gegen Bernhöft: Haase, jur. Diss. 1919, 12, 13; Feldberg, jur. Diss. 1918, 55 ff., 62.

258 Siehe dazu im einzelnen unten 4.

259 Feldberg, jur. Diss. 1918, 56, 62; vgl. dazu unten 4.

260 Feldberg, jur. Diss. 1918, 56; ähnlich schon Manigk, 1907, 684; Heilfron, 1909, 746, 747.

Auftrag im Fundrecht "wegen der Wesensverschiedenheit beider Institute große Vorsicht geboten".[261]

Feldberg führt weiter aus, daß zwischen dem Verhältnis von Finder und Empfangsberechtigtem einerseits und dem des Geschäftsführers zum Geschäftsherrn andererseits sowohl in der juristischen Konstruktion als auch in legislativer und rechtspolitischer Hinsicht Unterschiede von so tiefgreifender Art bestünden, daß wohl von einer äußerlichen Ähnlichkeit in mancher Beziehung, nicht jedoch von einer innerlichen Identität der Institute gesprochen werden könne.[262] Dem Verhältnis von Finder und Verlierer sei die Geschäftsführung ohne Auftrag vollkommen fremd: Anders als der Fund könne die Geschäftsführung ohne Auftrag nicht als einfacher Realakt angesehen werden.[263] Der negotiorum gestor müsse wissen, daß er ein fremdes Geschäft führt und müsse das Geschäft auch als fremdes führen.[264] Zu einer Geschäftsführung ohne Auftrag gehöre mehr als eine bloße Handlung wie die des Findens. Daher seien die negotiorum gestio und das Fundrecht keine inhaltlich gleichartigen Rechtsinstitute.[265]

Damit greift Feldberg zunächst das bereits von Bernhöft angesprochene Argument gegen eine Vergleichbarkeit von Fundrecht und Geschäftsführung ohne Auftrag auf, da der Finder ohne Rücksicht auf die Interessen oder den mutmaßlichen Willen des Geschäftsführers handele. Während Bernhöft daraus allerdings den Schluß der Unanwendbarkeit von § 682 BGB im Fundrecht folgert[266], nimmt Feldberg trotz der "Unterschiede von so tiefgreifender Art"[267] eine analoge Anwendbarkeit von § 682 BGB im Fundrecht an.[268]

---

261 Feldberg, jur. Diss. 1918, 56.

262 Feldberg, jur. Diss. 1918, 23; ähnlich auch schon Conring, jur. Diss. 1917, 72 ff.

263 Feldberg, jur. Diss. 1918, 55; Enneccerus, 1922, 485 mit Anm. 8 bezeichnet den Fund als "gemischten Realakt mit rechtlicher Wirkung", Manigk, 1907, 684 nennt das Finden "mit besonderen inneren Tatsachen verknüpfte Handlungen". Die Abweichungen sind aber nur terminologischer Art, da die Autoren im übrigen auch der Ansicht sind, daß es an einem Willen, wie er für den Geschäftsführer für erforderlich gehalten wird, beim Finder fehlt.

264 Dies ist der Formulierung des § 677 BGB unmittelbar zu entnehmen, da danach Geschäftsführer derjenige ist, der ein Geschäft *für einen anderen* besorgt. Heute ganz herrschende Meinung: BGHZ 40, 28 (31) und BGHZ 16, 12 (13, 14); Palandt-Thomas, 1990, § 677 Anm. 3; Staudinger-Wittmann, 1980, vor § 677 Rdnr. 20.

265 Feldberg, jur. Diss. 1918, 55; im Ergebnis so auch Enneccerus, 1922, 485 mit Anm. 8; Manigk, 1907, 652.

266 Bernhöft, 1908, 21.

267 Feldberg, jur. Diss. 1918, 23.

Demgegenüber ist Haase der Auffassung, daß die Unterschiede von Fundrecht zum Geschäftsführungsrecht nur soweit bestehen, als dies die Besonderheiten des Fundes erforderlich machten.[269] Zwar regele das Fundrecht in den §§ 965 ff. BGB die wichtigsten Finderpflichten und -rechte, doch sei dies keine erschöpfende Aufzählung. Zur Ergänzung des Fundrechts müßten andere Vorschriften des Obligationenrechts herangezogen werden, und dabei läge es nahe, an die der Geschäftsführung ohne Auftrag zu denken. Schließlich wolle der redliche Finder im Interesse eines anderen ein fremdes Geschäft besorgen, damit diesem das Ergebnis zugute komme.[270]

Gegen die Bedenken Feldbergs, beim Finden handele es sich um einen Realakt, der nicht Gegenstand einer Geschäftsbesorgung sein könne[271], meint Haase, daß nicht nur die Vornahme eines Rechtsgeschäfts Gegenstand der Geschäftsbesorgung sei, sondern daß auch tatsächliche Dienstleistungen den Tatbestand der negotiorum gestio erfüllten.[272]

Als ein weiteres wesentliches Argument zur Unterstützung seiner Ansicht führt Feldberg an, daß insbesondere das Recht auf Finderlohn und die Möglichkeit zum Eigentumserwerb mit dem Institut der negotiorum gestio unvereinbar seien.[273] Feldberg hält zunächst die Unentgeltlichkeit einer Geschäftsführung für ein wesentliches Merkmal der Geschäftsführung ohne Auftrag. Selbst wenn man diesbezüglich anderer Auffassung sei, meint Feldberg, "so bleibt doch die Tatsache des Eigentumserwerbs an der Sache unerklärlich, denn aus der negotiorum gestio wäre vielleicht ein Zurückbehaltungsrecht selbst ein Befriedungsrecht aus der Sache, niemals aber der Erwerb des dinglichen Eigentums zu erklären".[274]

Dem entgegnet Haase, Feldberg hebe zu Unrecht Finderlohn und Eigentumserwerb hervor, da ein Finder primär zur Wahrnehmung der Interessen des Verlierers handele und erst in

---

268 Feldberg, jur. Diss. 1918, 55.

269 Haase, jur. Diss. 1919, 11.

270 Haase, jur. Diss. 1919, 11.

271 Feldberg, jur. Diss. 1918, 55.

272 Haase, jur. Diss. 1919, 12.

273 Feldberg, jur. Diss. 1918, 23.

274 Feldberg, jur. Diss. 1918, 23, 24.

zweiter Linie an Finderlohn und die Möglichkeit zum Eigentumserwerb denke.[275] Die Wahrnehmung auch eigener Interessen aber schließe die Anwendbarkeit der Grundsätze über die Geschäftsführung ohne Auftrag nicht aus.[276] Die Zahlung von Finderlohn dagegen sei eine der fundrechtlichen Erleichterungen oder Besserstellungen des Finders, und damit in der Eigenart des Fundes begründet. Dazu gehöre auch die grundsätzliche Unentgeltlichkeit der negotiorum gestio nach § 683 BGB. Dem widerspreche auch nicht die Vorschrift des § 671 BGB, die dem Finder einen Anspruch auf Finderlohn gewährt. Denn auch der Finderlohn erkläre sich aus der negotiorum gestio als übliches Entgelt der Mühewaltung und Verantwortung des Finders.[277]

Haase ist außerdem der Meinung, daß die Voraussetzungen des § 683 BGB[278] nicht ausdrücklich festgestellt werden müßten. Das Ansichnehmen der Fundsache könne den Fällen des § 679 BGB gleichgestellt werden, wonach nur der objektive Maßstab über die Berechtigung des Geschäftsführers entscheide. Damit befindet sich Haase im Widerspruch zu der Auffassung der ersten Kommission, die ein Zurückgehen auf die Rechtsnormen der Geschäftsführung ohne Auftrag nur für zulässig ansah, "sofern die Umstände des Falls alle Voraussetzungen der Geschäftsführung ohne Auftrag ergeben"[279].

Der Feststellung Haases scheint sich - ungeachtet der Ansicht des Gesetzgebers - aber auch Anna Derday anzuschließen.[280] Zwar nennt sie zunächst die Voraussetzungen der Geschäftsführung ohne Auftrag, doch läßt auch sie eine Entscheidung über deren Vorliegen im Fundrecht dahingestellt, da es jedenfalls an dem weiteren Erfordernis der mangelnden Berechtigung zur Geschäftsführung fehle.[281] Das Fundrecht gestatte es dem Finder ausdrücklich, die Geschäfte eines anderen zu besorgen. Derday meint, daß damit eine vom Gesetz gewollte Berechtigung vorliege, so daß die Vorschriften der §§ 677 ff. BGB nicht neben dem Fundrecht angewendet werden könnten.[282]

---

275 Haase, jur. Diss. 1919, 13.

276 Haase, jur. Diss. 1919, 13, 14.

277 Haase, jur. Diss. 1919, 12.

278 Die Geschäftsübernahme muß dem Interesse und dem wirklichen oder mutmaßlichen Willen des Geschäftsherrn entsprechen, § 683 S. 1 BGB.

279 Jakobs/Schubert, Beratungen des BGB, Sachenrecht 1, 707.

280 Vgl. Derday, jur. Diss. 1978, 14-17.

281 Derday, jur. Diss. 1978, 18; ebenso Krusch, AcP 148 (194), 282 (283).

282 Derday, jur. Diss. 1978, 18, 19.

Während Haase hieraus aber den Schluß gezogen hat, daß dann die Voraussetzungen im einzelnen nicht zu prüfen seien, Geschäftsführungsrecht gleichwohl aber zur Ergänzung des Fundrechts direkte Anwendung finde, zieht Derday daraus eine andere Schlußfolgerung: Derday meint, daß einer analogen Anwendung des § 682 BGB zugunsten geschäftsunfähiger und in der Geschäftsfähigkeit beschränkter Personen keine Bedenken entgegenstünden. Wegen der Ähnlichkeit vom Recht der Geschäftsführung ohne Auftrag und dem Fundrecht, das "immerhin eine Art gesetzliches Geschäftsführungsverhältnis sei", und der ähnlichen "zugrundeliegenden Interessenlage" sei die Analogie gerechtfertigt.[283]

Die Erklärungsversuche der Autoren haben gezeigt, daß letztlich immer ein Vergleich der gesetzlichen Schuldverhältnisse aus Geschäftsführung ohne Auftrag und aus Fund miteinander durchgeführt wird. Damit bleibt die Frage nach der Anwendbarkeit der Regelungen des § 682 BGB im Fundrecht eine Wertungsfrage. Über das Maß der Ähnlichkeit, und damit über die Art der Anwendbarkeit, entscheidet, für wie wichtig die Autoren jeweils die Erfüllung der Voraussetzungen der Geschäftsführung ohne Auftrag im Fundrecht halten. Kommt es den Autoren allein darauf an, daß auch der Finder ein fremdes Geschäft führt, so zieht diese Feststellung die direkte Anwendbarkeit von § 682 BGB im Fundrecht nach sich.[284] Liegt dagegen der Schwerpunkt auf dem Erfordernis, daß der Geschäftsführer willentlich ein fremdes Geschäft führen müsse, so wird darin der entscheidende Unterschied zum Fundrecht erblickt. Da der Finder die Sache lediglich ergreifen müsse, komme nur eine analoge Anwendung des § 682 BGB in Betracht.[285] Vereinzelt wird der Fremdgeschäftsführungswille[286] als Voraussetzung einer Geschäftsführung ohne Auftrag für so ausschlaggebend erachtet, daß eine Anwendbarkeit von § 682 BGB im Fundrecht wegen dieses fehlenden Willens beim Finder insgesamt ausgeschlossen wird.

Allen Autoren gemeinsam ist, daß der Hinweis auf einen Vergleich der Rechtsinstitute als Beweis für die jeweilige Feststellung zu genügen scheint. Daß dem nicht so ist, zeigt die Tatsache, daß die Autoren von dem gleichen Ausgangspunkt zu unterschiedlichen, sich widersprechenden Ergebnissen gelangen. Der Vergleich der beiden Rechtsinstitute macht daher weder die Konsequenz einer direkten noch die einer subsidiären Anwendung von Ge-

---

283 Derday, jur. Diss. 1978, 19.

284 Haase, jur. Diss. 1919, 11.

285 Insbesondere Feldberg, jur. Diss. 1918, 56; ähnlich schon Manigk, 1909, 746, 747.

286 Bernhöft nennt dies den Willen und das Interesse ausschließlich für den Geschäftsherrn zu handlen, Bernhöft, 1908, 22.

schäftsführungsrecht auf Fundrecht deutlich. Vertretbar sind danach beide Ansichten, zwingend jedoch ist keine.[287]

c) § 682 BGB als lex specialis zu § 968 BGB

Ein zwingend eindeutiges Ergebnis erreicht demgegenüber Ursula Köbl, indem sie durch Ergänzung des Fundtatbestandes um subjektive Elemente diesen zu einem echten Spezialfall der Geschäftsführung ohne Auftrag macht.[288] Danach wäre Fundrecht lex specialis zum Recht der Geschäftsführung ohne Auftrag und, soweit Fundrechtsregelungen nicht ausreichten, durch Vorschriften der Geschäftsführung ohne Auftrag zu ergänzen.[289] Der Vorschlag Köbls läßt sich jedoch, wie bereits gezeigt, de lege lata nicht halten.[290]

Die Argumente der Autoren zur Vergleichbarkeit von Geschäftsführung ohne Auftrag und Fundrecht haben deutlich gezeigt, daß ein Vergleich der Institute zu keinem überzeugenden Ergebnis führt. Je nach Gewichtung der Argumente zur Vergleichbarkeit steht am Ende der scheinbar zu lösenden Frage, ob nun § 682 BGB direkt oder analog anzuwenden ist, das jeweils bevorzugte Ergebnis. Völlig unerörtert bleibt die Frage, *ob* es denn überhaupt einer Anwendung von § 682 BGB bedarf. Gerade diese Frage müßte aber gestellt werden, bevor das *Wie* untersucht wird. Dazu ist zunächst der Zweck einer Anwendung von § 682 BGB zu erörtern. Daran schließt sich die Frage, ob dieser nicht auch auf anderem, möglicherweise dogmatisch überzeugenderem Weg zu erreichen ist.

---

287 Deutlich auch in den heutigen Kommentaren zum BGB, die sowohl eine direkte als auch eine analoge Anwendung von § 682 BGB behaupten: Staudinger-Seufert, 1956, § 968 im Widerspruch zu § 965 Rdnr. 23; RGRK-Pikart, 1979, § 968 Rdnr. 4 im Widerspruch zu § 965 Rdnr. 1; MünchKomm-Quack, § 968 Rdnr. 2 im Widerspruch zu § 965 Rdnr. 17; Palandt-Bassenge, 1991, § 968 Rdnr. 1 im Widerspruch zur vor § 965 Rdnr. 2 und in einem weiteren Widerspruch zu Palandt-Thomas 1990, vor § 677 Anm. 4.

288 Köbl, 1971, 199.

289 Köbl, 1971, 197.

290 Vgl. dazu 2. Kapitel, II, 3.

4. Die Haftungsbeschränkung geschäftsunfähiger oder beschränkt geschäftsfähiger Finder gemäß §§ 968, 276 Abs. 1 S. 3 BGB

Zweck einer analogen oder direkten Anwendung von § 682 BGB ist es, auf diesem Weg eine Haftungsbegrenzung für den nicht vollgeschäftsfähigen Finder zu erreichen.[291] Betrachtet man diese Auffassung in der Literatur, so stellen sich dabei zwei Fragen: Erstens fragt es sich, ob durch eine Anwendung von § 682 BGB im Fundrecht tatsächlich eine Besserstellung des geschäftsunfähigen oder beschränkt geschäftsfähigen Finders erreicht wird. Hieran bestehen begründete Zweifel, auf die im folgenden näher eingegangen wird.[292] Soweit nämlich nicht zwingend eine Besserstellung von geschäftsunfähigen oder beschränkt geschäftsfähigen Findern durch § 682 BGB zu erreichen ist, wird damit auch die Diskussion um eine direkte oder analoge Anwendung von § 682 BGB im Fundrecht entbehrlich. Damit stellt sich zweitens die Frage nach einer anderen gesetzlichen Möglichkeit, um die Haftung geschäftsunfähiger oder beschränkt geschäftsfähiger Finder zu begrenzen. Sofern die Haftung durch §§ 968, 276 Abs. 1 S. 3 BGB begrenzt werden kann, bedarf es weder einer Ergänzung des Fundrechts durch § 682 BGB, noch besteht dann eine Gesetzeslücke, die unverzichtbare Voraussetzung für eine analoge Anwendbarkeit von § 682 BGB im Fundrecht ist.[293]

Eine Besserstellung des nicht voll geschäftsfähigen Finders durch § 682 BGB wird nur von Bernhöft bestritten.[294] Er ist der Meinung, daß eine Anwendung von § 682 BGB in Grenzfällen - nämlich beim altersbedingt fast voll geschäftsfähigen Finder - sogar zu einer Schlechterstellung minderjähriger gegenüber volljährigen Findern führt.[295] Bernhöft geht dabei von einem heute so nicht mehr vertretenen Verständnis des § 682 BGB aus. Nach Bernhöft ist § 682 BGB nicht Haftungsvorschrift, sondern schließt die Entstehung von Verpflichtungen für nicht voll geschäftsfähige Geschäftsführer aus.[296] Deshalb ergeben sich aus einer Anwendbarkeit von § 682 BGB im Fundrecht für Bernhöft folgende Konsequenzen: "Wenn ein junger Mann von zwanzig Jahren eine Sache findet, so hat er zwar die Finder-

---

291 S. o. 3., b).

292 Vgl. Bernhöft, 1908, 22.

293 Larenz, 1991, 381 ff.

294 Bernhöft, 1908, 21 ff.

295 Bernhöft, 1908, 21, 22; vgl. auch oben 3., a).

296 Bernhöft, 1908, 21.

rechte, aber keine Finderpflichten. Er braucht die Sache, wenn er nicht will, nicht aufzubewahren, er kann die Anzeige (...) unterlassen. (...) Beschädigt er dagegen die Fundsache oder unterschlägt er sie, so haftet er, weil dies nach den allgemeinen Vorschriften unerlaubte Handlung ist. Und in dieser Beziehung würde er sogar strenger haften, als ein volljähriger Finder, denn er haftet nach den allgemeinen Vorschriften auch für leichte Versehen, der volljährige Finder dagegen nach dem Fundrecht nur für grobe Fahrlässigkeit."[297] Die Haftungsbegrenzung des § 968 BGB, nach der der Finder nur Vorsatz und grobe Fahrlässigkeit zu vertreten hat, würde nach Ansicht Bernhöfts zugunsten des minderjährigen Finders nicht eingreifen.

Gegen Bernhöft wird eingewendet, daß er diese Schlußfolgerung aus einer unzutreffenden Auslegung des § 682 BGB ziehe.[298] § 682 BGB schließe gerade nicht die Entstehung von Verpflichtungen aus.[299] Es sei nur eine Haftungsvorschrift, die die Haftung des nicht voll geschäftsfähigen Geschäftsführers begrenze.[300] Mit dieser Auslegung könnten auch die von Bernhöft zu Recht als unbillig empfundenen Ergebnisse vermieden werden.[301]

Auch in der heutigen Literatur wird § 682 BGB als Vorschrift zur Begrenzung der Haftung des nicht voll geschäftsfähigen Geschäftsführer verstanden.[302] Die Auslegung Bernhöfts wird nicht mehr vertreten. Einheitlich wird § 682 BGB als Schutzvorschrift zugunsten des nicht voll geschäftsfähigen Geschäftsführers verstanden.[303] Dessen Haftung wird durch § 682 BGB unabhängig davon, ob es sich um eine berechtigte oder unberechtigte Geschäftsführung handelt, nach Maßgabe der §§ 827, 828 BGB beschränkt. In zweiter Linie sollen durch die Vorschrift des § 682 BGB auch die Interessen des Geschäftsherrn geschützt wer-

297 Bernhöft, 1908, 21, 22.

298 Haase, jur. Diss. 1919, 12, 13; Feldbderg, jur. Diss. 1918, 62.

299 So auch die nachfolgende Literatur zu § 682 BGB: Fischer-Ebert, 1918, § 677 Anm. 1; Loewenwarter, 1928, § 682, § 677 Anm. 1; Oertmann, 1929, § 682 Anm. 1; Soergel, 1937, § 682, § 677 Anm. 1.

300 So auch die zeitgenössische Literatur zu § 682 BGB: Planck, 1900, § 682 Anm. 1; Fischer-Henle, 1904, § 677 Anm. 1; Manigk, 1907, 685; Staudinger-Engelmann, 1912, § 682 Anm. 1, vor § 677 Anm. 2.

301 Feldberg, jur. Diss. 1918, 62.

302 RGRK-Steffen, 1978, § 682 Rdnr. 5, 6, 8; Flume, 1979, 217; MünchKomm-Seiler, 1986, § 682 Rdnr. 1; Erman-Hauß, 1989, § 682 Rdnr. 2; Palandt-Thomas, 1992, § 682 Rdnr. 1; Staudinger-Wittmann, 1991, § 682 Rdnr. 2.

303 MünchKomm-Seiler, 1986, § 682 Rdnr. 1; Staudinger-Wittmann, 1991, § 682 Rdnr. 1; Palandt-Thomas, 1992, § 682 Rdnr. 1.

den, da zumindest die Ansprüche aus unerlaubter Handlung und aus ungerechtfertigter Bereicherung erhalten bleiben.[304]

Danach ist die Anwendung von § 682 BGB für die Entstehung der Rechte und Pflichten des Finders ohne Bedeutung. Zum Schutz des nicht voll geschäftsfähigen Finders ist davon auszugehen, daß auch bei einer Anwendung von § 682 BGB die Haftungsbegrenzung des § 968 BGB erhalten bleibt. Danach hätte ein fast volljähriger Finder nur für die vorsätzliche oder grob fahrlässige Beschädigung der Fundsache Schadensersatz gemäß § 823 BGB in Verbindung mit § 968 BGB zu leisten. Somit würde entgegen der Ansicht Bernhöfts der minderjährige Finder in dem von Bernhöft gebildeten Beispiel ebenso haften wie der volljährige Finder.

Dennoch sind die Überlegungen Bernhöfts geeignet, Zweifel an der heute immer wieder geäußerten Auffassung zu wecken, § 682 BGB müsse - sei es analog oder direkt - im Fundrecht angewendet werden. Unterstützt werden diese Zweifel durch die folgenden Überlegungen: Erstens ist daran zu erinnern, daß aus den Gesetzesmaterialien eindeutig hervorgeht, daß das Fundrecht ohne ein Zurückgehen auf die Regelungen der Geschäftsführung ohne Auftrag geregelt werden sollte. Jegliche Anträge, die das Fundrecht der Geschäftsführung ohne Auftrag unterstellen wollten, wurden von der ersten Kommission abgelehnt.[305] Zweitens bleibt auch unbeachtet, daß das Fundrecht selbst Regelungen enthält, die teilweise denen des Rechts der Geschäftsführung ohne Auftrag entsprechen. Auch wenn der Finder als Geschäftsführer angesehen werden kann, ist daraus aber nicht auch zwingend die Anwendbarkeit von § 682 BGB zu folgern.[306] Schon die Tatsache, daß das Fundrecht die Pflichten des Finders im einzelnen regelt, zeigt, daß auf die Geschäftsführung ohne Auftrag im Fundrecht bewußt verzichtet wurde.[307] Unklar bleibt, wieso der eindeutige Wille des Gesetzgebers in der Literatur insgesamt ignoriert wird. Drittens fragt es sich, warum eine Auffassung unkritisch als herrschende Meinung stets weitergegeben wird.[308] Denn vor allem bei der Untersuchung der heutigen Literatur zu § 682 BGB ist immer wieder festzustellen, daß der nicht voll geschäftsfähige *Geschäftsführer* unter bestimmten Voraussetzungen nur nach den §§ 827, 828 BGB hafte. Dabei wird oft darauf hingewiesen, daß sich die

---

304 Staudinger-Wittmann, 1991, § 682 Rdnr. 1.

305 Jakobs/Schubert, Beratungen des BGB, Sachenrecht 1, 706; Motive, Band 3, 376; vgl. auch II., 2.

306 Vgl. Motive, Band 3, 376; Jakobs/Schubert, Beratungen des BGB, Sachenrecht 1, 707.

307 So ausdrücklich von den Redaktoren formuliert, Jakobs/Schubert, Beratungen des BGB, Sachenrecht 1, 707.

308 Z.B. Staudinger-Gursky, 1979, vor § 965 Rdnr. 3.

gleiche Einschränkung auch schon aus § 276 Abs. 1 S. 3 BGB ergebe.[309] Damit stellt sich die Frage, ob § 276 Abs. 1. 3 BGB eben diese Einschränkung auch zugunsten des minderjährigen *Finders* regelt.

Gemäß § 276 Abs. 1 S. 3 BGB finden auf die Haftung des Schuldners die §§ 827, 828 BGB Anwendung. Diese Vorschrift regelt durch eine Verweisung auf §§ 827, 828 BGB, daß vertragliches Verschulden ebenso wie deliktisches Zurechnungsfähigkeit voraussetzt.[310] Die Vorschrift ist aber auch auf die Pflichtverletzung bei Pflichten aus einem gesetzlichen Schuldverhältnis anzuwenden.[311] Hier ist es nun wichtig, daß der Fund als gesetzliches Schuldverhältnis qualifiziert werden konnte.[312] Damit handelt es sich bei den Rechten und Pflichten des Finders um solche, die in einem gesetzlichen Schuldverhältnis begründet sind. Auf diese finden die Regelungen des allgemeinen Teils des BGB und damit konkret die des § 276 Abs. 1 S. 3 BGB Anwendung.[313] Danach würde ein Finder, der die ihm entstehenden fundrechtlichen Pflichten verletzt, nur insoweit dafür einzustehen haben, wie dies seiner Einsichtsfähigkeit entspricht. Wichtig ist diese Feststellung für die Haftung des minderjährigen bzw. des beschränkt geschäftsfähigen oder geschäftsunfähigen Finders: Dessen Haftung bestimmt sich zwar zunächst nach § 968 BGB. Danach haftet er nur für Vorsatz und grobe Fahrlässigkeit. Darüber hinaus greift aber die Haftungsbegrenzung nach § 276 Abs. 1 S. 3 BGB ein. Danach hat der minderjährige Finder nur soweit für sein Verhalten einzustehen, soweit er hierfür die Einsichtsfähigkeit nach §§ 827, 828 BGB besitzt.

Damit ist die Haftungsbegrenzung gleich der, die durch § 682 BGB erzielt werden soll. Einer direkten Anwendung des § 682 BGB zur Ergänzung des Fundrechts bedarf es also schon deshalb nicht, weil durch § 276 Abs. 1 S. 3 BGB bereits die Haftung des nicht voll geschäftsfähigen Finders beschränkt ist. Unzulässig ist die in der Literatur oft vorgeschlagene analoge Anwendung von § 862 BGB[314], da es an einer hierfür erforderlichen Regelungs-

309 Staudinger-Wittmann, 1991, § 682 Rdnr. 2; MünchKomm-Seiler, 1986, § 682 Rdnr. 4.

310 Palandt-Heinrichs, 1992, § 276 Rdnr. 1.

311 Erman-Battes, 1989, § 276 Rdnr. 1; Palandt-Heinrichs, 1992, § 276 Rdnr. 1.

312 S. oben I.

313 Erman-Battes, 1989, § 276 Rdnr. 1; Palandt-Heinrichs, 1992, § 276 Rdnr. 1.

314 Endemann, 1900, 343 mit Anm. 3; Meisner, 1901, § 965 Anm. 3; Stein, jur. Diss. 1903, 29; Strauß, jur. Diss. 1908, 37; Staudinger-Seufert, 1956, § 968; Palandt-Hoche, 1964, § 968 Anm. 1; Grasmann, 1971, 180; Derday,jur. Diss. 1978, 19.

lücke im Gesetz fehlt.[315] Die Haftung des nicht voll geschäftsfähigen Finders ist somit gemäß § 968 BGB in Verbindung mit § 276 Abs. 1 S. 3 BGB begrenzt, ohne daß es dafür des § 682 BGB bedarf. Eine Anwendbarkeit von § 682 BGB im Fundrecht scheidet aus.

Damit ist eine Anwendung von Geschäftsführungsrecht im Fundrecht abzulehnen. Das Fundrecht ist in den §§ 965-969 BGB abschließend geregelt. Sofern es der Haftungsbegrenzung nicht vollgeschäftsfähiger Finder bedarf, bestimmt sich diese nach § 276 Abs. 1 S. 3 BGB. § 682 BGB findet keine Anwendung.

315 Vgl. insbesondere Staudinger-Gursky, 1979, § 965 Rdnr. 13; auch Mittenzwei, MDR 1987, 883 (884) mit Anm. 13; im Ergebnis auch Wolf, E., 1979, 189.

4. Kapitel: Der Eigentumserwerb des Finders

Der Finder kann unter den Voraussetzungen der §§ 973, 974 BGB das Eigentum an der Fundsache erwerben. Damit wird das Eigentum an der verlorenen Sache kraft Gesetzes einer anderen Person als dem ursprünglichen Eigentümer zugewiesen. Dies geschieht, um die verlorene Sache wieder dem Rechtsleben zuzuführen. Der Zustand "tatsächlicher Herrenlosigkeit" der Sache soll beendet werden.[1] Damit wird die tatsächliche Situation des Finders in die rechtliche Position des Eigentümers geändert.

Der Literatur bereitet die Systematisierung des fundrechtlichen Eigentumserwerbs Schwierigkeiten. Teilweise wird er als der Ersitzung oder der Aneignung vergleichbar angesehen[2], teilweise auf die Rechtsgedanken der Verschweigung zurückgeführt.[3] Folglich ist auch hier auf die Konzeption des fundrechtlichen Eigentumserwerbs einzugehen. Dabei werden zunächst die Materialien zur Gesetzgebung untersucht.[4] Hieran schließt sich die Untersuchung der Literatur und Rechtsprechung an. Dabei geht es zunächst um die Voraussetzungen, unter denen der Finder das Eigentum erwirbt.[5] Hierzu wird in der Literatur vorgeschlagen, den Tatbestand des § 973 BGB um die Voraussetzung des Besitzes der Fundsache im Zeitpunkt des Eigentumserwerbs zu ergänzen. Zu prüfen ist deshalb, ob es einer solchen weiteren Voraussetzung bedarf. Daran schließt sich die Untersuchung der Gründe, bei deren Vorliegen ein Eigentumserwerb des Finders ausgeschlossen ist.[6]

Sind die Voraussetzungen des § 973 BGB erfüllt und liegen keine Ausschlußgründe vor, geht das Eigentum an der Fundsache auf den Finder über. Im Zusammenhang hiermit stellt sich die Frage, ob der Finder ein Anwartschaftsrecht auf Erwerb des Eigentums an der

1 Jakobs/Schubert, Vorentwürfe der Redaktoren zum BGB, Sachenrecht 1, 865.

2 Gimmerthal, AcP 52 (1869), 521 (533); StaudingerKober, 1898, § 973 Anm. 3; Dernburg, 1901, 339; Heilfron/Pick, 1907, 430 mit Anm. 4 a; Biermann, 1914, § 973 Anm. 5; so auch RGRK-Pikart, 1979, § 973 Rdnr. 2; Egert, 1974, 202.

3 Gierke, 1895, 311; Immerwahr, 1895, 51; Krause, 1933, 171; Planitz, 1925, 15.

4 Unten I., 1.

5 Unten I., 2., a)-d).

6 Unten I., 2., a)-d).

Fundsache hat. Diese in der Literatur immer wieder zu findende Auffassung wird an dieser Stelle überprüft.[7]

Den Schwerpunkt der sich anschließenden Untersuchung bildet die Frage nach dem Zeitpunkt, zu dem der Finder Eigentümer wird. Zu denken ist nicht nur an den Zeitpunkt des Fundes[8], sondern denkbar ist auch, daß der Finder erst sechs Monate nach der Anzeige des Fundes zum Eigentümer wird.[9] Die Bestimmung des Erwerbszeitpunktes ist sowohl wegen der zwischenzeitlich gezogenen Nutzungen aus der Fundsache von Interesse als auch im Hinblick auf den bereicherungsrechtlichen Ausgleich nach § 977 BGB.[10] Bei der Beantwortung dieser Fragen wird auch auf die von der Literatur vorgeschlagenen Einordnungsversuche des fundrechtlichen Eigentumserwerbs eingegangen. Denn aus der rechtlichen Einordnung des Fundes ziehen die Autoren Konsequenzen für den Eigentumserwerbszeitpunkt.

Im zweiten Teil folgt die Untersuchung der Besonderheiten des fundrechtliche Eigentumserwerbs gemäß § 974 BGB. Dabei sind besonders die Erfordernisse einer angemessenen Fristbestimmung zu prüfen.

Im Mittelpunkt des dritten Teils dieses Kapitels stehen die bereicherungsrechtlichen Folgen, die sich an den Eigentumserwerb anschließen. Von besonderem Interesse ist dabei zunächst der Inhalt des § 977 BGB, der unter Berücksichtigung der Konzeption dieser Vorschrift in den Gesetzesmaterialien betrachtet wird. Daran schließt sich die Untersuchung der in der Literatur zu findenden Behauptung an, bei der Vorschrift des § 977 BGB handele es sich um ein Redaktionsversehen.[11] Diese Auffassung wird anhand der Gesetzesmaterialien überprüft und widerlegt.

---

7 Brandis, JW 1931, 505 (507); Krusch, AcP 148 (1943), 282 (299); Wolff/Raiser, 1957, 313; vgl. auch Forkel, 1962, 113 mit Anm. 106; Thoma/Krause, 1981, 70; MünchKomm-Quack, 1986, § 973 Rdnr. 5; Mittenzwei, MDR 1987, 883 (885); Baur, 1989, 525; Schwab, K. H., 1989, 196; Soergel-Mühl, 1989, § 973 Rdnr. 1; Palandt-Bassenge, 1990, § 973 Anm. 1.

8 Ein Eigentumserwerb "ex tunc", wird in der jüngeren Literatur insbesondere vertreten von Egert, 1974, 202; in Anlehnung an Staudinger-Seufert, 1956, § 973 Rdnr. 3.

9 So die überwiegende Auffassung in der Literatur: Palandt-Bassenge, 1990, § 973 Anm. 1; Erman-Hefermehl, 1989, § 973 Rdnr. 1; Schwab, K. H., 1989, 196; Soergel-Mühl, 1989, § 973 Rdnr. 1 mit Anm. 3; MünchKomm-Quack, 1986, § 973 Rdnr. 3; Staudinger-Gursky, 1979, § 973 Rdnr. 4; Westermann, H., 1966, 288; Eichler, 1957, 59 mit Anm. 28; Wolff/Raiser, 1957, 312 mit Anm. 35; Krusch, AcP 148 (1949), 282 (298); so schon Planck, 1902, § 973 Anm. 2; Strauß, jur. Diss 1908, 53.

10 Unten, III.

11 Endemann, 1900, 345 mit Anm. 21; Wolff/Raiser, 1957, 314 mit Anm. 46; Staudinger-Gursky, 1979, § 977 Rdnr. 2; vgl. auch RGRK-Pikart, 1979, § 977 Rdnr. 5.

I. Der Eigentumserwerb des Finders gemäß § 973 BGB

Der Eigentumserwerb an der Fundsache ist zunächst nicht Ziel des Fundrechts.[12] Primär soll die verlorene Sache in die richtigen Hände zurückgebracht werden. Nur im Falle der Unerreichbarkeit dieses Ziels wird kraft Gesetzes über die Sache verfügt.[13] Gleichwohl bildet der mögliche Eigentumserwerb den Schwerpunkt des Fundrechts. Nur so ist dessen Regelung innerhalb des Sachenrechts gerechtfertigt.[14]

Die Literatur versucht, den Eigentumserwerb des Finders mit anderen im BGB enthaltenen Eigentumserwerbsarten zu vergleichen.[15] Teilweise wird sogar zur Beantwortung fundrechtlicher Fragen auf die den Autoren vergleichbar erscheinenden Eigentumserwerbsarten, insbesondere die Aneignung, aber auch die Ersitzung, verwiesen.[16] Demgegenüber hat der Gesetzgeber, wie sich aus den folgenden Ausführungen ergibt, ausdrücklich auf eine Anlehnung an andere Erwerbsarten verzichtet.[17]

---

12 Jakobs/Schubert, Vorentwürfe der Redaktoren zum BGB, Sachenrecht 1, 851.

13 Vgl. oben 3. Kapitel, II., 1.

14 So die Konzeption des Gesetzgebers, vgl. Jakobs/Schubert, Vorentwürfe der Redaktoren zum BGB, Sachenrecht 1, 866; vgl. oben 3. Kapitel, I., 1.

15 Gimmerthal, AcP 52 (1869), 521 (533); Gierke, 1895, 311; Immerwahr, 1895, 51; Staudinger-Kober, 1898, § 973 Anm. 3; Dernburg, 1901, 339; Heilfron/Pick, 1907, 430 mit Anm. 4 a; Biermann, 1914, § 973 Anm. 5; Planitz, 1925, 15; Krause, 1933, 171; so auch RGRK-Pikart, 1979, § 973 Rdnr. 2; Egert, 1974, 202.

16 Staudinger-Kober, 1898, § 973 Anm. 3, bis einschließlich Staudinger-Seufert, 1956, § 973 Rdnr. 3; vgl. auch Heilfron/Pick, 1907, 430 mit Anm. 4 a; Dernburg, 1901, 339; Biermann, 1914, § 973 Anm. 5; RGRK-Pikart, 1979, § 973 Rdnr. 2, so schon RGRK-Hoffmann, 1910 und 1913, § 973 Anm. 1. Entgegen den Vorauflagen Staudinger-Gursky, 1979, § 973 Rdnr. 4.

17 Jakobs/Schubert, Vorentwürfe der Redaktoren zum BGB, Sachenrecht 1, 866; vgl. unten 1.

1. Die Konzeption des Eigentumserwerbs gemäß § 973 BGB bei Entstehung des BGB

Den Redaktoren der ersten Kommission erschien es als eine unnötige Übertreibung des Eigentumsrechts, das Recht des unbekannten Eigentümers auf unbegrenzte Zeit zu erhalten und jede Zueignung der Sache als Unterschlagung zu verstehen.[18] Man war der Ansicht, daß das gesetzliche Schuldverhältnis, in das sich der Finder zum Berechtigten begibt, einer zeitlichen Grenze unterliegen müsse. Nach Überschreitung dieser Grenze erfolge dann eine vom früheren Rechtszustand unabhängige Neuregelung des Rechts an der Sache.[19]

Hierzu sah § 171 TE Sachenrecht folgende Regelung vor:

"Sind die Nachforschungen nach dem Eigenthümer erfolglos geblieben, so hat die Polizeibehörde nach Ablauf eines Jahres seit der bei ihr gemachten Fundanzeige dem Finder auf dessen Antrag zu bescheinigen, daß der Eigenthümer nicht zu ermitteln sei.

Aus besonderen Gründen kann die Polizeibehörde die Ausstellung der Bescheinigung bis zum Ablauf von drei Jahren seit der Fundanzeige verschieben.

Nach der Aushändigung, und wenn die gefundene Sache der Polizeibehörde abgeliefert war, nach Rückgabe der Sache an den Finder erlangt derselbe das Eigenthum der Sache.

Hat der Finder der Anzeigepflicht nicht genügt, oder verzichtet er auf die Erwerbung des Eigenthums, so tritt an seine Stelle das Armenrecht der Gemeinde des Fundortes."[20]

Zunächst beabsichtigte der zuständige Referent Reinhold Johow im Einklang mit anderen neueren Gesetzgebungen, das Ermittlungsgeschäft in die Hände der Ortspolizei zu legen.[21]

---

18 Jakobs/Schubert, Vorentwürfe der Redaktoren zum BGB, Sachenrecht 1, 865; Motive, Band 3, 382.

19 Motive, Band 3, 382.

20 Jakobs/Schubert, Beratungen des BGB, Sachenrecht 1, 736, 737; "nach" änderte Reinhold Johow selbst in "mit"; Anhang Nr. 118, Jakobs/Schubert, Beratungen des BGB, Sachenrecht 1, 737.

21 Reinhold Johow ging davon aus, daß eine höhere polizeiliche Instanz zwar den Vorteil sachkundigerer Erledigung der Geschäfte habe. Doch sei damit auch der Nachteil verbunden, daß eine höhere Instanz örtlich und geschäftlich dem Publikum zu fern stehe. Demgegenüber komme die Ortspolizei in tägliche unmittelbare Berührung mit den Einwohnern und besitze umfassende Kenntnisse über Personen und deren Verhältnisse. Deswegen seien diese Personen besonders geeignet, die Eigentuümer verlorener Sachen zu ermitteln, Jakobs/Schubert, Vorentwürfe der Redaktoren zum BGB, Sachenrecht 1, 868.

Im folgenden stellt Johow nach einer Übersicht über das geltende Recht fest, daß sich eine einheitliche Charakterisierung des fundrechtlichen Eigentumserwerbs nicht gebildet habe. Nebeneinander stünden Klageverjährung, Ersitzung, Verschweigung und Übereignung der Sache durch die Behörde.[22] Klageverjährung und Ersitzung lehnte Johow ausdrücklich als zu schleppende Erledigungsarten ab, so daß für den fundrechtlichen Eigentumserwerb nur die Verschweigung und die Übereignung der Fundsache durch die Behörde bei objektiver Unauffindbarkeit des Eigentümers verblieb.[23]

Für ungeeignet hielt Johow die Wahl eines Aufgebotsverfahrens, in dem derjenige, gegen den sich das Verfahren richte, bei seinem Schweigen mit einem Rechtsnachteil bedroht werde. Der Finder habe nämlich kein Recht an der Sache, "ein vollständig Unberechtigter würde also einen zweifellos Berechtigten provozieren".[24] Zudem könnte eine Auflage, das Eigentum innerhalb einer bestimmten Frist geltend machen zu müssen, im Gesetz bestehende Verjährungsfristen abkürzen.[25] Im Fall des Fundrechts könne aber die Bedrohung des Verschweigens eine um so größere Härte darstellen, als der Eigentümer der Sache den Verlust oft gar nicht vermuten könne, insbesondere dann nicht, wenn die Sache von einem anderen verloren wurde.[26] Doch könne die unnötige Härte eines Rechtsnachteils für die Verschweigung vermieden werden, wenn der Eigentumswechsel nicht von der Nichtmeldung des Eigentümers, sondern von dessen Nichtermittelbarkeit abhängig gemacht werde.[27]

Von der ersten Kommission wurde demgemäß beschlossen, den Eigentumserwerb des Finders nicht an eine Präklusion der Empfangsberechtigten durch ein Aufgebotsverfahren zu knüpfen, sondern an die Voraussetzung, daß ein Empfangsberechtigter nicht ermittelt werde.[28]

---

22 Jakobs/Schubert, Vorentwürfe der Redaktoren zum BGB, Sachenrecht 1, 866.

23 Vgl. Jakobs/Schubert, Vorentwürfe der Redaktoren zum BGB, Sachenrecht 1, 867.

24 Jakobs/Schubert, Vorentwürfe der Redaktoren zum BGB, Sachenrecht 1, 867.

25 Vgl. unten 3., b).

26 Bei dem Aufgebotsverfahren kommt es lediglich darauf an, daß ein Berechtigter sich nicht meldet; auch wenn dringende Anzeichen auf das Recht einer Person verweisen, bleibt dies gleichgültig, Jakobs/Schubert, Vorentwürfe der Redaktoren zum BGB, Sachenrecht 1, 867, 868.

27 Jakobs/Schubert, Vorentwürfe der Redaktoren zum BGB, Sachenrecht 1, 867.

28 Jakobs/Schubert, Beratungen des BGB, Sachenrecht 1, 739.

In der vorläufigen Zusammenstellung zu einzelnen Materien des Sachenrechts wurden die Beschlüsse der Kommission in § 5 folgendermaßen zusammengefaßt[29]: Es obliege der Polizeibehörde, dem Finder auf dessen Antrag ein schriftliches Zeugnis darüber zu erteilen, daß bei der Polizeibehörde binnen einem Jahr seit der Fundanzeige der Anspruch eines Dritten auf Herausgabe der Sache nicht angemeldet wurde.[30] Mit wenigen Änderungen wurde diese Vorschrift so in den Redaktionsvorlagen für den Redaktionsausschuß der ersten Kommission[31] und in die Zusammenstellung der sachlich beschlossenen Bestimmungen des Sachenrechts nach den Beschlüssen des Redaktionsausschusses der ersten Kommission übernommen.[32]

Bei der Redaktion des Kommissionsentwurfs beschloß die Kommission, die Vorschrift des § 899 auf Antrag Karl Kurlbaums[33] wie folgt zu ändern:

"Wird bei der Polizeibehörde ein Anspruch auf Herausgabe der Sache nicht angemeldet, so hat die Polizeibehörde hierüber nach Ablauf eines Jahres seit der Anzeige des Fundes dem Finder auf dessen Antrag ein schriftliches Zeugnis zu erteilen."[34]

Ebenfalls auf Antrag Kurlbaums[35] wurde zu § 899 Abs. 3 beschlossen, daß bei einem Eigentumserwerb zugleich alle sonstigen bisher an der Sache begründeten Rechte erlöschen.[36] Gemäß der Beschlüsse der Kommission war § 899 Abs. 1-3 in dem E I als § 918 enthalten.[37]

---

29 Jakobs/Schubert, Beratungen des BGB, Sachenrecht 1, 740.

30 Weitere Beschlüsse, insbesondere zur Verletzung der Anzeigepflicht durch den Finder, vgl. Jakobs/Schubert, Beratungen des BGB, Sachenrecht 1, 740.

31 § 900 formulierte: "... kein Anspruch auf Herausgabe der Sache ... angemeldet", Jakobs/Schubert, Beratungen des BGB, Sachenrecht 1, 741.

32 § 899, Jakobs/Schubert, Beratungen des BGB, Sachenrecht 1, 741.

33 Karl Kurlbaum, Antrag Nr. 434, 42, sah noch weitere Änderungen vor, die von der ersten Kommission nicht beschlossen wurde. Danach sah die Vorschrift als weitere Alternative die Verweigerung der Annahme der Sache durch den Empfangsberechtigten gegen Befriedigung der Ansprüche des Finders wegen der in § 895 bezeichneten Ansprüche vor. Antrag bei Jakobs/Schubert, Beratungen des BGB, Sachenrecht 1, 741.

34 Vgl. Jakobs/Schubert, Beratungen des BGB, Sachenrecht 1, 741.

35 Karl Kurlbaum, Antrag Nr. 438.3, abgedruckt bei Jakobs/Schubert, Beratungen des BGB, Sachenrecht 1, 741.

36 Jakobs/Schubert, Beratungen des BGB, Sachenrecht 1, 741; vgl. § 973 Abs. 1 S. 2 BGB.

37 Weitere Anträge zur Änderung des § 899 bis zur Übernahme als § 919 in den E I bei Jakobs/Schubert, Beratungen des BGB, Sachenrecht 1, 742.

Damit hat die erste Kommission, wie auch von Johow angestrebt, die Ermittlung des Empfangsberechtigten und die Feststellung, daß der Empfangsberechtigte nicht ermittelt werden könne, der Polizeibehörde übertragen. Ein gerichtliches Aufgebotverfahren findet ausdrücklich nicht statt. Für einen Eigentumserwerb des Finders genügt zunächst ein Antrag des Finders, woraufhin die Polizeibehörde die Nichtermittelbarkeit des Berechtigten feststellt.[38]

Diese grundsätzliche Konzeption des fundrechtlichen Eigentumserwerb ist in den gutachtlichen Äußerungen zum E I nicht gerügt worden.[39] In der zweiten Kommission wurde auf Antrag von Struckmann anstelle des § 918 folgende Vorschrift beschlossen:

"Ist innerhalb eines Jahres seit der von dem Finder nach Maßgabe des § 910 gemachten Anzeige bei der Polizeibehörde ein Anspruch auf Herausgabe der Sache nicht angemeldet, so erwirbt der Finder das Eigentum an der Sache. Zugleich erlöschen alle sonstigen an der Sache bisher begründeten Rechte."[40]

In der Vorläufigen Zusammenstellung stimmt die so beschlossene Vorschrift wörtlich mit § 918 überein.[41] In der zweiten Lesung des Entwurfs wurde die Bestimmung, nach der dem Finder von der Behörde ein Zeugnis hätte ausgestellt werden müssen, beseitigt und auf einfachere Weise gestaltet; nunmehr genügte Zeitablauf zum Eigentumserwerb.[42]

Bei der Untersuchung der Gesetzesmaterialien wird deutlich, daß der Gesetzgeber den fundrechtlichen Eigentumserwerb ausdrücklich nicht entsprechend anderer im BGB enthaltener Eigentumserwerbsarten ausgestaltet hat.[43] Wegen der Besonderheiten des Fundrechts wurde

---

38 Jakobs/Schubert, Vorentwürfe der Redaktoren zum BGB, Sachenrecht 1, 867; Motive, Band 3, 383; Jakobs/Schubert, Beratungen des BGB, Sachenrecht 1, 737. Siehe auch die Vorschläge von Eck, DJT 1882, 41 (55 ff.); Nachtrag, 841, 342; Daude, DJT 1882, 65 (91 ff.); Bonitz, DJT 1882, 170 (191 ff., 194).

39 Veränderungen wurden von Bingner bezüglich des Abs. 2 vorgeschlagen, wonach ermessensunabhängig sofort bei der Bekanntmachung des Fundes eine Anmeldefrist festzusetzen sei. Und Konrad Cosack meinte, daß bei wertvollen Funden dem Staat oder der Gemeinde ein Anteil gewährt werden müsse; vgl. Zusammenstellung der gutachtlichen Äußerungen zum E I, 1890, 187.

40 § 914 E I; in Abs. 2 wurde vorgesehen, daß die Wirkungen des Abs. 1 nicht in Ansehung solcher Rechte eintreten, die dem Finder vor dem Ablauf eines Jahres bekannt geworden sind. Und Abs. 3 sieht vor, daß die in Abs. 1 bestimmten Wirkungen nur unter dem Vorbehalt innerhalb eines Jahres bei der Polizeibehörde angemeldeten Ansprüche auf Herausgabe stehen, Jakobs/Schubert, Beratungen des BGB, Sachenrecht 1, 744.

41 Jakobs/Schubert, Beratungen des BGB, Sachenrecht 1, 744. Die Vorschrift des § 918 wurde nochmals geändert und lautete im E II als § 888 mit wenigen Änderungen dann so, wie sie als Revision des E II im E III als § 957 in § 973 BGB Gesetz geworden ist.

42 Protokolle, Band 3, 272.

43 Motive, Band 3, 382.

statt dessen der Eigentumsverlust beim ursprünglichen Eigentümer und der Eigentumserwerb des Finders allein vom Ablauf einer bestimmten Zeitspanne abhängig gemacht.

Es handelt sich also um einen Eigentumserwerb bei objektiver Unauffindbarkeit des Eigentümers.[44] Der Eigentumswechsel findet ohne öffentliche Bekanntmachung oder ein gerichtliches Aufgebotsverfahren statt[45], wenn der Berechtigte nicht innerhalb einer bestimmten Frist dem Finder bekannt wird oder sein Recht bei der Polizeibehörde angemeldet hat. Allein mit Ablauf der Frist des § 973 BGB geht das Eigentum auf den Finder über.

2. *Voraussetzungen des Eigentumserwerbs gemäß § 973 BGB*

In § 973 BGB werden für den Eigentumserwerb die Anzeige des Fundes bei der zuständigen Behörde und der Ablauf einer bestimmten Frist vorausgesetzt. Dennoch wird in der Literatur eine tatbestandliche Ergänzung vorgeschlagen, wonach der Finder zum Eigentumserwerb außerdem im Besitz der Sache sein muß.[46] Ob es dieser Ergänzung bedarf, wird nach der Untersuchung der Voraussetzungen, die das Gesetz nennt, geklärt. Aber auch wenn alle diese Voraussetzungen erfüllt sind, ist unter bestimmten Bedingungen ein Eigentumserwerb ausgeschlossen. Diese werden im Anschluß an die Erläuterung der Voraussetzungen des Eigentumserwerbs erörtert.

a) Die Anzeige

Der Finder kann das Eigentum an einer Fundsache nur erwerben, wenn er den Fund bei der zuständigen Behörde angezeigt hat. Die Anzeigepflicht regelt bereits § 965 Abs. 2 BGB. Danach ist der Finder zur Anzeige des Fundes und der Umstände, die zur Ermittlung der Empfangsberechtigten erheblich sein können, verpflichtete.[47] Hat der Finder die vor-

44 Jakobs/Schubert, Vorentwürfe der Redaktoren zum BGB, Sachenrecht 1, 867; Jakobs/Schubert, Beratungen des BGB, Sachenrecht 1, 737.

45 Als Voraussetzung für den Eintritt gesetzlicher Neuregelung an der Fundsache bestimmen die meisten Gesetze, daß ein Berechtigter sich nicht innerhalb einer bestimmten Frist auf eine öffentliche Aufforderung hin gemeldet hat. So preußische/sächsische, braunschweigerische, bremische, anhaltische, coburgische, italienische Rechte, Motive, Band 3, 382; Jakobs/Schubert, Vorentwürfe der Redaktoren zum BGB, Sachenrecht 1, 851-854.

46 Palandt-Bassenge, 1989, § 973 Anm. 1; entgegen der Vorauflage Staudinger-Gursky, 1979, § 973 Rdnr. 1; vgl. auch RG JW 1931, 930 (931).

47 Vgl. 3. Kapitel, II., 1.

schriftsmäßige Anzeige nicht erstattet, so ist ein Eigentumserwerb an der Fundsache ausgeschlossen.[48] Nach Ansicht der Redaktoren der ersten Kommission war es nur konsequent, daß der Finder die Begünstigung nur erhalte, wenn er zuvor den Anforderungen des Gesetzes genügt habe.[49]

Eine Ausnahme hierzu bildet § 965 Abs. 2 S. 1 BGB: Bei Fundsachen, deren Wert nicht mehr als 10,-- DM beträgt, ist der Finder von der Anzeigepflicht bei der zuständigen Behörde entbunden. Folgerichtig ist daher bei diesen sogenannten Kleinfunden ein Eigentumserwerb auch ohne Fundanzeige möglich, § 973 Abs. 2 S. 1 BGB.

b) Fristablauf

Weiterhin setzt § 973 BGB für den Eigentumserwerb des Finders den Ablauf einer bestimmten Frist voraus. Ursprünglich betrug diese Frist ein Jahr. Sie wurde aber durch das Gesetz zur Änderung von Vorschriften des Fundrechts vom 19. Juli 1976 auf sechs Monate verkürzt.[50] Hierdurch sollten die Vorschriften des Fundrechts den veränderten Lebensverhältnissen und heutigen wirtschaftlichen Bedingungen angepaßt werden.[51] Die Erfahrungen der Fundbehörden hätten gezeigt, daß die Verlierer ganz überwiegend ihre verlorenen Sachen, wenn überhaupt, in den ersten Monaten nach dem Verlust abholten. Nur noch vereinzelt erschienen die Verlierer in dem sechsten bis zwölften Monat nach dem Verlust auf den Fundbüros; ihre Zahl betrage durchschnittlich nur ein Prozent. Diese Tatsachen rechtfertigten es, die Eigentumserwerbsfrist auf sechs Monate zu kürzen.[52] Auch stünden dieser Regelung die berechtigten Interessen des Verlierers nicht entgegen, da der Verlierer noch innerhalb von drei Jahren nach dem Übergang des Eigentums die Herausgabe des durch die Rechtsänderung Erlangten nach den Vorschriften über die Herausgabe einer ungerechtfer-

48 Vgl. Motive, Band 3, 387; s. unten d).

49 Jakobs/Schubert, Beratungen des BGB, Sachenrecht 1, 739.

50 BGBl. I, 1817, inkraft getreten am 1.11.1976.

51 Vgl. oben 3. Kapitel, II., 2., b); Bassenge, NJW 1976, 1486 (1486).

52 Begründung des Bundesrates zu Artikel 1 Nr. 3 und 4 (§ 973 Abs. 1 S. 1 und Abs. 2 S. 1, § 974 Satz 1 BGB) des Gesetzes zur Änderung von Vorschriften des Fundrechts, BT-Drucks 7/3559, 1, 4.

tigten Bereicherung fordern könne.[53] Darüber hinaus führe die Kürzung der Aufbewahrungsfrist zu einer spürbaren Entlastung der Fundbehörden.[54]

Der Fristbeginn ist in § 965 Abs. 1 und Abs. 2 BGB unterschiedlich geregelt. Wann die Frist zu laufen beginnt, hängt davon ab, ob es sich bei dem Fund um einen sogenannten Wert oder Kleinfund handelt. Beim Wertfund, also einem Fund, dessen Wert den von 10,-- DM überschreitet, ist der Fristbeginn von der Anzeige des Fundes bei der zuständigen Behörde abhängig. Erst die ordnungsgemäße Fundanzeige setzt den Fristanlauf in Gang.[55] Handelt es sich hingegen um einen Kleinfund, so erwirbt der Finder mit Ablauf von sechs Monaten nach dem Fund das Eigentum an der Fundsache. Hier beginnt die Frist gemäß § 973 Abs. 2 S. 1 BGB bereits mit dem Fund zu laufen.

c) Besitz des Finders

Als weitere Voraussetzung eines Eigentumserwerbs des Finders wird in der Literatur diskutiert, den Eigentumserwerb um ein ungeschriebenes Tatbestandsmerkmal zu ergänzen, nämlich den zumindest mittelbaren Besitz der Fundsache im Zeitpunkt des Erwerbs.[56] Diese Frage ist umstritten. Teilweise wird angenommen, daß dies aus dem Sinn und Zweck der Vorschrift gefolgert werden müsse. Denn Ausgangspunkt und Anlaß der Regelung sei die tatsächliche Herrschaftsmöglichkeit des Finders, die durch § 973 BGB gerade in eine entsprechende Rechtsposition umgewandelt werden solle. Nur dann sei die Sache wieder dem Rechtsleben und dem Wirtschaftsprozeß zuzuführen.[57] Demgegenüber ist es nach anderer Ansicht gleichgültig, ob der Finder, die Behörde oder ein Dritter die Sache besitzt oder ob die Sache besitzlos geworden ist.[58] Hat danach der Finder seinerseits die

---

53 Dazu unten III.

54 Begründung des Bundesrates zu Artikel 1 Nr. 3 und 4 (§ 973 Abs. 1 S. 1 und Abs. 2 S. 1, § 974 Satz 1 BGB) des Gesetzes zur Änderung von Vorschriften des Fundrechts, BT-Drucks 7/3559, 1, 4.

55 Dazu 3. Kapitel, II., 1., a).

56 Palandt-Bassenge, 1989, § 973 Anm. 1; entgegen der Vorauflage Staudinger-Gursky, 1979, § 973 Rdnr. 1; vgl. auch RG JW 1931, 930 (931).

57 Staudinger-Gursky, 1979, § 973 Rdnr. 1.

58 Dernburg, 1901, 339; Strauß, jur. Diss 1908, 53; Biermann, 1914, § 973 Anm. 2 d; Krause, 1933, 174; Staudinger-Seufert, 1956, § 973 Anm. 3 d; Eichler, 1957, 59 mit Anm. 28; Wolff/Raiser, 1957, 311 mit Anm. 34; entgegen der Vorauflage Soergel-Oechsler, 1960, § 973 Anm. 2; Westermann, H., 1966, 288; Soergel-Mühl, 1989, § 973 Rdnr. 1 mit Anm. 4; MünchKomm-Quack, 1986, § 973 Rdnr. 3; Baur, 1989, 525.

Fundsache verloren, so wird er dennoch mit Ablauf von einem halben Jahr nach Fundanzeige zum Eigentümer der Fundsache, verliert aber seinerseits dieses Eigentum wieder nach Ablauf eines halben Jahres, wenn er bis dahin unbekannt geblieben und der "neue" Finder der Sache den Fund ordnungsgemäß zur Anzeige gebracht hat.[59]

Ob der Eigentumserwerb des Finders von der Voraussetzung des Besitzes an der Fundsache abhängig ist, ist unter Berücksichtigung von Sinn und Zweck des fundrechtlichen Eigentumserwerbs zu verneinen. Zutreffend weist Gursky zwar auf den Sinn der Regelung des § 973 BGB hin, der auch darin besteht, die tatsächliche Situation des Finders in eine rechtliche Position zu ändern.[60] Jedoch bleibt dabei unberücksichtigt, daß mit den fundrechtlichen Regelungen vor allem angestrebt wird, den Zustand tatsächlicher Herrenlosigkeit zu beenden.[61] Den Schwerpunkt des Eigentumserwerbs bildet das Unbekannt- und Untätigbleiben des Verlierers oder eines sonstigen Berechtigten.[62] Der Eigentumserwerb des Finders ist lediglich die Folge des Eigentumsverlustes des ursprünglichen Eigentümers. Hierfür ist es völlig unerheblich, ob sich der Finder zu diesem Zeitpunkt im Besitz der Fundsache befindet oder nicht.[63] Das Eigentum geht auf den Finder über, unabhängig davon, wo sich die Sache zu diesem Zeitpunkt befindet. Daher ist eine Ergänzung der Voraussetzungen für den Eigentumserwerb um den Besitz des Finders abzulehnen. Sie ist weder im Gesetz enthalten, noch erforderlich.

Der Finder erwirbt somit gemäß § 973 BGB das Eigentum an der Fundsache, wenn er den Fund ordnungsgemäß angezeigt hat - beim Kleinfund ist auch die Anzeige entbehrlich[64] - und die Frist von sechs Monaten abgelaufen ist, in der sich der Eigentümer nicht bekannt gemacht hat. Weiterer Voraussetzungen bedarf es hierfür, entsprechend der Formulierung des Gesetzes, nicht.

---

59 Wolff/Raiser, 1957, 312 mit Anm. 34.

60 Staudinger-Gursky, 1979, § 973 Rdnr. 1.

61 Dazu Jakobs/Schubert, Vorentwürfe der Redaktoren zum BGB, Sachenrecht 1, 865.

62 Protokolle, Band 3, 272; Jakobs/Schubert, Beratungen des BGB, Sachenrecht 1, 737.

63 Vgl. auch Krause, 1933, 172.

64 S. o. 1.; 3. Kapitel, II., 1., a).

d) Ausschlußgründe

Aber auch wenn die oben genannten Voraussetzungen erfüllt sind, ist der Eigentumserwerb des Finders dennoch unter bestimmten Bedingungen ausgeschlossen:

Zunächst gibt § 976 BGB dem Finder die Möglichkeit, auf den Erwerb des Eigentums an der Fundsache zu verzichten. Dies ist vom Gesetzgeber ausdrücklich vorgesehen worden, da man der Auffassung war, daß der Eigentumserwerb vom Willen des Finders abhängig sein müsse.[65] Hierzu bedarf es einer formlosen, amtsempfangsbedürftigen Willenserklärung des Finders gegenüber der Behörde.[66] Der Verzicht des Finders auf den Eigentumserwerb wirkt zugunsten der Gemeinde, die gemäß § 976 BGB die Rechte des Finders erwirbt.

Weitere Gründe, die den Eigentumserwerb des Finders ausschließen, nennt § 973 BGB. Danach erwirbt der Finder das Eigentum an der Fundsache nur dann mit Ablauf der sechsmonatigen Frist, wenn dem Finder nicht vorher ein Empfangsberechtigter bekannt geworden ist. Hierfür genügt es, wenn dem Finder Umstände bekannt werden, die bei Nachforschungen, etwa durch die Behörde, zur Ermittlung des Berechtigten führen würden.[67] Fraglich ist, ob dieser in § 973 Abs. 1 BGB genannte Ausschlußgrund auch beim Eigentumserwerb am Kleinfund gilt. Dies ist aus der systematischen Stellung des Kleinfundes in Absatz 2 zu beantworten: Im zweiten Absatz werden die grundsätzliche Regelungen zum Eigentumserwerb an Fundsachen für den Kleinfund modifiziert. Hieran zeigt sich die grundsätzliche Geltung der Regelung des Absatzes 1 auch für Kleinfunde.[68]

Ein weiterer Ausschlußgrund ist dann gegeben, wenn der Berechtigte sein Recht bei der zuständigen Behörde angemeldet hat, § 973 Abs. 1 S. 1 BGB. Dies gilt nach § 973 Abs. 2 S. 3 BGB nicht für den Kleinfund. Hier läßt die Anmeldung des Rechts bei der zuständigen Behörde den Eigentumserwerb des Finders unberührt.[69]

Außerdem ist gemäß § 973 Abs. 2 S. 1 BGB der Eigentumserwerb beim Kleinfund dann ausgeschlossen, wenn der Finder den Fund auf Nachfrage verheimlicht hat. Dieser Tatbe-

---

65 Jakobs/Schubert, Beratungen des BGB, Sachenrecht 1, 738.

66 Staudinger-Gursky, 1979, § 976 Rdnr. 1; RGRK-Pikart, 1979, § 976 Rdnr. 1.

67 Staudinger-Gursky, 1979, § 973 Rdnr. 3; vgl. Jakobs/Schubert, Beratungen des BGB, Sachenrecht 1, 740.

68 Staudinger-Gursky, 1979, § 973 Rdnr. 3; Planck, 1902, § 973 Anm. 1 b .

69 Vgl. dazu insgesamt Jakobs/Schubert, Beratungen des BGB, Sachenrecht 1, 738, 739.

stand ist nicht nur bei der direkten Nachfrage des Berechtigten beim Finder verwirklicht, sondern auch dann, wenn der Finder bei einer an einen anderen gerichteten Nachfrage zugegen ist, die Nachfrage vernimmt und sich darauf nicht meldet.[70] Der Verheimlichung des Fundes auf Nachfrage wird im Wege der Analogie jedes arglistige Verhindern der Ermittlung des Finders durch diesen gleichgestellt.[71]

Probleme ergeben sich bei der Beantwortung der Frage, ob der in § 973 Abs. 2 BGB enthaltene und damit für den Kleinfund geltende Ausschlußgrund auch den Eigentumserwerb an einem auf Nachfrage verheimlichten Wertfund ausschließt. Die überwiegende Meinung in der Literatur[72] bejaht dies mit der Begründung, daß bei einer Verheimlichung eines Wertfundes erst recht der Eigentumserwerb ausgeschlossen sein müsse, wenn der Finder schon an einem Kleinfund nicht mehr das Eigentum nach Verheimlichung erwerben könne.[73]

Dieser Auffassung widerspricht zunächst schon der Wortlaut des § 973 BGB, der den Ausschlußgrund der Verheimlichung auf Nachfrage nur im Zusammenhang mit der in § 973 Abs. 2 BGB für den Kleinfund enthaltenen Modifizierungen erwähnt. Aus der Regelung des § 973 Abs. 2 BGB läßt sich deshalb entnehmen, daß dieser Ausschlußgrund nur für den Kleinfund gelten sollte.[74] Für die Beschränkung des Ausschlußgrundes auf den Kleinfund spricht weiterhin die Überlegung, daß beim Wertfund, anders als beim Kleinfund, eine ordnungsgemäße Fundanzeige bei der Behörde zu erfolgen hat.[75] Ohne diese Fundanzeige ist ein Eigentumserwerb des Finders ausgeschlossen.[76] Hat aber der Finder den Fund ordnungsgemäß zur Anzeige gebracht, kann in diesem Fall nicht mehr von einer Verheimlichung des Fundes gesprochen werden.[77] Es ist deshalb entbehrlich, den für den Kleinfund,

---

70 Staudinger-Gursky, 1979, § 973 Rdnr. 4; RGRK-Pikart, 1979, § 973 Rdnr. 5.

71 Staudinger-Gursky, 1979, § 973 Rdnr. 4; RGRK-Pikart, 1979, § 971 Rdnr. 8; so schon Dernburg, 1901, 337.

72 Erman-Hefermehl, 1989, § 973 Rdnr. 3; RGRK-Pikart, 1979, § 973 Rdnr. 5; Staudinger-Gursky, 1979, § 973 Rdnr. 3; Westermann, H., 1966, 288; Wolff/Raiser, 1957, 311 mit Anm. 31; a. A. Planck, 1902, § 971 Anm. 5 b.

73 Staudinger-Gursky, 1979, § 973 Rdnr. 3.

74 So auch schon Biermann, 1914, § 973 Anm. 2 b.

75 § 965 Abs. 1 BGB; s. oben, 3. Kapitel, II., 1., a).

76 S. oben 1.

77 So schon Planck, 1902, § 971 Anm. 5 b.

bei dem keine Pflicht zur Fundanzeige besteht, vorgesehenen Ausschlußgrundes entgegen dem Wortlaut des Gesetzes auf den Wertfund zu erweitern.

Hiergegen wird von den Vertretern der gegenteiligen Auffassung eingewendet, daß trotz ordnungsgemäßer Fundanzeige eine Verheimlichung auf Nachfrage dann tatbestandlich erfüllt sei, wenn der Finder die Fundsache an die Behörde abgeliefert habe, dem Verlierer darüber aber auf dessen Nachfrage keine Auskunft gebe.[78] Diese Überlegung übersieht die Tatsache, daß der Finder nur demjenigen zur Auskunft verpflichtet ist, den er für an der Fundsache berechtigt halten durfte. Einem völlig Unberufenem muß der Finder keine Auskunft geben.[79] Verheimlicht aber der Finder auf Nachfrage eines Berechtigten den Fund, so ist dem Finder damit gleichzeitig ein Berechtigter im Sinne des § 973 Abs. 1 S. 1 BGB bekannt geworden; ein Eigentumserwerb ist ausgeschlossen. Auch in diesem Fall bedarf es somit keiner Anwendung des für den Kleinfund vorgesehenen Ausschlußgrundes auf den Wertfund. Liegt dagegen die Verheimlichung des Wertfundes zeitlich vor der Erstattung der Fundanzeige, so ist es auch hierbei entbehrlich, § 973 Abs. 2 BGB auf den Wertfund auszudehnen, da dann der Finder seine Anzeigepflicht verletzt hat und demzufolge der Eigentumserwerb durch § 973 Abs. 1 S. 1 BGB ausgeschlossen wird.[80]

Diese Überlegungen zeigen, daß die in der Literatur vorgeschlagene Anwendung des Ausschlußgrundes der Verheimlichung auf Nachfrage beim Wertfund entbehrlich ist. Gemäß § 973 Abs. 2 S. 2 BGB schließt die Verheimlichung des Fundes auf Nachfrage damit nur den Eigentumserwerb am Kleinfund aus. Dies führt auch nicht zu unbilligen Ergebnissen, da der Eigentumserwerb an Wertfunden bei derartigem Verhalten des Finders aufgrund der Regelung des § 973 Abs. 1 BGB ohnehin ausgeschlossen wird. Die Systematik des Gesetzes ist daher zu beachten und § 973 Abs. 2 S. 2 BGB nur auf den dort behandelten Kleinfund anzuwenden. Einer Erweiterung "a fortiori"[81] auf den Wertfund ist nicht zuzustimmen.

78 RGRK-Pikart, 1979, § 971 Rdnr. 8.

79 Staudinger-Gursky, 1979, § 971 Rdnr. 4; RGRK-Pikart, 1979, § 971 Rdnr. 8; Biermann, 1914, § 973 Anm. 3 b.

80 Vgl. Planck, 1902, § 971 Anm. 5 b.

81 Staudinger-Gursky, 1979, § 973 Rdnr. 3.

3. Folgen des Eigentumserwerbs gemäß § 973 BGB

Ausdrücklich nennt § 973 Abs. 1 S. 1 BGB als Rechtsfolge den Eigentumserwerb des Finders. Diskutiert wird in der Literatur aber auch, ob diesem Eigentumserwerb die Entstehung eines Anwartschaftsrechtes vorausgeht.[82] Dies ist im folgenden daher zuerst zu untersuchen (a). Daran schließen sich die Ausführungen zum Eigentumserwerb. Hierbei stellen sich insbesondere die Fragen: zum einen, wie sich der Eigentumserwerb vollzieht, zum anderen und vor allem, zu welchem Zeitpunkt das Eigentum erworben wird.

a) Die Anwartschaft des Finders

Mit dem Fund einer Sache erhält der Finder die Möglichkeit, unter bestimmten Voraussetzungen das Eigentum an der Fundsache zu erwerben.[83] Aus dieser Tatsache folgert ein großer Teil der Literatur, daß der Finder ein Anwartschaftsrecht auf Erwerb des Eigentums an der Fundsache habe.[84] Unterschiedlich wird der Zeitpunkt bestimmt, in dem das Anwartschaftsrecht entstehen soll. Teilweise wird angenommen, daß es bereits im Zeitpunkt des Fundes entstehe[85], nach anderer Ansicht entsteht das Anwartschaftsrecht erst mit Anzeige des Fundes bei der Behörde.[86]

Bevor aber der Entstehungszeitpunkt eines Anwartschaftsrechtes diskutiert werden kann, stellt sich zunächst die Frage, ob überhaupt beim Eigentumserwerb des Finders ein Anwartschaftsrecht entsteht. Ein Anwartschaftsrecht wird dann angenommen, wenn von einem mehraktigen Entstehungstatbestand eines Rechtes bereits so viele Erfordernisse erfüllt sind,

---

82 Brandis, JW 1931, 505 (507); Krusch, AcP 148 (1943), 282 (299); Wolff/Raiser, 1957, 313; vgl. auch Forkel, 1962, 113 mit Anm. 106; Thoma/Krause, 1981, 70; MünchKomm-Quack, 1986, § 973 Rdnr. 5; Mittenzwei, MDR 1987, 883 (885); Baur, 1989, 525; Schwab, K. H., 1989, 196; Soergel-Mühl, 1989, § 973 Rdnr. 1; Palandt-Bassenge, 1990, § 973 Anm. 1.

83 Oben 2., a), b).

84 Brandis, JW 1931, 505 (507); Krusch, AcP 148 (1943), 282 (299); Wolff/Raiser, 1957, 313; vgl. auch Forkel, 1962, 113 mit Anm. 106; Thoma/Krause, 1981, 70; MünchKomm-Quack, 1986, § 973 Rdnr. 5; Mittenzwei, MDR 1987, 883 (885); Baur, 1989, 525; Schwab, K. H., 1989, 196; Soergel-Mühl, 1989, § 973 Rdnr. 1; Palandt-Bassenge, 1990, § 973 Anm. 1; das RG bezeichnet die Aussicht auf den Eigentumserwerb als eine Art Anwartschaft, RG JW 1931, 930 (930).

85 Staudinger-Seufert, 1956, § 973 Rdnr. 3; Erman-Peters, 1952, § 973 Anm. 4.

86 Erman-Hefermehl, 1989, § 973 Rdnr. 1; Derday, jur. Diss. 1978, 83.

daß von einer gesicherten Rechtsposition gesprochen werden kann.[87] Als Mindestvoraussetzung hierfür wird die Tatsache angesehen, daß die Erwerbsaussicht des Anwartschaftsrechtsinhabers nicht mehr durch einseitige Erklärung des Rechtsinhabers zerstört werden kann. Danach ist das Anwartschaftsrecht ein Entwicklungsstadium des Vollrechts.[88]

Die Autoren nehmen ein Anwartschaftsrecht des Finders an, weil es sich beim fundrechtlichen Eigentumserwerb um einen mehraktigen Enstehungstatbestand handelt: Zunächst muß die Sache gefunden und deren Fund angezeigt werden, sodann eine Frist verstrichen und der Eigentümer letztlich unbekannt geblieben sein. Zudem kennzeichnet der durch den Fund erworbene Besitz immer auch das spätere Vollrecht und stellt so eine anwartschaftliche Situation dar.[89] Jedoch enthält die Anwartschaft des Finders - abgesehen vom Besitz der Fundsache - kein Rechtsmerkmal, das die dinglichen Interessen mit einem Rechtsinhalt irgendwie anerkennt und schützen würde.[90] Es fehlt an jedweder Vorwirkung auf das Vollrecht Eigentum. Schon dies erweckt Zweifel an einem Anwartschaftsrecht des Finders. Außerdem ist auch die Mindestvoraussetzung, daß die Erwerbsaussicht des Anwartschaftsrechtsinhabers nicht mehr durch einseitige Erklärung des Rechtsinhabers zerstört werden kann, beim Erwerb des Finders nicht erfüllt. Gerade die Erklärung und damit das Bekanntwerden des Berechtigten schließt den Eigentumserwerb des Finders aus.[91] Mit Erwerb des Besitzes an der Fundsache erlangt der Finder somit lediglich die Möglichkeit, das Eigentum zu erwerben; eine gesicherte Rechtsposition des Finders ist damit nicht verbunden.

Vor allem jedoch ist die Annahme verfehlt, daß der Finder über das Anwartschaftsrecht verfügen könne[92], da außer dem Besitz an der Fundsache kein Rechtsmerkmal besteht, wodurch das dingliche Interesse des Finders an der Fundsache geschützt oder auch nur mit einem Rechtsinhalt irgendeiner Art anerkannt würde.[93] Der Finder hat demzufolge lediglich

---

87 Schapp, 1989, 133; Wolf, M., 1991, 263; Gursky, 1991, 101.

88 BGHZ 28, 16 (21); BGHZ 30, 374 (37); BGHZ 34, 122 (124, 125); Westermann, H., 1966, 288.

89 MünchKomm-Quack, 1986, § 973 Rdnr. 5; Mittenzwei, MDR 1987, 883 (885); Baur, 1989, 525; Erman-Hefermehl, 1989, § 973 Rdnr. 1; Schwab, K. H., 1989, 196; Soergel-Mühl, 1989, § 973 Rdnr. 1; Palandt-Bassenge, 1990, § 973 Anm. 1.

90 Sponer, 1965, 127, 128; Staudinger-Gursky, 1979, § 973 Rdnr. 5; vgl. auch Westermann, H., 1966, 288.

91 S. oben 2., d)).

92 So Derday, jur. Diss. 1978, 83; Wolff/Raiser, 1957, 313; Baur, 1989, 525.

93 Sponer, 1965, 128.

die Aussicht auf den Erwerb des Eigentums und damit auch eine Anwartschaft, jedoch kein Anwartschaftsrecht, über das er verfügen könnte.[94]

Die Aussicht auf den Eigentumserwerb ist zeitlich auf den Moment festzulegen, in dem der Finder die Fundanzeige erstattet hat, da der Finder erst damit eine Voraussetzung für einen möglichen späteren Eigentumserwerb erfüllt hat. Entgegen der überwiegenden Ansicht in der Literatur entsteht dadurch aber kein Anwartschaftsrecht des Finders.

b) Der Übergang des Eigentums auf den Finder

Gemäß § 973 Abs. 1 S. 1 BGB erwirbt der Finder das Eigentum an der Fundsache. Dieser Eigentumserwerb ist originär[95], da der Finder das Eigentum kraft des besonderen Eigentumserwerbsgrundes des § 973 Abs. 1 S. 1 BGB erlangt. Der Eigentumserwerb ist lastenfrei, da nach § 973 Abs. 1 S. 2 BGB mit dem Erwerb die sonstigen Rechte an der Sache erlöschen.[96]

In der Literatur umstritten ist die Frage, ob der Finder das Eigentum erst mit Ablauf der sechsmonatigen Frist in § 973 BGB erwirbt oder ob der Zeitpunkt des Eigentumserwerbs auf den des Fundes zurückzudatieren ist.[97] Der Gesetzgeber hielt eine Regelung dieser Frage nicht für erforderlich. Ihr wurde nur wenig praktische Bedeutung zugemessen, und auf eine gesetzliche Regelung wurde deshalb verzichtet.[98] Dennoch ist diese Frage von großer praktischer Bedeutung. Ihrer Entscheidung bedarf es zum einen wegen der in der Zeit zwischen Fund und Fristablauf gezogenen Nutzungen.[99] Besondere Bedeutung erhält der Zeitpunkt des Eigentumserwerbs zum anderen für die Berechnung der Frist, innerhalb

---

94 Staudinger-Gursky, 1979, § 973 Rdnr. 5; Sponer, 1965, 128; vgl. auch Eichler, 1957, 60; Heck, 1930, 270.

95 Müller, K., 1990, 843; Baur, 1989, 525; Soergel-Mühl, 1989, § 973 Rdnr. 1; MünchKomm-Quack, 1986, § 973 Rdnr. 3; RGRK-Pikart, 1979, § 973 Rdnr. 3.

96 Vgl. insgesamt Jakobs/Schubert, Beratungen des BGB, Sachenrecht 1, 739.

97 Staudinger-Kober, 1898, § 973 Anm. 3 c, a; Dernburg, 1901, 339; Planck, 1902, § 973 Anm. 2; Strauß. jur. Diss. 1908, 53; Biermann, 1914, § 973 Anm. 5; Krause, 1933, 174; Krusch, AcP 148 (1943), 282 (298); Eichler, 1957, 59 mit Anm. 28; Wolff/Raiser, 1957, 331 mit Anm. 35; Westermann, H., 1966, 288; Staudinger-Gursky, 1979, § 973 Rdnr. 4; MünchKomm-Quack, 1986, § 973 Rdnr. 3; Erman-Hefermehl, 1989, § 973 Rdnr. 1; Schwab, K. H., 1989, 196; Soergel-Mühl, 1989, § 973 Rdnr. 1 mit Anm. 3; Palandt-Bassenge, 1990, § 973 Anm. 1.

98 Motive, Band 3, 384.

99 Zwar ist der Finder zur Nutzung der Fundsache grundsätzlich nicht berechtigt; hier ist aber an notwendige Nutzungen zu denken, wie zum Beispiel das Melken einer gefundenen Kuh.

welcher der ursprünglich Berechtigte einen bereicherungsrechlichen Ausgleich verlangen kann. Dieser kann nämlich gemäß § 677 S. 2 BGB nur innerhalb von drei Jahren *nach dem Übergang des Eigentums* verlangt werden.[100] Daneben ist der Zeitpunkt des Eigentumserwerbs auch hinsichtlich der Ansprüche wegen Beschädigung der Sache von Bedeutung. Dies stehen dem Finder erst ab dem Zeitpunkt zu, zu dem er Eigentümer der Sache geworden ist.[101]

Während die heutige Literatur ganz überwiegend einen Eigentumserwerb ex nunc annimmt[102], wird in der älteren Literatur vertreten, daß der Zeitpunkt des Eigentumserwerbs auf den des Fundes zurückzudatieren sei.[103] Vor allem Karl Kober begründet diese Auffassung mit dem Hinweis, daß der Fund immerhin eine "Art der Aneignung" sei. Dies rechtfertige es, den Eigentumserwerb auf die Inbesitznahme der Sache als die entscheidende Tatsache zurückzubeziehen.[104] Diese Auffassung wird auch in der jüngeren Literatur noch einmal von Hans Egert[105] aufgegriffen: Ungeachtet des entgegenstehenden Gesetzeswortlauts entspreche es der "ratio iuris", den Eigentumserwerb auf den Zeitpunkt des Fundes zu datieren, da der Grund des Eigentumserwerbs zutreffend im Aneignungscharakter des Fundes erblickt werde.[106]

Ausdrücklich als Eigentumserwerb im Wege der Aneignung einer herrenlosen Sache konstruiert Berthold Delbrück den fundrechtlichen Eigentumserwerb.[107] Er ist der Ansicht, daß das ursprüngliche Eigentum des Verlierers oder eines sonstigen Berechtigten durch Aufgebot und Ausschlußurteil des Richters erlösche. Danach werde die verlorene Sache herrenlos

---

100 Unten, III.

101 Zum Beispiel der Anspruch aus § 823 Abs. 1 BGB und alle weiteren Ansprüche des Eigentümers; vgl. dazu Mittenzwei, MDR 1987, 883 (885).

102 Palandt-Bassenge, 1990, § 973 Anm. 1; Erman-Hefermehl, 1989, § 973 Rdnr. 1; Schwab, K. H., 1989, 196; Soergel-Mühl, 1989, § 973 Rdnr. 1 mit Anm. 3; MünchKomm-Quack, 1986, § 973 Rdnr. 3; Staudinger-Gursky, 1979, § 973 Rdnr. 4; Westermann, H., 1966, 288; Eichler, 1957, 59 mit Anm. 28; Wolff/Raiser, 1957, 312 mit Anm. 35; Krusch, AcP 148 (1949), 282 (298); so schon Planck, 1902, § 973 Anm. 2; Strauß, jur. Diss 1908, 53.

103 Wohl in Anlehnung an Staudinger-Kober, 1898, § 973 Anm. 3 c, a: Dernburg, 1901, 339; Biermann, 1914, § 973 Anm. 5. Staudinger-Seufert, 1956, § 973 Rdnr. 3; Egert, 1974, 202.

104 Staudinger-Kober, 1898, § 973 Anm. 3 c, a.

105 Egert, 1974, 202.

106 Staudinger-Seufert, 1956, § 973 Rdnr. 3; Egert, 1974, 202.

107 Delbrück, JherJb. 3 (1859), 1 (46).

und könnte sich somit vom Finder angeeignet werden.[108] Delbrück geht davon aus, daß der Finder zu dem Zeitpunkt, zu dem er die verlorene Sache in seinen Besitz nimmt, wisse, daß zum einen die Sache verloren und zum anderen er selbst der Finder ist. Da aber der redliche Finder in der Absicht handele, die Fundsache an den Eigentümer zurückgelangen zu lassen, fehle ihm der Wille zur Aneignung. Dieser könne jedenfalls einem redlichen Finder nicht unterstellt werden.[109]

Mit Eintritt der Herrenlosigkeit der Fundsache durch Aufgebot und Präklusion müßte daher der Finder seine Absicht geändert haben. Deshalb unterstellt Delbrück dem Finder im Zeitpunkt des Fundes eine doppelte Absicht: Zum einen wolle der Finder im Falle der Ermittlung des Eigentümers diesem die Fundsache zurückgeben. Zum anderen habe der Finder bereits zu diesem Zeitpunkt die Absicht, die Sache für sich zu behalten, falls der Eigentümer nicht zu ermitteln ist. Die Intentionen des Finders seien alternativ bedingt. Nach Ausfall der einen Bedingung bleibe nur noch die andere Absicht des Finders bestehen. Ohne eine weitere Erklärung des Finders stehe dann fest, daß eine Okkupation mit der Wirkung des Eigentumserwerbs im Zeitpunkt des Fundes stattgefunden habe.[110]

Gegen diese Konstruktion ergeben sich aber nicht nur die bereits in den Gesetzesmaterialien enthaltene Bedenken, wonach der Eigentumserwerb des Finders gerade nicht einer Aneignung vergleichbar ist.[111] Denn der Aneignung gemäß § 958 BGB unterliegen nur herrenlose Sachen, beim Verlieren endet jedoch lediglich der Besitz an der Sache, nicht das Eigentum.[112]

Bei der Konstruktion der Herrenlosigkeit der Fundsache verkennt Delbrück, daß Herrenlosigkeit einer Sache nur dann eintritt, wenn der Eigentümer den Willen hat, sein Eigentum aufzugeben.[113] Allein die Tatsache, daß sich der Eigentümer, aus welchen Gründen auch immer, nicht auf das Angebot gemeldet hat, rechtfertigt es nicht, einen Willen des Eigen-

108 Delbrück, JherJb. 3 (1859), 1 (46); Egert, 1974, 202; RGRK-Johannsen, 1959, § 973 Anm. 5; vgl. auch Biermann, 1914, § 973 Anm. 5; Dernburg, 1908, 407.

109 Delbrück, JherJb. 3 (1859), 1 (46).

110 Delbrück, JherJb. 3 (1859), 1 (47).

111 Oben I., 1.; Jakobs/Schubert, Vorentwürfe der Redaktoren, Sachenrecht 1, 867.

112 Siehe oben, 1. Kapitel, II., 1.

113 MünchKomm-Quack, 1986, § 959 Rdnr. 4.

tümers zur Eigentumsaufgabe zu unterstellen.[114] Mit erfolglosem Ablauf des Aufgebotverfahrens kann sich daher der Charakter einer verlorenen Sache weder in den einer herrenlosen verwandeln, noch kann unterstellt werden, daß der Eigentümer ohne oder gegen seinen Willen das Eigentum an der Sache aufgegeben hat.

Weiterhin ist auch Delbrücks Konstruktion eines Aneignungswillens des Finders im Zeitpunkt des Fundes rechtlichen Bedenken ausgesetzt: Zum einen besteht bei dem Finder, der eine verlorene Sache als Fundsache in seinen Besitz nimmt, gerade kein Wille zur Aneignung.[115] Zum anderen erwirbt der Finder das Eigentum an der Fundsache im Gegensatz zur Aneignung schließlich ohne einen hierauf gerichteten Willensakt. Die Umwandlung des Fundbesitzes in Eigentum beruht auf Tatbestandsmerkmalen, die im Wesentlichen vom Willen des Finders unabhängig sind.[116] Die Konstruktion Delbrücks ist deshalb abzulehnen. Der fundrechtliche Eigentumserwerb ist gerade nicht der Aneignung vergleichbar, so daß ein Eigentumserwerb ex tunc damit auch nicht begründet werden kann.

Ganz überwiegend wird heute ein Eigentumserwerb ex nunc angenommen, wonach der Finder das Eigentum mit Ablauf von sechs Monaten nach der Fundanzeige erwirbt. Die Begründungen hierfür sind unterschiedlich: Teilweise wird angenommen, daß der Eigentumserwerb des Finders der Ersitzung vergleichbar sei, da auch dort das Eigentum erst mit Ablauf einer bestimmten Frist erworben werde.[117] Nach anderen Auffassung handelt es sich um ein Wiederaufleben von Grundsätzen der Verschweigung.[118] Beide Auffassungen sind jedoch nicht geeignet, den Eigentumserwerb ex nunc zu begründen.

Der Eigentumserwerb beim Fund als Ersitzung gründet sich auf die Überlegung, daß das erfolglos verlaufene Aufgebotsverfahren für die Feststellung genüge, daß der ursprüngliche Eigentümer nach aller Wahrscheinlichkeit nicht mehr zu finden und die Fundsache daher wie eine verlorenen Sache zu behandeln sei. Mit Ablauf des Aufgebotverfahrens erlange der Finder gutgläubigen Besitz an der Fundsache, der im Wege der Ersitzung zum Eigentumserwerb führe.[119]

---

114 Vgl. auch Jakobs/Schubert, Beratungendes BGB, Sachenrecht 1, 739.

115 S. oben 1. Kapitel, III., 3.

116 Krusch, AcP 148 (1943), 282 (298); vgl. auch § 977 S. 2 BGB.

117 Vertreten von Gimmerthal, AcP 52 (1869), 521 (533); allerdings fehlt es im Fundrecht an einem gutgläubigen Besitzer, da der Finder weiß, daß die Sache nicht herrenlos ist. Vgl. auch oben 1. Kapitel, III., 3.

118 Von Gierke, 1895, 311; Immerwahr, 1895, 2, 51; Krause, 1933, 171; Planitz, 1925, 15.

119 Gimmerthal, AcP 52 (1869), 521(533).

Diese Konstruktion begegnet ähnlichen Bedenken wie die Delbrücks, da auch hierbei eine Dereliktion ohne Willen des Eigentümers, nämlich allein durch den erfolglosen Ablauf des Aufgebotverfahrens unterstellt wird.[120] Die Tatsache, daß die Rechte des ursprünglichen Eigentümers, der jede Herrschaftsmöglichkeit über die verlorene Sache verloren hat, nicht zu verwirklichen sind, rechtfertigt es jedoch nicht, eine Eigentumsaufgabe des Verlierers oder früheren Eigentümers zu fingieren und die Gutgläubigkeit des Finders darauf zu stützen.[121] Auf dem Gedanken der Schutzwürdigkeit des gutgläubigen Besitzers beruht die Möglichkeit, daß der Besitzer auch das Eigentum an der Sache mit Ablauf einer bestimmten Frist erwerben kann.[122] Dieser Gedanke paßt aber nicht für die Situation des Finders, da dieser weder gutgläubig noch schutzbedürftig ist, da er weiß, daß er eine fremde Sache besitz. Auch dieser Vergleich ist somit nicht geeignet, den fundrechtlichen Eigentumserwerb erst mit Ablauf von sechs Monaten nach der Fundanzeige, also einen Erwerb ex nunc, zu begründen.

Von anderen Autoren wird argumentiert, ebenfalls mit dem Ziel, einen Eigentumserwerb ex nunc zu begründen, daß es sich beim Eigentumserwerb des Finders um ein "Wiederaufleben des alten deutschen Rechtsgedankens der Verschweigung" handele.[123] Ausgangspunkt für den Eintritt der Rechtswirkungen der Verschweigung bilde ein gerichtliches Aufgebotsverfahren oder ein tatsächliches Ereignis.[124] Die Rechtswirkung trete mit Ablauf einer bestimmten Frist ein. Danach habe sich der Berechtigte verschwiegen, die Geltendmachung des Widerspruchsrechts sei präkludiert.[125] Daher vollziehe sich der Eigentumserweb des Finders, Verschweigungsgrundsätzen folgend, ex nunc.[126]

---

120 Delbrück, JherJb. 3 (1859), 1 (47).

121 Vgl. Strauß, jur. Diss. 1908, 51.

122 MünchKomm-Quack, 1986, § 973 Rdnr. 14; vgl. auch Jakobs/Schubert, Vorentwürfe der Redaktoren zum BGB, Sachenrecht 1, 867.

123 Staudinger-Gursky, 1979, § 973 Rdnr. 4; Strauß, jur. Diss. 1908, 52, 53; Eichler, 1957, 61; vgl. auch Schreuer, 1921, 164.

124 Krause, 1933, 172, 173.

125 Immerwahr, 1895, 18; Gierke, 1895, 311.

126 Strauß, jur. Diss. 1908, 52, 53; Eichler, 1957, 61; Wolff/Raiser, 1957,; vgl. auch von Gierke, 1895, 311; Immerwahr, 1895, 2; Krause, 1933, 171; Planitz, 1925, 15.

Ob es sich um den Rechtsgedanken der Verschweigung oder um die Verwirkung[127] von Rechten handelt, soll hier nicht näher verfolgt werden[128], da es an Argumenten, warum es sich hier um "Verschweigungsgrundsätze" handeln soll, fehlt. Den Autoren, die auf die erfolglose Durchführung eines Aufgebotverfahrens verweisen, ist entgegenzuhalten, daß ein solches Aufgebotverfahren im Fundrecht nicht enthalten ist. Der Verweis auf Verschweigungsgrundsätze ist deshalb ebenfalls nicht geeignet, einen fundrechtliche Eigentumserwerb ex tunc zu begründen.

Gemeinsam ist allen diesen Konstruktionsversuchen, daß den Hinweisen der Redaktoren keine Beachtung geschenkt wird. Dabei ist den Materialien eindeutig zu entnehmen, daß sich der fundrechtliche Eigentumserwerb weder an Aneignung noch an Ersitzung orientiert und auch nicht als Verschweigung konzipiert wurde.[129] Der Eigentumserwerb wurde entsprechend der Konzeption Reinhold Johows von den Redaktoren als besondere Erwerbsart angesehen, die allein vom Fristablauf abhängig ist.[130]

Die Beantwortung der Frage, zu welchem Zeitpunkt sich der Eigentumserwerb vollzieht, ist dem Sinn der fundrechtlichen Regelungen und dem damit verfolgten Zweck zu entnehmen: Bei der Schaffung der Vorschriften zum Eigentumserwerb des Finders kam es dem Gesetzgeber darauf an, den Zustand, in dem sich eine verlorene Sache befindet, nach Ablauf einer bestimmten Frist zu beenden und die Rechte an der Sache danach neu zu regeln. Der Grund hierfür bildet des praktische Bedürfnis, einerseits die faktische Herrenlosigkeit der verlorenen Sache und andererseits den Zustand, in dem sich der Finder befindet, zeitlich begrenzen zu müssen.[131] Der Gesetzgeber war der Ansicht, daß durch das Gesetz bestimmt werden müsse, wann die Tatsache, daß der Empfangsberechtigte nicht mehr zu ermitteln sei, als festgestellt zu gelten habe. Diese Feststellung könne durch einen Akt der Behörde nach einem vorausgegangenen Ermittlungsverfahren getroffen werden. Auf ein

---

127 Von der Verwirkung eines Rechtes wird dann gesprochen, wenn ein Anspruch oder ein sonstiges Recht längere Zeit nicht geltend gemacht wurde und besondere Umstände hinzutreten, auf Grund deren die verspätete Geltendmachung als unzulässige, unzumutbare Rechtsausübung und damit als Verstoß gegen Treu und Glauben anzusehen sei; Larenz, 1989, 235.

128 Von den Autoren, die den Eigentumserwerb als Verschweigung konstruieren, wird auch darauf hingewiesen, daß die Verschweigung den Ersatz für die Ersitzung und Verjährung bilde, die dem älteren Recht fremd gewesen seien, Krause, 1933, 171, 173; Planitz, 1925, 15.

129 Jakobs/Schubert, Vorentwürfe der Redaktoren zum BGB, Sachenrecht 1, 867; Jakobs/Schubert, Beratungen des BGB, Sachenrecht 1, 739; vgl. auch oben I., 1.

130 Jakobs/Schubert, Vorentwürfe der Redaktoren zum BGB, Sachenrecht 1, 867; so auch Krusch, AcP 143 (1943), 282 (298, 299); Derday, jur. Diss. 1978, 78, 79.

131 Motive, Band 3, 382.

Aufgebotsverfahren sollte dabei aber verzichtet werden.[132] Diesem Bestreben entspricht § 973 Abs. 1 S. 1 BGB, dessen Besonderheit darin besteht, daß der Finder allein mit Ablauf einer bestimmten Frist das Eigentum an der Fundsache kraft Gesetzes erwirbt.

Daraus ist für die hier zu beantwortende Frage nach dem Zeitpunkts des Eigentumserwerbs zu folgern, daß der Finder mit Ablauf von sechs Monaten, also ex nunc das Eigentum erwirbt. Dieses Ergebnis entspricht nicht nur dem ausdrücklichen Wortlaut von § 973 Abs. 1 S. 1 BGB, sondern ist auch im Hinblick auf § 977 BGB interessengerecht. Denn nur so kann die darin enthaltene, vom Gesetzgeber vorgeschriebene Frist eingehalten werden. Anderenfalls wäre bei einer Rückdatierung des Eigentumserwerbs auf den Zeitpunkt des Fundes die auf drei Jahre bemessene Frist zur Geltendmachung eines bereicherungsrechtlichen Ausgleichs immer um mindestens sechs Monate verkürzt. Demzufolge ergibt sich aus § 973 BGB in Verbindung mit dem Regelungsinhalt des § 977 BGB, daß das Eigentum erst mit Ablauf von sechs Monaten nach Anzeige des Fundes, also ex nunc erworben wird und nicht auf den Zeitpunkt des Fundes zurückzudatieren ist. Wegen der Frage der zwischenzeitlich gezogenen Sachfrüchte besteht in der Literatur richtigerweise Einigkeit darüber, daß der Finder auch daran das Eigentum erwirbt.[133] Sonst wären die gezogenen Nutzungen faktisch herrenlos und entgegen den Zwecken des Fundrechts der Verschlechterung oder dem Untergang ausgesetzt. Zweckmäßig ist es daher, daß mit Übergang des Eigentums an der Fundsache auch das Eigentum an den Nutzungen auf den Finder übergeht.

II. Der Eigentumserwerb gemäß § 974 BGB

Kennt der Finder die Person des Empfangsberechtigten spätestens mit Ablauf der sechsmonatigen Frist des § 973 BGB oder hat bis dahin im Falle des Wertfundes ein Empfangsberechtigten sein Recht bei der zuständigen Behörde angemeldet, so kann der Finder nicht mehr gemäß § 973 Abs. 1 S. 1 BGB Eigentümer der Fundsache werden. In Betracht kommt aber noch ein Eigentumserwerb gemäß § 974 BGB.

132 Motive, Band 3, 382; Jakobs/Schubert, Beratungen des BGB, Sachenrecht 1, 737.

133 Soergel-Mühl, 1989, § 973 Rdnr. 1 mit Anm. 3; Wolff/Raiser, 1957, 311; Staudinger-Gursky, 1979, § 973 Rdnr. 4; RGRK-Pikart, 1979, § 973 Rdnr. 2.

Bei Beratung dieser Vorschrift in der zweiten Kommission wurde beschlossen, daß der Anspruch des Eigentümers gegen den Finder auf Herausgabe der Fundsache dann erlösche, wenn er die Abnahme gegen Befriedigung des Finders verweigere. Mit dem Erlöschen des Herausgabeanspruchs erwerbe der Finder das Eigentum.[134] Bei der Revision des E II wurde dagegen entschieden, die Regelung hinsichtlich des Herausgabeanspruchs zu streichen. Statt dessen wurde auch hier auf Zeitablauf - " ... sind vor dem Ablauf der sechsmonatigen Frist ..." abgestellt.[135] Diese so beschlossene Vorschrift (§ 958 E III) entspricht der in § 974 BGB Gesetz gewordenen Fassung.[136] Danach kann der Finder trotz rechtzeitiger Ermittlung eines Empfangsberechtigten das Eigentum dann erwerben, wenn der Empfangsberechtigte sich nicht innerhalb einer vom Finder gesetzten Frist zur Bezahlung von Aufwendungsersatz und Finderlohn bereit erklärt hat. Allein durch Zeitablauf tritt der Eigentumswechsel auch hierbei ein, § 974 BGB.[137] Dabei sind jedoch die Voraussetzungen zu beachten, die im folgenden zu behandeln sind.

1. Die Fristbestimmung in § 974 S. 1 BGB

Um die Rechtswirkungen des § 974 BGB herbeiführen zu können, muß der Finder jeden Empfangsberechtigten[138] unter Setzung einer bestimmten Frist zur Erklärung über die dem Finder zustehenden Ansprüche auf Aufwendungsersatz und Finderlohn auffordern. Dabei entstehen Probleme hinsichtlich der Frage der Angemessenheit der vom Finder zu setzende Frist.

Grundsätzlich wird verlangt, daß die Frist so bemessen sein muß, daß sie dem zur Erklärung Aufgeforderten Zeit läßt, sich über die Einlösung der Fundsache schlüssig zu werden und sich hierzu auch mit anderen Empfangsberechtigten in Verbindung setzen zu können.[139] Wie die Frist konkret zu bestimmen ist, geht daraus aber nicht hervor.

---

134 Jakobs/Schubert, Beratungen des BGB, Sachenrecht 1, 743.

135 Jakobs/Schubert, Beratungen des BGB, Sachenrecht 1, 745.

136 Jakobs/Schubert, Beratungen des BGB, Sachenrecht 1, 745.

137 Jakobs/Schubert, Beratungen des BGB, Sachenrecht 1, 744.

138 Planck, 1902, § 974 Anm. 2 a; Wolff/Raiser, 1957, 312; Westermann, H., 1966, 288, 289; RGRK-Pikart, 1979, § 974 Rdnr. 3; MünchKomm-Quack, 1986, § 974 Rdnr. 3; Palandt-Bassenge, 1990, § 974 Anm. 1.

139 MünchKomm-Quack, 1986, § 974 Rdnr. 2; RGRK-Pikart, 1979, § 974 Rdnr. 2; Erman-Hefermehl, 1989, § 974 Rdnr. 2; Staudinger-Gursky, 1979, § 974 Rdnr. 1.

Fraglich ist, ob der Eigentumserwerb gemäß § 974 BGB auch vor Ablauf von sechs Monaten eintreten kann oder ob die in § 973 BGB vorgeschriebene Frist eingehalten werden muß. Teilweise wird angenommen, daß die vom Finder zu bestimmende Frist in § 974 BGB nur dann angemessen bestimmt sei, wenn noch in ihrem Rahmen die sechsmonatige Frist des § 973 Abs. 1 S. 1 BGB abläuft.[140] Nach anderer Ansicht wird dies zwar als zweckmäßig, nicht aber als zwingend angesehen. Danach kann die Frist auch angemessen bestimmt sein, wenn der Finder vor Ablauf von sechs Monaten nach Fundanzeige das Eigentum erwirbt.[141]

Hiergegen wird eingewendet, schon aus dem Wortlaut des Gesetzes ergebe sich, daß der Finder erst mit Ablauf von sechs Monaten Eigentümer der Fundsache werde. Die im Gesetz enthaltene Frist sei daher gegenüber der von Privatpersonen gesetzten vorrangig.[142] Gegen diese Auffassung spricht zum einen, daß allein § 973 BGB den Ablauf von sechs Monaten vorschreibt und in § 974 BGB eine solche Frist gerade nicht enthalten ist. Zum anderen ist der Eigentumserwerb in § 974 BGB von völlig anderen Voraussetzungen abhängig, als der nach § 974 BGB.

Betrachtet man nun Sinn und Zweck des § 974 BGB, so besteht dieser nicht zuletzt darin, dem Finder eine Möglichkeit zu geben, einen gewissen Druck auf den Finder ausüben zu können.[143] § 974 BGB gibt dem Finder eine Möglichkeit, den Schwebezustand, in dem sich die Rechtsverhältnisse an der Fundsache befinden, zu beenden.[144] Die Vorschrift des § 974 BGB dient damit primär dem Interesse des Finders, zum einen seinem Vermögensinteresse, zum anderen seinem Interesse an Rechtssicherheit.[145] Ohne die Regelung des § 974 BGB könnte der Finder weder die Zahlung von Finderlohn und den Ersatz seiner Aufwendungen noch den Erwerb des Eigentums an der Fundsache herbeiführen. Zur Geltendmachung seiner Ansprüche hätte der Finder lediglich das Zurückbehaltungsrecht des § 972 BGB, das insbesondere dann unbefriedigend ist, wenn der Empfangsberechtigte nicht zur Einlösung

---

140 Planck, 1902, § 974 Anm. 2 a.

141 Staudinger-Gursky, 1979, § 974 Rdnr. 1.

142 Planck, 1902, § 974 Anm. 2 a.

143 MünchKomm-Quack, 1986, § 974 Rdnr. 1; Staudinger-Gursky, 1979, § 974 Rdnr. 1.

144 Staudinger-Gursky, 1979, § 974 Rdnr. 1; Soergel-Mühl, 1989, § 974 Rdnr. 1; MünchKomm-Quack, 1986, § 974 Rdnr. 1.

145 RGRK-Pikart, 1979, § 974 Rdnr. 1; MünchKomm-Quack, 1986, § 974 Rdnr. 1.

der Fundsache bereit ist.[146] Denn gleichzeitig bliebe der Finder seinerseits zur sorgfältigen Aufbewahrung der Fundsache verpflichtet.

Dem Schutzbedürfnis des Finders könnte es somit entsprechen, die Frist des § 974 BGB kurz zu bestimmen, jedenfalls nicht zwingend die Angemessenheit der gesetzten Frist nur dann anzunehmen, wenn innerhalb der gesetzten First die sechsmonatige Frist des § 973 BGB abläuft. Demgegenüber steht das Interesse der Empfangsberechtigten, eine angemessen lange Frist gesetzt zu bekommen, innerhalb der sie sich über die Auslösung der Fundsache schlüssig werden kann.

Bei der Abwägung der Interessen von Finder und Eigentümer spricht gegen ein erhöhtes Schutzbedürfnis des Finders bereits die Tatsache, daß sich der Finder jederzeit seiner Finderpflichten entledigen kann. Es genügt, wenn der Finder die Fundsache bei der zuständigen Behörde abliefert. Seine Finderrechte verliert er dadurch nicht, §§ 967, 975 S. 1 BGB.[147] Weiterhin ist zu berücksichtigen, daß der Finder im Falle der Unkenntnis eines der Berechtigten ohnehin erst das Eigentum mit Ablauf von sechs Monaten erwerben kann.[148] Allein die Tatsache, daß dem Finder ein Empfangsberechtigter bekannt geworden ist, rechtfertigt es aber nicht, den Finder für so schutzbedürftig zu halten, daß er das Eigentum auch schon vor Ablauf von sechs Monaten erwerben kann.

Dem steht das Interesse des Eigentümers an einer ausreichend lang bemessenen Überlegungsfrist gegenüber. Dieses Interesse überwiegt das des Finders an einer zügigen Erledigung der gegenseitigen Ansprüche, da der Eigentümer vom Finder mit dem Verlust von Eigentümerrechten bedroht wird. Da das Gesetz den Eigentumsübergang vom Ablauf einer vom Finder zu setzenden Frist abhängig macht, ist deren Angemessenheit entsprechend der vom Gesetzgeber in § 973 BGB vorgegebenen Wertung auszulegen. Deshalb ist die Frist nur angemessen bestimmt, wenn der Finder entsprechend § 973 BGB erst mit Ablauf von sechs Monaten das Eigentum erwirbt. Es ist also nicht nur zweckmäßig, die vom Finder gesetzte Frist so zu bemessen, daß in ihr die des § 973 BGB abläuft. Vielmehr ist jede kürzer bemessene Frist unangemessen kurz im Sinne von § 974 BGB.

Ist die Frist unangemessen kurz bestimmt worden, so hat das zur Folge, daß die gesamte Maßnahme des Finders unwirksam ist. Anders als in den Fällen der §§ 1003 und 250 BGB

---

146 RGRK-Pikart, 1979, § 974 Rdnr. 1.

147 Vgl. oben, 3. Kapitel, II., 2.

148 § 973 Abs. 1 S. 1 BGB.

wird durch Setzung einer unangemessenen Frist hier keine angemessenen Frist in Gang gesetzt.[149] Der Grund dafür besteht darin, daß an den Ablauf der Frist die Rechtsfolge des Eigentumserwerbs durch den Finder geknüpft ist.[150] Über den Zeitpunkt des Eigentumsübergangs darf aber keine Unklarheit bestehen.[151]

2. *Zugang beim Empfangsberechtigten*

§ 974 BGB setzt weiterhin voraus, daß die Aufforderung und die damit verbundene Fristsetzung des Finders allen Empfangsberechtigten zugegangen ist.[152] Inhaltlich muß die Aufforderung des Finders so bestimmt sein, daß darin genaue Angaben über Art und Höhe der geltend gemachten Ansprüche enthalten sind. Die Aufforderung muß auf die Abgabe einer Erklärung, ob der jeweilige Empfangsberechtigte zur Befriedigung der Ansprüche des Finders bereit ist, gerichtet sein.[153] Der Finder kann das Eigentum an der Fundsache solange nicht erwerben, wie die Frist nicht allen Empfangsberechtigten gesetzt und gegenüber jedem einzelnen der Empfangsberechtigten erfolglos abgelaufen ist. Hat ein Empfangsberechtigter die ihm gesetzte Frist verstreichen lassen, so scheidet er als Empfangsberechtigter aus. Gegenüber den anderen Empfangsberechtigten ist dies ohne Bedeutung, weil die vom Finder gesetzte Frist jeweils gesondert abläuft.[154]

3. *Erfolgloser Fristablauf*

Weitere Voraussetzung eines Eigentumserwerbs des Finders ist der erfolglose Ablauf der von ihm gesetzten Frist. Davon ist auszugehen, wenn sich die Empfangsberechtigten nicht rechtzeitig zu der Befriedigung der Ansprüche des Finders bereit erklärt haben. Hierzu

---

149 Erman-Hefermehl, 1989, § 974 Rdnr. 2; Soergel-Mühl, 1989, § 974 Rdnr. 1 mit Anm. 11; MünchKomm-Quack, 1986, § 974 Rdnr. 2; RGRK-Pikart, 1979, § 974 Rdnr. 2; Staudinger-Gursky, 1979, § 974 Rdnr. 1; .

150 Vgl. Jakobs/Schubert, Beratungen des BGB, Sachenrecht 1, 726.

151 Staudinger-Gursky, 1979, § 974 Rdnr. 1; Soergel-Mühl, 1989, § 974 Rdnr. 1; vgl. auch oben I., 3., b).

152 Planck, 1902, § 974 Anm. 2 a; RGRK-Pikart, 1979, § 974 Rdnr. 3.

153 RGRK-Pikart, 1979, § 974 Rdnr. 3.

154 Staudinger-Gursky, 1979, § 974 Rdnr. 3; RGRK-Pikart, 1979, § 974 Rdnr. 3.

können die Empfangsberechtigten zum einen überhaupt keine Erklärung abgeben, zum anderen können sie die Befriedigung der Ansprüche verweigert haben, ohne diese selbst zu bestreiten.[155] In beiden Fällen erwirbt der Finder mit Fristablauf das Eigentum an der Fundsache, § 974 BGB.

Werden die Ansprüche des Finders auch nur durch einen der zur Erklärung aufgeforderten Empfangsberechtigten genehmigt, so bleiben unstreitig die Rechte aller erhalten und der Rechtsübergang gemäß § 974 BGB tritt nicht ein.[156] Der Finder hat dann die Möglichkeit, seine Ansprüche auf Finderlohn und Aufwendungsersatz gegen den betreffenden Empfangsberechtigten gerichtlich durchzusetzen.

Fraglich ist, ob der Finder auch dann Eigentümer der Fundsache wird, wenn der zur Erklärung Aufgeforderte die Ansprüche des Finders bestreitet.[157] In diesem Fall tritt ein Eigentumserwerb gemäß § 974 BGB nicht ein. Der Finder kann den Schwebezustand, in dem er sich wegen seiner Aufwendungen befindet, nur beenden, indem er die Höhe seiner Ansprüche gerichtlich feststellen läßt. Danach muß er dem bestreitenden Empfangsberechtigten erneut eine angemessene Frist zur Erklärung setzen. Mit erfolglosem Ablauf dieser Frist, wenn sich der Empfangsberechtigte also nicht zur Befriedigung der Ansprüche des Finders und zur Auslösung der Fundsache bereiterklärt, erwirbt der Finder das Eigentum an der Fundsache.[158]

Entsprechend § 973 BGB vollzieht sich der Eigentumserwerb gemäß § 974 BGB ex tunc. Das Eigentum geht erst mit Fristablauf auf den Finder über.[159] Der Finder erwirbt das Eigentum lastenfrei, da nach § 974 S. 2 BGB die sonstigen Rechte an der Sache erlöschen.

---

155 RGRK-Pikart, 1979, § 974 Rdnr. 4; Wolff/Raiser, 1957, 312; Staudinger-Gursky, 1979, § 974 Rdnr. 1.

156 Vgl. auch Meisner, 1901, 127, 128; Matthiaß, 1910, 471; Rosenthal, 1965, 1074.

157 Vgl. oben I., 3., b).

158 Staudinger-Gursky, 1979, § 974 Rdnr. 2; Soergel-Mühl, 1989, § 974 Rdnr. 1; Wolff/Raiser, 1957, 312; Planck, 1902, § 974 Anm. 2 b.

159 Vgl. oben I., 3., b).

III. Der Bereicherungsausgleich gemäß § 977 BGB

§ 977 BGB eröffnet dem ursprünglichen Eigentümer der Fundsache die Möglichkeit, noch bis zu drei Jahren nach Eintritt des Eigentumsübergangs auf den Finder[160] die Herausgabe des "durch die Rechtsänderung Erlangten" nach den Vorschriften über die Herausgabe einer ungerechtfertigten Bereicherung zu verlangen. Dem früheren Empfangsberechtigten wird damit ein Ausgleichsanspruch gegen den Erwerber gewährt. Der Sinn dieser Regelung besteht darin, daß dem ursprünglichen Eigentümer noch eine Möglichkeit verbleiben soll, den in der verlorenen Sache verkörperten Vermögenswert zurückzuerhalten.[161] Denn die Regelung der §§ 973, 974, 976 BGB bezwecken lediglich, durch Zuweisung des Eigentums an der Fundsache die zuvor faktisch herrenlose Sache wieder dem allgemeinen Rechtsleben zuzuführen.[162] Der Finder soll zwar kraft Gesetzes das Eigentum an der Fundsache erwerben, den darin verkörperten Vermögenswert jedoch erst mit Ablauf von drei Jahren endgültig zugeordnet erhalten.[163] Damit regelt der Gesetzgeber lediglich die Eigentumsverhältnisse an der Sache. Nicht beabsichtigt ist, in das Vermögen des ursprünglich berechtigten einzugreifen.[164] Deutlich wird damit der Zweck des Fundrechts, die verlorene Sache wieder dem Eigentum einer Person zuzuweisen, um sie am Rechtsleben teilnehmen zu lassen. Da dies nur zum Nachteil des ursprünglich Berechtigten zu erreichen ist, verbleibt diesem der vermögensrechtliche Ausgleich.

1. Inhalt des § 977 BGB

§ 977 BGB regelt die Ausgleichspflicht des Finders, der Gemeinde oder unter den Voraussetzungen des § 822 BGB auch eines dritten Erwerbers gegenüber dem bisherigen Eigentümer der Fundsache und dem dinglich Berechtigten, dessen Recht durch den lastenfreien Er-

160 Dies gilt auch im Falle des § 976 BGB beim Übergang auf die Gemeinde.

161 Jakobs/Schubert, Beratungen des BGB, Sachenrecht 1, 735.

162 Jakobs/Schubert, Vorentwürfe der Redaktoren zum BGB, Sachenrecht 1, 865; Jakobs/Schubert, Beratungen des BGB, Sachenrecht 1, 739.

163 Motive, Band 3, 386; Planck, 1902, § 977; Strauß, jur. Diss 1908, 59; so auch RGRK-Pikart, 1979, § 977 Rdnr. 1; Staudinger-Gursky, 1979, § 977 Rdnr. 1.

164 Jakobs/Schubert, Beratungen des BGB, Sachenrecht 1, 726.

werb erloschen sind. Im einzelnen bestimmt sich die Ausgleichspflicht nach den §§ 812, 818, 819 BGB, auf deren Rechtsfolgen § 977 BGB verweist. Gemäß § 812 Abs. 1 S. 1 2. Alt. BGB schuldet der Finder danach primär die Rückgängigmachung des kraft Gesetzes eingetretenen Eigentumsübergangs. Ist dies dem Finder nicht mehr möglich, so ist er zum Wertersatz gemäß § 818 Abs. 2 BGB verpflichtet. Gemäß § 818 Abs. 1 S. 1 1. Alt. BGB hat der Finder auch die gezogenen Nutzungen, zum Beispiel das Fohlen der gefundenen Stute, an den ursprünglichen Eigentümer herauszugeben. Sofern sich die Fundsache wertmäßig nicht mehr im Vermögen des Finders befindet, kann er sich auf den Wegfall der Bereicherung gemäß § 818 Abs. 3 BGB berufen. Hierbei sind insbesondere die mit dem Eigentumserwerb des Finders erloschenen Ansprüche auf Ersatz der getätigten Aufwendungen und auf Finderlohn zu berücksichtigen.[165]

Fraglich ist, ob auch die verschärfte Haftung gemäß § 819 BGB beim Finder anwendbar ist. Danach könnte sich der Finder nicht auf den Bereicherungswegfall gemäß § 818 Abs. 3 BGB berufen. Die verschärfte Haftung des Finders wird in der Literatur aber nur dann als zulässig erachtet, wenn der Finder sichere Kenntnis von der Person eines Empfangsberechtigten erlangt hat. In allen anderen Fällen ist wird von der Literatur die Anwendbarkeit des § 819 BGB ausgeschlossen.[166]

Diese Wertung ist im Hinblick auf die mit dem Fundrecht verfolgten Interessen sachgerecht, da eine verschärfte Haftung die Rechtsstellung des Finders erheblich verschlechtern würde. Dies ist aber vom Gesetzgeber nicht gewollt. Dies wird auch daran deutlich, daß auch die deliktische Haftung des Finders auf Vorsatz und grobe Fahrlässigkeit beschränkt wurde.[167] Damit bezweckte der Gesetzgeber, die Rechtsstellung des Finder nicht über Gebühr zu belasten.[168] Mit dieser Wertung des Gesetzgebers ist daher auch die Anwendbarkeit von § 819 BGB auf die Fälle zu beschränken, in den der Finder den Empfangsberechtigten kennt. In übrigen Zweifelsfällen scheidet eine Anwendung von § 819 BGB aus.

---

165 Staudinger-Gursky, 1979, § 977 Rdnr. 1.

166 Vgl. insgesamt Staudinger-Gursky, 1979, § 977 Rdnr. 2.

167 Vgl. oben 3. Kapitel, III, 1.; vgl. auch Einleitung.

168 Denkschrift zum Entwurf eines Bürgerlichen Gesetzbuchs, 1896, 133, 134.

2. Redaktionsversehen des § 977 BGB

Das Fundrecht sieht den bereicherungsrechtlichen Ausgleich zwischen Finder und dem ursprünglich Berechtigten nicht nur für die Fälle vor, in denen der Finder gemäß § 973 BGB das Eigentum erworben hat. In § 977 BGB ist auch § 974 BGB mit aufgeführt, so daß auch ein Empfangsberechtigter die bereicherungsrechtlichen Ansprüche gegen den Finder durchsetzen kann, der sein Eigentum an der Fundsache nur deshalb verloren hat, weil er die ihm vom Finder gesetzte Erklärungsfrist hat verstreichen lassen.[169]

Diese Regelung wird wegen des eindeutigen Wortlauts von § 977 BGB zwar als verbindlich angesehen, gleichzeitig aber als Redaktionsversehen bezeichnet.[170] Von Delius wird sogar vorgeschlagen, § 977 BGB trotz seines eindeutigen Wortlauts nicht auf die Fälle anzuwenden, in denen der Besitzverlust aufgrund des § 974 BGB eingetreten ist.[171] Teilweise wird gefordert, die Vorschrift des § 977 BGB insgesamt aus dem Fundrecht zu entfernen.[172]

Diese Forderung ist unberechtigt, da zum einen schon aus den Gesetzesmaterialien hervorgeht, daß es sich bei der Regelung des § 677 BGB nicht um ein Redaktionsversehen handelt. Zum anderen wird dies bei der Untersuchung der fundrechtlichen Regelungen und der damit verfolgten Interessen deutlich.

Gemäß § 922 Abs. 1 S. 2 des E I[173] sollte der Anspruch auf Herausgabe der Bereicherung demjenigen nicht zustehen, dessen Rechte nach dem § 919 Abs. 2 E I erloschen sind. Nach § 919 Abs. 2 E I erlöschen die dem Empfangsberechtigten zustehenden Rechte, wenn dieser die Abnahme der Fundsache gegen Befriedigung des Finders wegen der Ansprüche desselben noch nach Ausübung des Zeugnisses der Polizeibehörde an den Finder verweigert.[174] Auch in den Motiven wird darauf hingewiesen, daß dem Empfangsberechtigten, "der nach

169 S. oben, II., 2.

170 Endemann, 1900, 345 mit Anm. 21; Wolff/Raiser, 1957, 314 mit Anm. 46; Staudinger-Gursky, 1979, § 977 Rdnr. 2; nach RGRK-Pikart, 1979, § 977 Rdnr. 5 kann die Frage eines Redaktionsversehens dahingestellt bleiben, da der Gesetzeswortlaut so klar sei, daß über das erlassene Gesetz kein Zweifel bestehen könne.

171 Delius, PrVerwBl. 1899, 337 (340).

172 Krusch, AcP 148 (1943), 282 (299); ihm folgend Derday, jur. Diss. 1978, 97, 98.

173 Berlin 1888.

174 Dieser Vorschrift entspricht heute § 974 BGB; vgl. oben II.

§ 919 Abs. 2 seiner Rechte an einer Sache verlustig gegangen ist, ... auch die Kondiktion zu versagen sein wird".[175] Den Protokollen ist zu entnehmen, daß zu § 922 E I der Antrag vorlag, § 922 Abs. 1 S. 2 E I als entbehrlich zu streichen und eventuell § 915 Abs. 2 E I dahin zu ergänzen, daß dem Empfangsberechtigten, dessen Rechte gemäß § 915 Abs. 2 E I erloschen sind, ein Anspruch auf Herausgabe der Bereicherung nicht zusteht.

Der Redaktionskommission wurde es überlassen, über den Antrag zu befinden, da sachlich über die Richtigkeit des Satzes 2 Einverständnis bestand.[176] Eine entsprechende Fassung des Paragraphen wurde von der Redaktionskommission jedoch nicht vorgenommen.[177] Statt dessen ist gemäß § 977 BGB der Finder auch dann Bereicherungsansprüchen des früheren Eigentümers ausgesetzt, wenn der frühere Eigentümer durch Verstreichenlassen der ihm gesetzten Frist seine Rechte verloren hat. Den Gesetzesmaterialien kann damit nicht entnommen werden, daß es sich bei der Vorschrift des § 977 BGB um ein Redaktionsversehen handelt.

In der Literatur ist § 977 BGB deutlich kritisiert worden. Bei § 977 BGB handele es sich um eine seltsame Vorschrift, die um so drückender sei, weil der Finder solchen Personen in der Regel nach dem strengen § 819 BGB haften werde.[178] Es sei nicht zu rechtfertigen, daß dem Verlierer einerseits zur Strafe "für seine Renitenz" das Eigentum abgesprochen werde, er andererseits aber trotzdem einen Anspruch wegen ungerechtfertigter Bereicherung haben soll.[179] Sachlich sei die Vorschrift nicht zu billigen.[180]

Diesen Bedenken der Autoren ist aber entgegenzuhalten, daß der Sinn des § 974 BGB gerade nicht in der Sanktionierung des Verhaltens des früheren Eigentümers besteht. Vielmehr soll durch § 974 BGB wie auch durch § 973 BGB nur dem praktischen Bedürfnis nach baldiger Neuregelung des dinglichen Rechtszustandes an der faktisch herrenlosen Sache genügt werden.[181]

175 Motive, Band 3, 386.

176 Protokolle, Band 3, 272.

177 Vgl. Jakobs/Schubert, Beratungen des BGB, Sachenrecht 1, 734, 735.

178 Wolff/Raiser, 1957, 314.

179 Endemann, 1900, 345 mit Anm. 21.

180 Staudinger-Gursky, 1979, § 977 Rdnr. 2.

181 Jakobs/Schubert, Vorentwürfe der Redktoren zum BGB, Sachenrecht 1, 866.

Außerdem ist fraglich, welches Verhalten durch § 974 BGB eigentlich sanktioniert werden sollte: In Betracht kommt hierfür nur, daß sich der Eigentümer nicht innerhalb der ihm vom Finder gesetzten Frist gemeldet hat. Der Unterschied zu § 973 BGB besteht also lediglich in der Tatsache, daß im einen Fall der Eigentümer dem Finder unbekannt ist, im anderen der Finder den Berechtigten kennt und zur Erklärung aufgefordert hat. Das Verhalten des Eigentümers ist gleichbleibend. Dennoch wird das Verhalten des Eigentümers im Fall des § 973 BGB nicht als sanktionsbedürftig und der Eigentumserwerb gemäß § 973 BGB auch nicht als Bestrafung des ursprünglichen Eigentümers ausgelegt.[182] Beim Eigentumserwerb gemäß § 974 BGB wird der Eigentumserwerb hingegen als Bestrafung des ursprüngliche Eigentümers aufgefaßt.[183]

Diese Differenzierung ist weder nachvollziehbar noch gerechtfertigt. Konsequent ist demgegenüber, eine Regelung, die nach dem Übergang des Eigentums bereicherungsrechtliche Ansprüche gewährt, auch auf den Eigentümer anzuwenden, der zur Erklärung aufgefordert wurde und sich nicht gemeldet hat. Umgekehrt ist nicht ersichtlich, weshalb der Finder, der das Eigentum von einem ihm bekannten Berechtigten erworben hat, im Hinblick auf etwaige Ausgleichsansprüche schutzbedürftiger sein sollte als beim Eigentumserwerb von einem Unbekannten.

Ferner rechtfertigt die Aufnahme des § 974 BGB in § 977 BGB die Überlegung, daß auch noch nach dem Eigentumserwerb des Finders gemäß § 974 BGB ein Empfangsberechtigter bekannt werden könnte, gegenüber dem der Eigentumserwerb des Finders dann wirksam ist.[184] Die Situation dieses Empfangsberechtigten entspricht der des im Sinne von § 973 BGB bis zum Ablauf der sechsmonatigen Frist unbekannt gebliebenen ursprünglichen Eigentümers. Es ist aber kein Grund ersichtlich, wieso diesem Empfangsberechtigten dann nicht auch dieselben Rechte auf Herausgabe gegen den Finder zustehen sollen, wie sie dem ursprünglichen Eigentümer der Fundsache übereinstimmend zugebilligt werden: Hier überwiegt die Schutzbedürftigkeit eines solchen Empfangsberechtigten die des Finders bei weitem.

Die Aufnahme des § 974 BGB in § 977 BGB ist somit entgegen der Ansicht Gurskys[185] sachlich durchaus zu billigen. Abzulehnen ist der Vorschlag von Delius[186], entgegen dem

182 Endemann, 1900, § 87 Anm 21; Staudinger-Gursky, 1979, § 977 Rdnr. 2.

183 Endemann, 1900, 345; Wolff/Raiser, 1957, 314; Staudinger-Gursky, 1979, § 977 Rdnr. 2.

184 Strauß, jur. Diss. 1908, 59.

185 Staudinger-Gursky, 1979, § 977 Rdnr. 2.

eindeutigen Wortlaut des § 977 BGB diesen nur beim Erwerb gemäß § 973 BGB, nicht jedoch im Falle des Eigentumserwerbs gemäß § 974 BGB anzuwenden.

186 Delius, PrVerwBl. 1899, 337 (340).

Zusammenfassung

Ziel der vorliegenden Arbeit war es, ausgehend von der Konzeption fundrechtlicher Regelungen in den Gesetzesmaterialien die Entwicklung aktueller fundrechtlicher Streitfragen in Rechtsprechung und Literatur seit Inkrafttreten des BGB am 1.1.1900 zu verfolgen.

Dabei konnte bei der Untersuchung der Begriffe der "verlorenen Sache" und des "Findens" gezeigt werden, daß beide Begriffe in Abhängigkeit von den Besitzverhältnissen an der Sache auszulegen sind. Während es beim Begriff der verlorenen Sache entscheidend ist, daß die Sache besitzlos, aber nicht herrenlos ist, kommt es für den Begriff des Findens darauf an, ob der Finder die Sache in seinen Besitz genommen hat.

Gemeinsam ist den Begriffen außerdem, daß es auf subjektive Vorstellungen des Verlierers einerseits und des Finders andererseits nicht ankommt. Danach ist eine Sache auch dann verloren im Sinne des Fundrechts, wenn sie beispielsweise vom unmittelbaren Besitzer ohne Wissen und Wollen des Eigentümers weggeworfen wird. Gefunden ist die Sache, wenn der Finder daran willentlich Besitz begründet hat - unabhängig davon, daß der unredliche Finder dies nicht will und der irrende Finder dies nicht erkennt.

Bei der Untersuchung des Begriffs der verlorenen Sache konnte darüber hinaus gezeigt werden, daß dem BGB kein einheitlicher "Verlustbegriff" zugrundeliegt. Dies wird vom Gesetzgeber dadurch zum Ausdruck gebracht, daß einerseits § 965 BGB den Finder einer *verlorenen* Sache mit bestimmten Plichten versieht, während andererseits in § 701 BGB der *Verlust* einer Sache zu ersetzen ist, und §§ 935, 1006 und 1007 BGB voraussetzen, daß eine Sache *verloren gegangen* ist. Die Definition, wonach eine Sache dann eine verlorene ist, wenn sie besitzlos und nicht herrenlos ist, gilt demzufolge nur für die §§ 965 ff. BGB.

Durch die Inbesitznahme der verlorenen Sache entsteht ein gesetzliches Schuldverhältnis zwischen dem Finder und dem Berechtigten. Diese Auffassung, die zwar in der Literatur überwiegend geteilt wird, allerdings ohne dies zu begründen, hat die Untersuchung der Gesetzesmaterialien bestätigt.

Inhaltlich enthalten die §§ 965 ff. BGB zunächst umfangreiche Verhaltenspflichten für den Finder. Er ist vor allem zur Anzeige und zur Verwahrung der verlorenen Sache verpflichtet. Dabei haftet der Finder für vorsätzliche und grob fahrlässige Verletzungen dieser Pflichten. Demgegenüber stehen die Rechte des Finders auf Ersatz seiner Aufwendungen und auf Finderlohn. Zur Durchsetzung dieser Ansprüche steht dem Finder ein Zurückbehaltungsrecht zu. Im übrigen wird er zur Geltendmachung seiner Rechts auf die Vorschriften der §§ 1000-1002 BGB verwiesen.

Diese auf den ersten Blick so starke Belastung des Finders ist aber erforderlich, um die mit dem Fundrecht verfolgten Zwecke zu erreichen. Die Belastung des Finders ist auch nicht unverhältnismäßig, da der Finder zum einen darüber entscheiden kann, Finder zu werden; zum anderen hat der Finder jederzeit die Möglichkeit, sich der Finderpflichten zu entledigen, indem er die Sache bei der Behörde abliefert. Die Gegenrechte verliert der Finder dadurch nicht.

Da das Finden Realakt ist, folglich auch Minderjährige Finder sein können, war die Frage der Haftung nicht voll geschäftsfähiger Finder zu beantworten. Den Schwerpunkt bildete dabei die Frage nach dem Verhältnis von Fundrecht zum Recht der Geschäftsführung ohne Auftrag. Bereits in den Beratungen zum BGB wurde auf die Schwierigkeiten einer Anwendung von Vorschriften der Geschäftsführung ohne Auftrag im Fundrecht hingewiesen. Dessen ungeachtet vertreten Rechtsprechung und Literatur seit Inkrafttreten des BGB, daß eine Ergänzung des Fundrechts durch direkte oder analoge Anwendung des § 682 BGB erforderlich sei, um die Haftung des minderjährigen Finders zu beschränken. Die Gegenüberstellung der hierzu vertretenen Auffassungen ergab, daß es einer Ergänzung des Fundrechts um die Vorschrift des § 682 BGB nicht bedarf. Die Haftung des nicht voll geschäftsfähigen Finders ist durch §§ 968, 276 Abs. 1 S. 3 BGB beschränkt.

Bei der Untersuchung des fundrechtlichen Eigentumserwerbs konnte anhand der Gesetzesmaterialien nachgewiesen werden, daß es sich dabei um einen Eigentumserwerb eigener Art handelt. Der fundrechtliche Eigentumserwerb ist, entgegen der hierzu in der Literatur häufig vertretenen Auffassung, weder der Aneignung noch der Ersitzung noch dem Erwerb durch Verschweigung nachgebildet. Die im Zusammenhang hiermit stehende Frage nach dem Erwerbszeitpunkt, war unter Berücksichtigung der Zwecke des Fundrechts zu beantworten. Danach erwirbt der Finder das Eigentum mit Ablauf der in § 973 BGB vorgeschriebenen Frist, also ex nunc.

Dem Eigentumserwerb des Finders geht, anders als in der Literatur immer wieder behauptet, nicht die Entstehung eines Anwartschaftsrechtes voraus. Zwar hat der Finder die Aussicht auf Erwerb des Eigentums an der Fundsache, ein Anwartschaftsrecht besteht jedoch nicht.

Den Abschluß der Untersuchung bildete die Frage, ob es sich bei der Vorschrift des § 677 BGB, zumindest teilweise um ein Redaktionsversehen handelt. Dies wird teilweise in der Literatur insoweit angenommen, als § 677 BGB auch beim Eigentumserwerb gemäß § 974 BGB einen bereicherungsrechtlichen Ausgleichsanspruch des ursprünglichen Eigentümers gegen den Finder gewährt.
Auch hierzu hat zunächst die Untersuchung der Gesetzesmaterialien, vor allem aber die Fragen nach den Zwecken des Fundrechts gezeigt, daß es sich bei § 677 BGB nicht um ein Redaktionsversehen handelt.

Literatur

Achilles, Alexander / Joachim Greiff: Bürgerliches Gesetzbuch nebst Jugendwohlfahrtsgesetz. Mit Einleitung, Anmerkungen und Sachverzeichnis, 19. Aufl., Berlin/Leipzig 1949.

Altmann: Zur Lehre vom Finderlohn nach dem BGB, BayZ 1907, 453-454.

Bassenge, Peter: Die Änderungen des Fundrechts, NJW 1976, 1486.

Baur, Fritz: ESJ Sachenrecht, 3. Aufl., München 1985.

- Lehrbuch des Sachenrechts, 15. Aufl., München 1989.

Bauer, Jürgen F./Stürner, Rolf: Lehrbuch des Sachenrechts, 16. Aufl., München 1992.

Behrend, Roland: Der Begriff der verlorenen Sache nach dem Fundrecht des BGB, jur. Diss. Rostock 1903.

Bericht und Antrag des Rechtsausschusses (6. Ausschuß) zu dem vom Bundesrat eingebrachten Entwurf eines Gesetzes zur Änderung von Vorschriften des Fundrechts, BTDrucks. 7/5105, 1-4.

Bernhöft, Franz: Vom Finden. Rechtsfragen des täglichen Lebens 1908, 1-79.

Biermann, Johannes: Das Sachenrecht des Bürgerlichen Gesetzbuchs, Berlin 1898.

- Bürgerliches Recht. Das Sachenrecht, 3. Aufl., Berlin 1914.

Bittkow, Max: Der Anspruch auf den Finderlohn, jur. Diss. Magdeburg 1906.

Blänkner, Ernst: Die rechtliche Stellung des Finders verlorener Sachen nach Gemeinem Recht und nach dem Rechte des Bürgerlichen Gesetzbuchs für das Deutsche Reich, jur. Diss. Greifswald 1901.

Bonitz: Gutachten über die Frage: Wie ist die Behandlung gefundener Sachen civilrechtlich einheitlich zu regeln? Verhandlungen des sechzehnten deutschen Juristentages, Bd. 1, Berlin 1882, 170-199.

Boor, Hans Otto de: Die Kollision von Forderungsrechten, Berlin/Wien 1928.

Brandis: Die Übertragung des Anwartschaftsrechts, das bei einer bedingten Eigentumsübertragung entsteht, JW 1931, 505-507.

Brückmann, Arthur: Der Begriff der "verlorenen Sache", ArchBürgR 23 (1904), 322-359.

Buchholtz, Max Franz: Die gefundene Sache und ihre rechtliche Bedeutung nach Gemeinem Recht, Oberhausen 1893/94.

Das Bürgerliche Gesetzbuch mit besonderer Berücksichtigung der Rechtsprechung des Reichsgerichts, Bd. 1, Allgemeiner Teil. Recht der Schuldverhältnisse. Sachenrecht, Nürnberg/Leipzig 1910. (Zit.: RGRK-Bearbeiter, 1910).

- Bd. 2, Sachenrecht, 2. Aufl., Berlin 1913.

- Bd. 3, Sachenrecht, 8. Aufl., Berlin/Leipzig 1934.

- Das Bürgerliche Gesetzbuch mit besonderer Berücksichtigung der Rechtsprechung des Reichsgerichts und des Bundesgerichtshofes. Kommentar, hrsg. von Mitgliedern des Bundesgerichtshofes, Bd. 3, 11. Aufl., Berlin 1959.

- Bd. 3, 12. Aufl., Berlin/New York 1979.

Buhl, Heinrich: Das Recht der beweglichen Sachen nach dem bürgerlichen Gesetzbuche, Berlin 1901.

Bunsen, Fr.: Einführung in das Bürgerliche Gesetzbuch für das Deutsche Reich, Bd. 2, Sachenrecht, Rostock 1897.

Carlstaedt, Edward: Das Fundrecht des Bürgerlichen Gesetzbuchs, jur. Diss. Marburg 1911.

Chaffak, Berthold: Fundsache und Schatz nach römischem und bürgerlichem Recht, jur. Diss. Borna-Leipzig 1903.

Conring, Hermann Johannes: Grundbegriffe des Fundrechts, jur. Diss. Göttingen 1917.

Cosack, Konrad: Lehrbuch des Deutschen bürgerlichen Rechts auf der Grundlage des bürgerlichen Gesetzbuchs. Bd. 2, Das Sachenrecht, Jena 1900.

Crome, Carl: System des Deutschen Bürgerlichen Rechts, Bd. 3, Tübingen 1905.

Daude: Gutachten über die Frage: Wie ist die Behandlung der Fundsachen civilrechtlich einheitlich zu regeln? Verhandlungen des sechzehnten deutschen Juristentages, Bd. 1, Berlin 1882, 65-116.

Delbrück, Berthold: Vom Finden verlorener Sachen, JherJb. 3 (1859), 1-57.

Delius: Das Fundrecht und das Schatzrecht nach dem Bürgerlichen Gesetzbuch unter besonderer Berücksichtigung der Pflichten der Polizeibehörden, PrVerwBl. 1899, 337-341.

Deneke-Stoll, Dorothea: Zur Person des Finders nach §§ 965 ff. BGB, in: Festschrift für Karl Heinz Schwab, Erlangen 1990, 43-58.

Denkschrift zum Entwurf eines Bürgerlichen Gesetzbuchs nebst drei Anlagen, Berlin 1896.

Derday, Anna: Das Fundrecht des Bürgerlichen Gesetzbuchs und seine Entwicklung in Wissenschaft und Praxis, jur. Diss. München 1978.

Dernburg, Heinrich: Das bürgerliche Recht des Deutschen Reichs und Preußens. Bd. 3, Das Sachenrecht des Deutschen Reichs und Preußens, 2. Aufl., Halle 1901. (Zit.: Dernburg, 1901).

- 4. Aufl., Halle 1908.

Dolezych, Max: Die Rechtsverhältnisse am Fund und Schatz nach gemeinem und bürgerlichen Recht, jur. Diss. Jena 1901.

Drischler, Karl: Der verlorene Schmuck, SchsZtg. 1976, 148-151.

Dubischar, Roland: Fundbesitz im Selbstbedienungsmarkt - BGH, NJW 1987, 2812, JuS 1989, 703-707.

Durst, Ernst: Der Fund an gestohlenen Sachen, jur. Diss. Borna-Leipzig 1915.

Eck: Gutachten über die Frage: Wie ist die Behandlung gefundener Sachen civilrechtlich einheitlich zu regeln? Verhandlungen des sechzehnten deutschen Juristentages, Bd. 1, Berlin 1882, 41-64 und Nachtrag 341-342.

Egert, Hans: Die Rechtsbedingung im System des bürgerlichen Rechts, Berlin 1974.

Eichler, Hermann: Institutionen des Sachenrechts, Bd. 2, 1. Halbband, Berlin 1957.

Eith, Wolfgang: Der Fund in der Behörde (§ 978 BGB). Zur Auslegung einer überflüssigen Bestimmung des BGH, MDR 1981, 189-192.

Eller, Wilhelm: Die rechtliche Stellung des Finders nach dem bürgerlichen Gesetzbuche, jur. Diss. Erlangen 1900.

Endemann, F.: Lehrbuch des Bürgerlichen Rechts. Einführung in das Studium des Bürgerlichen Gesetzbuchs, Bd. 2, Sachenrecht - Familienrecht, 3.-5. Aufl., Berlin 1900.

Enneccerus, Ludwig: Lehrbuch des Bürgerlichen Rechts. Bd. 1, 2. Abteilung, Recht der Schuldverhältnisse, 15.-17. Aufl., Marburg 1922.

Erman, Walter / Harm Peter Westermann (Hrsg.): Handkommentar zum Bürgerlichen Gesetzbuch, 2. Bde., Münster 1957.

- 7. Aufl., Münster 1981.

- 8. Aufl., Münster 1989.

Feldberg, Carl: Geschäftsfähigkeit und Fundrecht, jur. Diss. Göttingen 1918.

Fikentscher, Wolfgang: Schuldrecht, 6. Aufl., Berlin/New York 1976.

Fischer, Otto / Eugen Ebert: Bürgerliches Gesetzbuch nebst Einführungsgesetz, 10. Auflage, München 1918. (Zit.: Fischer/Ebert, 1918).

Fischer, Otto / Wilhelm von Henle: Bürgerliches Gesetzbuch vom 18. August 1896 nebst dem Einführungsgesetze vom 18. August 1896. 6. Aufl., München 1904. (Zit.: Fischer/Henle, 1904).

Flume, Werner: Allgemeiner Teil des Bürgerlichen Rechts, Bd. 2, 2. Aufl., Berlin/Heidelberg/New York 1975. (Zit.: Flume, 1975).

- Allgemeiner Teil des Bürgerlichen Rechts. Bd. 2, Das Rechtsgeschäft, 3. Aufl. Berlin/Heidelberg/New York 1979. (Zit.: Flume, 1979).

Forkel, Hans: Grundfragen der Lehre vom Anwartschaftsrecht, Berlin 1962.

Francke, Theodor: Der Begriff der verlorenen und der gefundenen Sache, jur. Diss. Borna-Leipzig 1909.

Francke, W. Ch.: Räumlichkeiten als Orte des Verlierens und Findens, AnnDR 1903, 310-312.

Freitag, Otto: Die Besitzverhältnisse an der gefundenen Sache, jur. Diss. Erlangen 1896.

Fülster, Hans: Grundriß des Bürgerlichen Rechts. Bd. 3, Sachenrecht, Gießen 1927.

Gareis, Karl: Das Recht an der in einer Auster gefundenen Perle, DJZ 1905, Sp. 347-348.

Gerber, Rudolf: Der Findrrlohn, jur. Diss. Göttingen 1896.

Gierke, Julius von: Bürgerliches Recht. Sachenrecht, 2. Aufl., Berlin 1928. (Zit.: von Gierke, 1928).

- Das Sachenrecht des bürgerlichen Rechts, 4. Aufl., Berlin/Frankfurt a.M. 1959.

Gierke, Otto: Deutsches Privatrecht. Bd. 1, Allgemeiner Teil und Personenrecht, Leipzig 1895 (Neudruck München/Leipzig 1936). (Zit.: Gierke, 1895).

Gimmerthal, Th.: Vom Finden verlorener, derelinquirter und herrenloser Sachen, AcP 52 (1869), 521-551.

Goldmann, E. / L. Lilienthal: Das Bürgerliche Gesetzbuch systematisch dargestellt, Bd. 2, Sachenrecht, 2. Aufl., Berlin 1912.

Gottwald, Peter: Der gefundene Autobus - OLG Hamm, NJW 1979, S. 725, JuS 1979, 247-250.

Grasmann, Günther: Recht der beweglichen Sachen, Herne/Berlin 1971.

Grotz, Ludwig: Die Erlangung der Finderstellung nach bürgerlichem Recht, jur. Diss. Erlangen 1913.

Gursky, Karl-Heinz: Sachenrecht, 7. Aufl., Heidelberg 1991.

Haase, Arthur: Das Fundrecht mit besonderer Berücksichtigung der obrigkeitlichen Mitwirkung, jur. Diss. Berlin 1919.

Hartmann: Zweifelsfragen aus dem Fundrecht, Recht 1913, 392-396.

Hass, Ernst: Die Klagen des Verlierers gegen den Finder, jur. Diss. Göttingen 1890.

Heck, Philipp: Grundriß des Sachenrechts, Tübingen 1930.

Hedemann: Die Perle in der Auster, BayZ 1905, 238-240.

Hedemann, Justus Wilhelm: Sachenrecht des Bürgerlichen Gesetzbuches, 3. Aufl., Berlin 1960. (Zit.: Hedemann, J. W.).

Heilfron, Eduard / Georg Pick: Lehrbuch des Bürgerlichen Rechts auf der Grundlage des Bürgerlichen Gesetzbuchs, 3. Abt., Sachenrecht, 3. Aufl., Berlin 1907.

Heilfron, Eduard: Lehrbuch des Bürgerlichen Rechts auf der Grundlage des Bürgerlichen Gesetzbuchs, 2. Abt., Recht der Schuldverhältnisse, 4. Aufl., Berlin 1909.

Helmreich: Finderlohn beim Verlust einer zugestellten Postanweisung, BayZ 1912, 254.

Hopmann, Georg: Der Eigentumserwerb an der gefundenen Sache nach deutschen Rechtsquellen, jur. Diss. Bonn 1905.

Igen, Rudolf: Rechtliche Stellung des Finders und dessen Erben in Beziehung auf die Fundsache, jur. Diss. Berlin 1898.

Immerwahr, Walter: Die Verschweigung im deutschen Recht, Breslau 1895 (Neudruck Aalen 1973).

Isan, Hermann: Die Geschäftsführung nach dem Bürgerlichen Gesetzbuche für das Deutsche Reich, Jena 1900.

Jakobs, Horst Heinrich / Werner Schubert (Hrsg.): Die Beratungen des Bürgerlichen Gesetzbuchs in systematischer Zusammenstellung der unveröffentlichten Quellen, Sachenrecht I §§ 854 - 1017, Berlin/New York 1985. (Zit.:Jakobs/Schubert, Beratungen des BGB, Sachenrecht 1).

Janikowski, Leo: Sachenrecht. BGB an Hand von Fällen, Bd. 4, München 1961.

Jauernig, Othmar (Hrsg.): Bürgerliches Gesetzbuch mit Gesetz zur Regelung des Rechts der Allgemeinen Geschäftsbedingungen, 5. Aufl., München 1990.

Jhering, Rudolf von: Der Besitzwille. Zugleich eine Kritik der herrschenden juristischen Methode, Jena 1889 (Neudruck Aalen 1968).

Johnson: Die Behandlung von Fundsachen unter dem neuen Rechte, FischersZ 22 (1901), 321-335.

Kegel, Gerhard: Von wilden Tieren, zerstreuten Leuten und versunkenen Schiffen. Zum Verhältnis von Besitz und Eigentum beweglicher Sachen, in: Festschrift für Ernst von Caemmerer, Tübingen 1978, 149-178.

Klein, Peter: Die Rechtshandlung im engeren Sinne, München 1912.

Klippel, Diethelm: Juristische Zeitgeschichte. Die Bedeutung der Rechtsgeschichte für die Zivilrechtswissenschaft, Gießen 1985.

Köbl, Ursula: Das Eigentümer-Besitzer-Verhältnis im Anspruchssystem des BGB, Berlin 1971.

Kohler, Josef: Lehrbuch des Bürgerlichen Rechts. Bd. 2, Zweiter Teil, Sachenrecht, Berlin 1919.

Krause, Hermann: Schweigen im Rechtsverkehr. Beiträge zur Lehre von Bestätigungsschreiben, von der Vollmacht und von der Verwirkung, Marburg 1933.

Kretzschmar, Ferdinand: Recht des Bürgerlichen Gesetzbuches. Drittes Buch, Sachenrecht, Leipzig 1910.

Krusch, Walter: Grundzüge eines neuen Fundrechtes, AcP 148 (1943), 282-306.

Kunz, Wolfgang: Der Fund in einer "Verkehrsanstalt" am Beispiel der DB, MDR 1986, 537-541.

Landsberg, Ernst: Das Recht des Bürgerlichen Gesetzbuches vom 18. August 1896. Ein dogmatisches Lehrbuch, Berlin 1904.

Lange, Heinrich: Sachenrecht des BGB, Stuttgart/Berlin/Köln/Mainz 1967.

Larenz, Karl: Allgemeiner Teil des deutschen Bürgerlichen Rechts, 7. Aufl., München 1989. (Zit.: Larenz, 1989).

- Methodenlehre der Rechtswissenschaft, 6. Aufl., Berlin/Heidelberg/New York/London/Paris/Tokyo/HongKong/Barcelona/Budapest 1991. (Zit.: Larenz, 1991).

Lassally, Oswald: Der Fund in Geschäftsräumen durch Angestellte, JR 1927, Sp. 347-350.

Liebrecht, Hans: Das Verhältnis des Schatzes zur Fundsache nach römischem und bürgerlichem Recht, jur. Diss. Borna-Leipzig 1903.

Lippe, Leopold Bernhard Prinz zur: Fundrechtliche Streitfragen (insbesondere auch der Begriff der verlorenen Sache in Anwendung auf den umschlossenen Raum, gleichzeitig ein Beitrag zur Besitzlehre), jur. Diss. Göttingen 1931.

Loewenwarter, Viktor: Lehrkommentar zum Bürgerlichen Gesetzbuch. Bd. 3, Recht der Schuldverhältnisse, Besonderer Teil, Berlin 1928.

Maenner, Karl: Das Sachenrecht nach dem Bürgerlichen Gesetzbuche und der Grundbuchordnung für das Deutsche Reich, 2. Aufl., München 1906.

Manigk, Alfred: Willenserklärung und Willensgeschäft, Berlin 1907.

Mann, Hans: Der Fund im Gasthaus, jur. Diss. Hildesheim 1933.

Martinek, Michael: Die Perle in der Auster - Eine zivilrechtsdogmatische Reminiszenz, JuS 1991, 710-714.

Matthiaß, Bernhard: Lehrbuch des Bürgerlichen Rechtes mit Berücksichtigung des gesamten Reichsrechtes, 5. Aufl., Berlin 1910.

Meisner, J.: Das Bürgerliche Gesetzbuch für das Deutsche Reich nebst Einführungsgesetz. Das Sachenrecht, Kommentar, Breslau 1901.

Miethsam, Wilhelm: Das Fundrecht des Bürgerlichen Rechts, jur.Diss. Erlangen 1925.

Mittenzwei, Ingo: Fundbesitz als Gegenstand des Deliktsschutzes und der Eingriffskondiktion, MDR 1987, 883-887.

Mohr, Wilhelm: Der Fund verlorener Sachen, jur. Diss. Nürnberg 1901.

Motive zu dem Entwurfe eines Bürgerlichen Gesetzbuches für das Deutsche Reich. Amtliche Ausgabe, Bd. 3 Sachenrecht, 2. Aufl. Berlin 1896. (Zit.: Motive, Band 3).

Müller, Erhard: Die rechtliche Stellung des Finders nach gemeinem Rechte und dem Rechte des bürgerlichen Gesetzbuches für das Deutsche Reich, jur. Diss. Greifswald 1904. (Zit.: Müller, E., jur. Diss. 1904).

Müller, Klaus: Sachenrecht, 2. Aufl., Köln/Berlin/Bonn/München 1990. (Zit.: Müller, K., 1990).

Münchener Kommentar zum Bürgerlichen Gesetzbuch. Bd. 3, Schuldrecht, Besonderer Teil, 2. Halbband (§§ 652- 853), 2. Aufl., München 1986.

- Bd. 4, Sachenrecht, 2. Aufl., München 1986.

Neubecker: Zum Fund in einer Droschke, DJZ 1911, Sp. 143-146.

Oertmann, Paul: Kommentar zum Bürgerlichen Gesetzbuch und seinen Nebengesetzen. Zweites Buch, Recht der Schuldverhältnisse, 2. Abteilung, 5. Auflage Berlin 1929.

Ostermeyer, Max: Handbuch des Sachenrechts mit Erläuterungen in der Titelfolge des Bürgerlichen Gesetzbuchs und mit den einschlagenden neuen Reichsgesetzen, Königsberg 1899.

Palandt: Bürgerliches Gesetzbuch mit Einführungsgesetz, Beurkundungsgesetz ..., bearb. v. Peter Bassenge, Uwe Diederichsen u.a., 23. Aufl., München 1964.

- 48. Aufl., München 1989.

- 49. Aufl., München 1990.

- 50. Aufl., München 1991.

- 51. Aufl., München 1992.

Planck, Gottlieb (Hrsg.): Bürgerliches Gesetzbuch nebst Einführungsgesetz. Bd. 3, Sachenrecht, 1./2. Aufl., Berlin 1902.

Planitz, Hans: Grundzüge des Deutschen Privatrechts, Berlin 1925.

Protokolle der Kommission für die zweite Lesung des Entwurfs eines Bürgerlichen Gesetzbuches. Im Auftrage des Reichs-Justizamts bearbeitet von Achilles, Gebhard, Spahn, Bd. 3, Sachenrecht, Berlin 1899. (Zit.: Protokolle, Band 3).

Raiser, Ludwig: Eigentumsanspruch und Recht zum Besitz, in: Festschrift für Martin Wolff, Tübingen 1952, 123-140.

RGRK: siehe Das Bürgerliche Gesetzbuch.

Reatz, Ferdinand: Das Bürgerliche Gesetzbuch für das Deutsche Volk, Gießen 1897.

Riemer, Alfred: Der Anspruch auf Finderlohn nach B.G.B., jur. Diss. Leipzig 1901.

Rosenthal, Heinrich: Bürgerliches Gesetzbuch. Erläutert unter besonderer Berücksichtigung der Rechtsverhältnisse des täglichen Lebens. Neubearbeitet von Bernhard Kamnitzer/Heinrich Bohnenberg, 15. Aufl., Köln/Berlin/Bonn/München 1965.

Rother, Werner: Der Fund im Betrieb, BB 1965, 247-250.

Rutkowsky, Heinz / Max Repschläger: Der neue Hausjurist, München 1991.

Schäfer: Über Fundrecht, SeuffBl. 68 (1903), 1-6.

Schapp, Jan: Sachenrecht, München 1989.

Schepp, E.: Das Oeffentliche Recht im Bürgerlichen Gesetzbuch, Freiburg i.B./Leipzig/Tübingen 1899.

Scherer, Raimund: Bürgerliches Gesetzbuch vom 18. August 1896 nebst dem Einführungsgesetzt vom 18. August 1896 mit Anmerkungen und Sachregister sowie die badischen Spezialgesetze, Karlsruhe 1899.

Schlieter, Kurt: Der Besitz bei der Fundsache, jur. Diss. Borna-Leipzig 1905.

Schmidt, Karsten: Anmerkung zu OLG Köln, Beschluß vom 11.6.1991 - 13 W 32/91 = OLGZ 1992, 253, JuS 1992, 966-967.

Schneickert, Hans: Über Fundrecht, AnnDR 1904, 229-235.

Schneider, Egon: Aus der neuesten Rechtsprechung Fundrecht, JurBüro 1979, Sp. 1129-1130.

Schreiber, Klaus: Eigentumserwerb durch Fund, Jura 1990, 446-448.

Schreuer, Hans: Deutsches Privatrecht. Einführung in das geltende bürgerliche Recht mit rechtsvergleichenden Ausblicken, Stuttgart 1921.

Schubert, Werner: Die Vorlagen der Redaktoren für die erste Kommission zur Ausarbeitung des Entwurfs eines Bürgerlichen Gesetzbuches (Die Vorentwürfe der Redaktoren zum BGB), hrsg. v. Werner Schubert, Sachenrecht Teil 1, Allgemeine Bestimmungen, Besitz und Eigentum (Verfasser: Reinhold Johow) Berlin/New York 1982. (Zit.: Jakobs/Schubert, Vorla-gen der Redaktoren, Sachenrecht 1).

Schütze: Zur Lehre von dem s. g. Funddiebstahl und der Unterschlagung, ApraktRwiss 2 (1865), 155-186.

Schwab, Dieter: Einführung in das Zivilrecht, 8. Aufl., Hei-delberg 1989. (Zit.: Schwab, D., 1989).

Schwab, Karl Heinz: Sachenrecht, 22. Aufl., München 1989. (Zit.: Schwab, K. H., 1989).

Sieveking, Alfred: Der Finder und die gefundene Sache unter besonderer Berücksichtigung der hauptsächlichen materiell-rechtlichen Streitfragen, jur. Diss. Erlangen 1896.

Silberschmidt: Der Fund in Privat- und Gasthäusern, SeuffBl. 68 (1903), 109-112. (Zit.: Silberschmidt, SeuffBl. 68 (1903)).

- Der Fund verlorener Sachen, SeuffBl. 69 (1904), 337-346.

Soergel, Hans Theodor (Hrsg.): Bürgerliches Gesetzbuch nebst Einführungsgesetz, 2. Aufl., Stuttgart/Leipzig/Berlin 1923.

- Bd. 6, Sachenrecht, 6. Aufl., Stuttgart/Leipzig/Berlin 1937.

- **(Begr.):** Bürgerliches Gesetzbuch mit Einführungsgesetz und Nebengesetzen. Bd. 6, Sachenrecht (§§ 854-1296), 12. Aufl., Stuttgart/Berlin/Köln 1989.

Sponer, Wolfdieter: Das Anwartschaftsrecht und seine Pfändung, Bielefeld 1965.

Springmann, Eduard: Der Begriff der Fundsache, ihre rechtliche Behandlung und ihr Verhältnis zum Schatz nach bürgerlichem Recht unter vergleichender Berücksichtigung des römischen Rechts, jur. Diss. Borna-Leipzig 1906.

Sprinz, Wilhelm: Die Gegenansprüche des Finders, jur. Diss. Rostock 1904.

Staudinger, Julius von (Hrsg.): Kommentar zum Bürgerlichen Gesetzbuch für das deutsche Reich nebst Einführungsgesetz. Bd. 3, Sachenrecht, München 1898.

- Kommentar zum Bürgerlichen Gesetzbuch und dem Einführungsgesetze. Bd. 3, Sachenrecht, 2. Aufl., München 1903.

- Bd. 3, Sachenrecht, 7./8. Aufl., München/Berlin 1912.

- **(Begr.):** Kommentar zum Bürgerlichen Gesetzbuch mit Einführungsgesetz und Nebengesetzen. Drittes Buch, Sachenrecht, 11. Aufl., Berlin 1956.

- Zweites Buch, Recht der Schuldverhältnisse, §§ 657-740, 12. Aufl., Berlin 1980.

- Zweites Buch, Recht der Schuldverhältnisse, §§ 741-822, 12. Aufl., Berlin 1986.

- Drittes Buch, Sachenrecht, §§ 937-1011, 12. Aufl., Berlin 1979.

- Drittes Buch, Sachenrecht, §§ 932-936, 12. Aufl., Berlin 1989.

Stein, Alexander: Das Recht des Finders verlorener Sachen nach dem Deutschen Bürgerlichen Gesetzbuche, jur. Diss. Borna-Leipzig 1903.

Sternberg, Moritz: Beiträge zur Fundlehre nach österr. Rechte unter Berücksichtigung des deutschen bürgerlichen Gesetzbuches und des Entwurfes eines ungarischen bürgerlichen Gesetzbuches, Wien/Leipzig 1904.

Stieger, Karl: Finden - keine reine Freude! Rechtsanspruch und Verpflichtung, Anwalts-Lehrling 1 (1953), 1-2.

Strauß, Eugen: Das Rechtsverhältnis am Fund, jur. Diss. München 1908.

Strohal, Emil: Der Sachbesitz nach dem BGB, JherJb. 38 (1898), 1-137.

Swebussin, Mecke de: Die rechtliche Behandlung von Fundsachen, Der Personenverkehr 1959, 112-113.

Thoma, Hans / Hans G. Krause: Bürgerliches Recht. Sachenrecht, Stuttgart/Berlin/Köln/Mainz 1981.

Troitzsch: Der Fund, BayZ 1906, 155-160.

Vobach, Gustav: Die Lehre vom Funde im römischen und deutschen Recht, jur. Diss. Leipzig 1910.

Warneyer, Otto: Kommentar zum Bürgerlichen Gesetzbuch für das Deutsche Reich, Bd. 1, Tübingen 1930.

Wedell, Hans: Die rechtlichen Beziehungen zwischen Verlierer und Finder nach dem Recht des bürgerlichen Gesetzbuchs, jur. Diss. 1902/03.

Weimar, Wilhelm: Fundbelohnung durch Auslobung, JR 1962, 175-176.

- Rechtsfragen zum Fundrecht, JR 1977, 498-500.

Weiß, Ernst Leo: Das Recht des Finders, jur. Diss. Göttingen 1891.

Westermann, Harm Peter: BGB-Sachenrecht, 8. Aufl., Heidelberg 1990. (Zit.: Westermann, H. P., 1990)

Westermann, Harry: Sachenrecht, 5. Aufl., Karlsruhe 1966. (Zit.: Westermann, H., 1966).

Wiefels, J.: Bürgerliches Recht. Sachenrecht, Heidelberg 1977.

Wieling, Hans Josef: Sachenrecht. Bd. 1, Sachen, Besitz und Rechte an beweglichen Sachen. Berlin/Heidelberg/New York/London/Paris/Tokyo/Hong Kong 1990.

Wimmer, Heinrich: Der Fund in Haus und Hof, jur. Diss. Heidelberg 1914.

Windscheid, Bernhard: Lehrbuch des Pandektenrechts, Bd. 1, 9. Aufl., bearbeitet von Theodor Kipp, Frankfurt a.M. 1906 (Neudruck Aalen 1963).

Wittus, Eduard: Das Rechtsverhältnis zwischen Verlierer und Finder und seine rechtlichen Konsequenzen nach dem Recht des Bürgerlichen Gesetzbuchs, jur. Diss. Borna-Leipzig 1905.

Wolf, Ernst: Lehrbuch des Sachenrechts, 2. Aufl., Köln/Bonn/Berlin/München 1979. (Zit.: Wolf, E., 1979).

Wolf, Manfred: Sachenrecht, 10. Aufl., München 1991. (Zit.: Wolf, M., 1991).

Wolff, Martin: Lehrbuch des Bürgerlichen Rechts, Bd. 2, 1. Abteilung. Das Sachenrecht, 6.-8. Aufl., Marburg 1913.

- 9.-11. Aufl., Marburg 1919.

- 15.-19. Aufl., Marburg 1923.

- 22.-26. Aufl., Marburg 1927.

- **(Begr.):** Lehrbuch des Bürgerlichen Rechts, Bd. 3. Das Sachenrecht, Marburg 1929.

- 10. Aufl., Köln/Bonn/Berlin/München 1957. (Zit.: Wolff/Raiser, 1957).

Zusammenstellung der gutachtlichen Äußerungen zu dem Entwurf eines Bürgerlichen Gesetzbuches gefertigt im Reichs=Justizamt. Bd. 3, Äußerungen zum Sachenrecht, 1890. (Zusammenstellung der gutachtlichen Äußerungen zum E I, 1890)

Alle im Literaturverzeichnis und in den Fußnoten verwendeten Abkürzungen finden sich bei Hildebert Kirchner, Abkürzungsver-zeichnis der Rechtssprache, 4. Aufl., Berlin/New York 1993.